Beck-Wirtschaftsberater

Modernes Management

Beck-Wirtschaftsberater

Modernes Management

Lean Management, Business Reengineering,
Benchmarking und viele andere Methoden

Von Dr. Karsten Füser

3., durchgesehene Auflage

Deutscher Taschenbuch Verlag

Originalausgabe
Deutscher Taschenbuch Verlag GmbH & Co. KG,
Friedrichstraße 1 a, 80801 München
© 2001. Redaktionelle Verantwortung: Verlag C. H. Beck oHG
Druck und Bindung: Druckerei C. H. Beck, Nördlingen
(Adresse der Druckerei: Wilhelmstraße 9, 80801 München)
Satz: primustype Robert Hurler GmbH, Notzingen
Umschlaggestaltung: Agentur 42 (Fuhr & Partner), Mainz
ISBN 3 423 50809 4 (dtv)
ISBN 3 406 47970 7 (C. H. Beck)

„Wir arbeiten in Strukturen von gestern mit Methoden von heute
und hoffentlich an Strategien für morgen
vorwiegend mit Menschen, die in den Kulturen von vorgestern
die Kulturen von gestern gebaut haben
und das Übermorgen nicht mehr erleben werden."
Prof. Kurt Bleicher, Hochschule St. Gallen

Vorwort zur 3. Auflage

„Menschen machen Unternehmen aus,
nicht Methoden oder Maschinen."

Die Zahl der sogenannten „modernen" Managementmethoden ist kaum zu überblicken, wobei aus heutiger Sicht nicht jede bekannte Managementmethode als modern zu bezeichnen ist. Dennoch, das Geschäft mit den Managementmethoden boomt, man schätzt es in der Bundesrepublik auf jährlich deutlich über zehn Milliarden DM Honorarvolumen der Unternehmensberater oder neudeutsch Consultants, wobei Tagessätze zwischen 2500 und 10000 DM nicht die Ausnahme sondern eher die Regel sind. Ein allzu häufiges Mißverhältnis von Kosten und Nutzen! Hier dürfte sich für Sie – egal ob Sie Angestellter oder selbständiger Unternehmer sind – die Frage stellen: Kann nicht auch ich als Angestellter in meiner Firma als interner Managementberater tätig werden oder kann nicht auch ich als Selbständiger für meine Firma quasi in eine Beraterrolle schlüpfen? Aus Sicht des Verfassers können Sie selbstverständlich diese Aufgabe übernehmen. Doch vor jeden Erfolg hat Gott den Fleiß gestellt. Sie müssen sich mit der sogenannten reinen Managementlehre und deren Methoden bzw. Prinzipien befassen. Relevante Inhalte sind: Unternehmensführung, Personalführung oder der Bereich der Unternehmensforschung (Operations Research). Haupttätigkeitsfelder von Managern sind dabei nach funktionalen und prozessualen Gesichtspunkten gegliedert: Planung, Organisation, Personalauswahl und Personalführung sowie Kontrolle. Bereiche, die unbestritten in einem Studium der Betriebswirtschaftslehre angesprochen werden, aus einem BWL-Studenten aber noch keinen gebrauchsfertigen und damit „geländegängigen" Manager machen. Dies schafft eher der amerikanische Ausbildungsweg zum Master of Business Administration (MBA).

Im nordamerikanischen Raum wird die Betriebswirtschaft, verkörpert durch das MBA-Studium, als Lehre von der Unternehmensführung aufgefaßt. Sie ist der Inbegriff der Managementausbildung schlechthin. Methodisch und praxisrelevant, nicht theoretisch und abstrakt, wird dort die zukünftige Manager-Elite ausgebildet.

In Deutschland ist zur Zeit neben der Hochkonjunktur von MBA-Programmen eine Einverleibung von Managementwissen in die klassische BWL zu beobachten, die aus ihr zukünftig mehr eine sozioökonomische Führungslehre, hervorgegangen aus einer rein ökonomischen Disziplin, machen soll. Dennoch stehen klassischer betriebswirtschaftlicher Abschluß und MBA-Diplom sich heute stark polarisierend gegenüber. Aus der klassischen BWL gehen keine Heerscharen von visionären Managern hervor und aus dem MBA-Programm keine Theoretiker. Aufgrund ihrer Ausrichtung haben beide Studiengänge auch künftig ihre Daseinsberechtigung, wobei das gegenseitige Aufeinanderzugehen ohne Berührungsängste gefördert werden sollte.

Hier bereits meine Empfehlung an jeden (zukünftigen) Jungmanager unter den Lesern des Buches: Zunächst im Studium die Basis schaffen, dann Erfahrungen in Firmen sammeln und zu gegebener Zeit den MBA folgen lassen.

Angesichts der Vielfalt existierender Managementansätze oder Theorien wurde bereits in den 60er Jahren von einem *„management theory jungle"* gesprochen. Dieser soll in diesem Buch gelichtet bzw. strukturiert durchwandert werden. Auf diesem Weg durch einen nicht völlig durchdringbaren Dschungel werden uns Begriffe wie Portfolioanalyse, Kernkompetenzen, Lean Management, Business Reengineering, Zero-Base-Budgeting, Benchmarking, Kaizen, Total Quality Management (TQM) oder Target Costing begegnen, eine Liste, die sich beliebig fortsetzen lassen könnte und im Rahmen des Buches chronologisch diskutiert wird. Eines sollten Sie aber hier schon anhand der Begriffe erkennen: Sie stammen im wesentlichen aus dem englischsprachigen Raum (Amerika) oder sind japanischen Ursprungs. Dies hatte für europäische Unternehmen in der Vergangenheit weitreichende Konsequenzen, da die bereits namentlich genannten Managementmethoden in den Unternehmen der Ursprungsländer viel früher diskutiert und damit umgesetzt bzw. eingeführt wurden.

Der Begriff „Total Quality Management" drang z. B. erst durch das Buch „Die zweite Revolution in der Autoindustrie" von *James P. Womack* in das Bewußtsein vieler europäischer Führungskräfte.

Weitere Methoden wie z. B. Kaizen wurden erst viele Jahre nach ihrer Entwicklung in Deutschland etabliert. Eingedeutscht hat Kaizen z. B. die Volkswagen AG in Wolfsburg. Dort wurde der Begriff „Kontinuierlicher Verbesserungsprozeß" oder kurz KVP geprägt. Bei Porsche spricht man heute vom „Porsche Verbesserungsprozeß", kurz PVP. Der Japanische Managementberater und Kaizen-Spezialist *Minoru Tominaga* lieferte in diesem Kontext folgende fast ketzerische Übersetzung der drei Buchstaben KVP: „Knien vor *Piëch*".

In diesem Buch werden neben KVP oder TQM aktuellste Entwicklungen im Bereich der Managementmethoden aufgezeigt, denn nur zeitgemäßes Wissen um Methoden kann letztlich helfen, marktbeherrschende Positionen aufzubauen. Sie sollten sich immer einer Sache bewußt sein: Methoden veralten um so schneller, je mehr Nachahmer sie finden. Seien Sie deshalb immer auf der Suche nach neuen Themen, Techniken oder Technologien. Stillstand bedeutet Rückschritt.

Das Buch kann daher – wie jedes aufgrund des Time-lags zwischen Fertigstellung und Veröffentlichung – nicht den Anspruch auf Vollständigkeit und Aktualität bis zum letzten Punkt hin erheben. Dies sollte Sie aber nicht daran hindern, es zu lesen. Eine Fülle von Anregungen dürfte sich in ihm finden, die zum Nutzen Ihres Unternehmens angewandt werden können. Werden Sie selbst zum internen Managementberater. Eines sollten Sie jedoch beherzigen: Versuchen Sie nicht, alle nachfolgend diskutierten Ansätze gleichzeitig zu verwirklichen. Die Erfahrung zeigt, daß nur der richtige Ansatz, gewählt zum richtigen Zeitpunkt, den gewünschten Erfolg bringt. Ein Zuviel an Umstrukturierungen, ein Zuviel an neuen Ideen oder an vermeintlichen Innovationen richtet ein Unternehmen schnell zugrunde, vor allem dann, wenn die Mitarbeiter nicht vorbereitet wurden.

Bei der Einführung oder Umsetzung der Methoden wird von Ihnen persönlicher Einsatz sowie ausgeprägtes Durchsetzungs- und Durchhaltevermögen verlangt. Mögen Sie diese Kraft zum Wohle Ihres Unternehmens haben!

Wie bei vielen Büchern haben auch bei diesem eine Reihe von Personen zum Gelingen beigetragen. Die offene Aussprache mit Vertretern verschiedenster Firmen, die bereitwillig ihre Erfahrungen mit mir oft zeitaufwendig austauschten, sei neben der Diskussionsfreude einer Reihe von MBA-Studenten hervorgehoben. Diesen Damen und Herren sei gedankt. Ich erhielt von ihnen interessante Berichte, Hinweise und Literaturquellen. Eine Reihe originärer Quellen und nicht mehr zuzuordnender Kopien kamen von unseren Studenten oder entstammen einer Reihe fruchtbarer Diskussionen. An dieser Stelle möchte ich mich bei nicht namentlich genannten Autoren für die zum Teil wortwörtliche Übernahme ihrer ureigenen Ideen entschuldigen und damit deren Erkenntnisse würdigen. Die Übernahme der Ideen bzw. Textpassagen geschah letztlich mit den Zielsetzungen,
• allen Lesern ein vollständigeres Bild zu vermitteln, um
• in die mit ihnen verbundenen Unternehmen die neuesten Erkenntnisse hineintragen zu können.

Abschließend möchte ich mich bei allen bedanken, die mir beim Entstehen des Buches geholfen haben, insbesondere bei *Susanne* dafür, daß sie erneut so verständnisvoll war, meinen Eltern sowie *Anke* und *Ypsilon* für die Ablenkung, während ich dieses Buch schrieb.

Kritische Bemerkungen, konstruktive Verbesserungsvorschläge sowie jegliche Hinweise auf neue Managementmethoden können dem Verfasser über seine eMail-Adresse
KARSTEN.FUESER@ERNST-YOUNG.DE
direkt zugänglich gemacht werden.

Gerlingen, im Mai 2001   *Karsten Füser*

Inhaltsverzeichnis

Vorwort VII
Abildungsverzeichnis...................................... XIII
Tabellenverzeichnis XIV

1. Einführung.. 1

2. Die aktuelle Situation 9

3. „Mit"-Arbeiter, Manager und Methoden im Betrieb –
   Eine Einführung.. 21
Erster Überblick.. 21
Historie 25
Blick in die Zukunft..................................... 30
Mythen.. 37
Mitarbeiterführung – Die wichtigste Managementaufgabe 40
Mitarbeitermotivation – Mit Methode motivieren............ 45
Ressource Mensch 47
Moderne Manager... 48

4. Managementmethoden im Unternehmen..................... 55
Portfolio-Methode 55
Kernkompetenzen 64
Profit Center... 69
Lean Production, Lean Management und Lean Administration   71
Unternehmensleitbild 81
Zero-Base-Budgeting....................................... 89
Benchmarking.. 91
Potential-Analyse 104
Kaizen.. 107

Total Quality Management................................. 117
Business (Process) Reengineering 122
Outsourcing.. 130
Target Costing 135
Time-Based Competition 148
Kanban 150
Just in Time, Just in Hong Kong, Just in Production........... 155
Top-down/Bottom-up..................................... 162
Total Quality Maintenance 163
Poka-Yokes.. 164
Fraktale Fabrik 168
Virtuelle Unternehmen.................................... 172
Lernende Organisation.................................... 179
Der Beirat... 182
Das Shareholder-Value-Konzept............................ 183
Der Wettbewerbsvorteil 187
Wachstumspotentiale 195
Weitere Methoden/Werkzeuge – Reverse Engineering,
Cost Tables...   197

5. Ausblick und Visionen 205

6. Anhang... 209
Zitate und unternehmerische Weisheiten 209
Leitbilder.. 213

Literaturverzeichnis....................................... 219
Sachverzeichnis 225

Abbildungsverzeichnis

Abbildung 1: Tendenz der Break-even-Kapazitätsauslastung . 11

Abbildung 2: Die Zusammensetzung des Kundennutzens bei
AT & T 15

Abbildung 3: Zyklisch-iterative Produktplanung nach
A. Stanke 17

Abbildung 4: Das Kauderwelsch von Ökonomen und anderen
Zeitgeistern 22

Abbildung 5: Managementkonzepte im Wandel der Zeit 26

Abbildung 6: Unternehmensziele 43

Abbildung 7: Produkt-Lebenszyklus 56

Abbildung 8: Produkt-Portfolio 57

Abbildung 9: Lebenszyklus-Ablauf 59

Abbildung 10: Reifeprozeß im Unternehmen,
hervorgerufen durch die Portfolio-Methode 60

Abbildung 11: Marktattraktivität-Wettbewerbsstärke-Portfolio
nach McKinsey 62

Abbildung 12: Kompetenzen – die Wurzeln der
Wettbewerbsfähigkeit 65

Abbildung 13: Schlanker Vertriebskanal 80

Abbildung 14: Schema zur Entwicklung eines Leitbildes 87

Abbildung 15: Die Z-Kurve von Xerox 93

Abbildung 16: Benchmarking-Varianten 95

Abbildung 17: 4-Phasen-Konzept zur Durchführung
von Benchmarking-Studien 98

Abbildung 18: 5-Phasen-Konzept zur Durchführung
von Benchmarking-Studien 99

Abbildung 19: Potential-Analyse 105

Abbildung 20: PTCA-Zyklus beim Kaizen 111

Abbildung 21: Von Kaizen zur Entwicklung der
Geschäftspolitik 112

Abbildung 22: Schrittweise Verkürzung der Durchlaufzeit
und Herstellkosten............................ 116
Abbildung 23: Reengineering-Kilatgraph 126
Abbildung 24: Die Quadratur des Kreises.................... 137
Abbildung 25: Target Cost Management 138
Abbildung 26: Dekomposition der Target Costs 139
Abbildung 27: Target Costing im Spannungsfeld von Markt
und Unternehmen 141
Abbildung 28: Das Kanban-Prinzip 152
Abbildung 29: Veränderung der Beschaffungsfunktion
bei Herstellern.............................. 157
Abbildung 30: Entwicklungsstrategien für Zulieferer 159
Abbildung 31: Hierarchieebenen einer fraktalen Fabrik....... 170
Abbildung 32: Virtuelle Unternehmen....................... 174
Abbildung 33: Kostenführerschaft, Differenzierung oder
konzentration auf Nischen 189
Abbildung 34: Modell der strategischen Unternehmensführung 205

Tabellenverzeichnis

Tabelle 1:   Fehlprognosen ausgewiesener Experten 36
Tabelle 2:   Strukturelle Bedingungen für das
             Lean-Management in der Bundesrepublik 79
Tabelle 3:   Merkmale von Kaizen und Innovationen 110
Tabelle 4:   Differenzierungsmerkmale zwischen Kaizen
             und Reengineering.......................... 129
Tabelle 5:   Einsatz des Target Costing in der japanischen
             Industrie 1992 145
Tabelle 6:   Wandel des Beschaffungswesens.............. 162
Tabelle 7:   Unterschiede von virtuellen Unternehmen zu
             anderen Verbundformen 178

1. Einführung

„Wenn wir aufhören, besser sein zu wollen, hören wir auf, gut zu sein."
Alfred Herrhausen

In den letzten Jahren haben sich die Management-Modezyklen, so *A. Würth*, der das ererbte schwäbische Schraubenhandelsunternehmen mit visionärer Kraft und in einer zupackenden Art zu einem Multi ausbaute, geradezu exponentiell verkürzt. Immer neue Begriffe werden von Unternehmensberatern geprägt und in die Waagschale geworfen. Neben bereits geläufigen Ausdrücken wie Lean Management oder Total Quality Management (TQM) stehen heute z. B. die Wortschöpfungen „Virtuelles Unternehmen" oder „Fraktale Fabrik". Damit in Beraterberichten konfrontiert, fühlt sich ein Auftraggeber nicht selten **„still confused, but on a higher level".**[1]

Dennoch besitzen Unternehmensberater eine Daseinsberechtigung, insbesondere dann, wenn sie als Spezialisten etwas von ihrem Fach verstehen. Ideal, so sehen es heute viele Unternehmer, sind vielfach Berater, die wissenschaftliche Erkenntnisse mit ausgeprägtem Erfahrungsschatz koppeln und in die Beraterpraxis einbringen können. Herangezogen werden solche Berater in aller Regel dann, wenn traditionelle, im Stab angesiedelte tiefergehende analytisch zu lösende Aufgaben, die früher im eigenen Haus erledigt wurden, „outgesourced" wurden. Unternehmen nutzen heute hierfür ganz im Sinne ihrer Lean-Strategien externe Spezialisten auf Zeit. Diese sind billiger, binden keine internen Kapazitäten und verursachen darüber hinaus keine Fixkosten. Wie gut die Berater heute leben bzw. sich deren Häuser entwickelten, zeigt die Evolution von Consultant-Giganten wie *McKinsey, Ernst & Young, Boston Consulting* oder *Arthur D. Little. Roland Berger*, Deutschlands prominentester Unternehmensberater, ist dabei felsenfest von folgendem Sachverhalt überzeugt: „Wenn die USA als erste Industrienation schnell den Turnaround geschafft haben, wenn *Chrysler* heute billiger produziert als *Toyota* – dann liegt das vor allen an dem Know-how-Transfer durch die Berater der oben genannten Consultant-Giganten und die konsequente Anwendung neuer Methoden wie dem Reengineering und dem Total Quality Management."[2]

Warum auf Berater warten? Kann ich das nicht selbst? Fragen wie diese sollten Sie sich einmal stellen. Berater schauen nur zu und empfehlen eine Tätigkeit bzw. Fähigkeit, die von jedem Mitarbeiter eines Unternehmens auch erwartet werden kann. Dies hört man doch häufiger. Oder? Denken Sie einmal kurz hierüber nach, bevor Sie weiterlesen.

Das zwischen einem Unternehmen und seinen Beratern oftmals stehende Arzt-Patienten-Verhältnis, bei dem der Berater eine Diagnose erstellt und ein Rezept zur Problemlösung liefert, ist überholt. Heilen Sie sich selbst. Sagen „wo's weh tut" können Sie doch. Oder? Was i.d.R. fehlt sind die Medikamente bzw. Behandlungsvorschläge zur (Selbst-)Heilung kranker Unternehmen und das Selbstvertrauen, die Methoden an sich auszuprobieren. Die in diesem Buch geführte Diskussion moderner Managementmethoden dürfte somit die Selbstheilungschancen steigern. Das Selbstvertrauen in die Methoden als solche kann es jedoch nicht vermitteln. Dies ist die Aufgabe externer Berater. Unternehmer brauchen somit den Erfahrungsschatz der Berater, wenn neue Situationen eintreten und sie wissen wollen, wie sich andere Unternehmen in ähnlichen Situationen verhalten haben. Die gemeinsame Heilung eines kranken Unternehmens durch Mitarbeiter/Unternehmer und externe Berater ist somit die erfolgversprechendste Variante. Unabdingbare Voraussetzung für ein Gelingen ist jedoch, daß die Mitarbeiter/Unternehmer die Sprache der Consultants beherrschen und mit deren Methoden und Modellen umzugehen lernen. Dieses Buch will durch die Diskussion der Methoden den ersten Grundstein für eine Hilfe zur Selbsthilfe legen. Dilettantismus, d. h. einen dilettantischen Einstieg hat schon manches Unternehmen teuer bezahlen müssen.

Beachten Sie bitte:

Unternehmen sollten niemanden von draußen holen und die Devise „Nun machen Sie mal" vorgeben. Auch einen Berater, der die

Lösung kennt, ehe er das Problem analysiert hat, sollten Sie rasch nach Hause schicken.

Der **Vorteil externer Berater** liegt darin, daß diese nicht „betriebsblind" sind und Erfahrungen und darüber hinaus auch Vergleichsmöglichkeiten zu anderen Unternehmen besitzen. Sie werden vielfach eher von Firmenleitungen akzeptiert und sind außerdem schneller bereit, grundlegende Veränderungen zu initiieren. Zukünftige interne Berater – sicherlich ein sehr großer Teil der Leserschaft des Buches – kennen dagegen das betreffende Unternehmen in allen Details und identifizieren sich in aller Regel aufgrund ihrer langjährigen Betriebszugehörigkeit mit ihm. Oftmals werden sie bzw. ihre Vorschläge von der Firmenleitung jedoch nicht gehört. Ein erster Tip: Machen Sie sich das Vokabular und die Methoden externer Berater zu eigen. Dann werden Sie als kompetent angesehen und angehört. Letztendlich zählt nur das Ergebnis. Lassen Sie sich dabei nicht von Killerphrasen auf Geschäftsführerebene entmutigen. Unreflektierte Standardsprüche, die dazu dienen, neue Ideen abzublocken, sollten Sie nicht beirren. Der Satz **„Das haben wir noch nie so gemacht"** ist der Anfang vom Ende. Am langen Ende eines solchen Satzes steht allzuhäufig der Konkurs, wobei der Untergang eines Unternehmens – im Prinzip – zur Marktwirtschaft gehört. Müssen aber gerade Ihr Betrieb und somit Sie betroffen sein? Machen Sie sich zunächst mit den Frühindikatoren einer Insolvenzgefährdung vertraut.

Übliche Ursachen bzw. Indikatoren für bevorstehende Insolvenzen sind:

- veraltete und nicht gepflegte Produktlinien
- nicht hinreichend marktorientierte Produkte
- unzureichende Vertriebsorganisation
- schlechte Auftragsablauforganisation
- zu teure Produktion
- Qualitätsmängel
- schlechtes Management
- keine rechtzeitige Regelung der Nachfolge, insbesondere bei mittelständischen Familienunternehmen.

All das – jeder einzelne dieser Punkte isoliert – kann Ursache einer Insolvenz sein, insbesondere dann, wenn die Konjunktur sich in einer deutlichen Rezession befindet. Üblicherweise werden Unternehmen in solchen rezessiven Phasen mit einem massiven Rückgang der Auftragseingänge konfrontiert. **Wer nicht spätestens jetzt reagiert, braucht bald gar nicht mehr zu reagieren.**

Die einzelnen Phasen bis zum Niedergang eines Betriebes aufgrund einer Rezession sehen in aller Regel wie folgt aus und sind für Sie wichtige Meilensteine, die die Vitalität Ihres Unternehmens anzeigen:

(1) Rückgang der Auftragseingänge
→ erhebliche Schwierigkeiten durch zu geringe Auslastung
(2) Bei minimaler Auslastung ist die Zahl der Beschäftigten zu hoch
→ steigende Fixkosten
(3) Hohe personelle Fixkosten
→ Reduzierung der Belegschaft
(4) Reduzierung der Belegschaft
→ kostspieliges Unterfangen durch lange Kündigungsfristen
(5) Ausgesprochene Kündigungen
→ Demotivation und Verunsicherung der verbleibenden Mitarbeiter

Schon dann, wenn erste Anzeichen eines Auftragrückgangs zu beobachten sind, gilt es, das Unternehmensschiff auf neuen Kurs zu bringen, d. h. wirksam angesichts der möglicherweise noch bevorstehenden schwierigereren Phasen in eine neue Richtung zu steuern. Inwieweit hierzu die in diesem Buch noch diskutierten Managementmethoden geeignet sind, muß sich im Einzelfall zeigen. Man denke jedoch immer daran: **„Ein Unternehmen befindet sich ständig in einem Kriegszustand".** Es muß gegen die Rezession gekämpft, die Verteidigungsfähigkeit erhalten und gegen die gezielte Marktverdrängung durch Mitbewerber, die z. B. mit einer Preisdumpingpolitik angreifen, agiert werden.[3] Unternehmer sind die heutigen Feldherren und Strategen früherer Perioden. *Roland Berger* sagt z. B. in diesem Kontext: „Hätte Napoleon einen Stab von professionellen Beratern gehabt und auf sie gehört, dann wäre er vielleicht nicht bis Moskau marschiert und hätte nicht sein Reich ruiniert."[4]

In diesem Rahmen gilt heute für jedes Unternehmen: **„Mors tua vita mea"** (Dein Tod ist mein Leben). Dieses Motto gilt mehr denn je. Man muß besser sein als die Konkurrenz, um zu überleben. Dabei geht es allen um das eine: **Arbeit rationalisieren und gleichzeitig Effizienz steigern.** Wer nicht mitmacht, stirbt. Worte wie diese werden von Unternehmensberatern geprägt und postuliert. Sogar Krankenhäuser und der Klerus bedienen sich heute schon ihrer Dienste. Im Rahmen des allgemeinen Kostensparens sagt der Arzt *Frank Ulrich Montgomery*, Vorsitzender des Marburger Bundes, zum wirtschaftlichen Effizienzdenken im Gesundheitssektor: „Ein Krankenhaus hat auch soziale Aufgaben, die fallen zuerst unter den Tisch. Und wer besonders effizient Kosten sparen will, muß die letzten beiden Lebensjahre der Menschen streichen. Da fallen fünfzig Prozent der Krankheiten an".[5] Wollen wir darauf hinaus?

Auch folgender Satz wirkt befremdend: „Die Kirche ist ein internationales ‚Non-profit-Unternehmen', das schon 2000 Jahre existiert." Man beachte die Anführungszeichen im Satz! Daß die Kirche kein „normaler Betrieb" ist, sollte jedem klar sein ebenso wie die Tatsache, daß die Gläubigen keine „Kunden" darstellen! Kirche und Glauben haben mit Kapital und Kommerz nur bedingt zu tun!

Mit den letzten Sätzen soll bereits hier eindringlich vor Augen geführt werden, daß die Menschlichkeit immer ein wesentlicher Part einer Unternehmensphilosophie sein und bleiben sollte. Menschen machen ein Unternehmen aus und nicht Maschinen. Sie sind der wichtigste Erfolgsfaktor.[6]

Dies muß man sich vor allem dann vor Augen halten, wenn durch die hier diskutierten Methoden Arbeitsplätze abgebaut werden müssen. Beachten Sie bitte dabei aber folgendes: Abgebaute Arbeitsplätze zum Wohle und Bestand eines Unternehmens helfen oft eine Reihe verbleibender Stellen als neue Keimzelle für weitere zu sichern. Hier liegt der Erfolg. Sehen Sie die Methoden somit als „Jobschaffer" und nicht als „Jobkiller" an. Das oft mit ihnen verbundene Etikett „Jobkiller" ist ein Klischee, so *Herbert Henzler*, Chef der Unternehmensberatung *McKinsey Deutschland*.

Die hier diskutierten Managementmethoden helfen/haben geholfen, dem technologischen Fortschritt zu folgen. Sie sind auf Zukunft programmiert. Klar ist, nicht jeder, der sie angewandt hat bzw. in dessen Umfeld man sie anwandte, wurde glücklicher.

Viel Sensibilität und Verständnis für die Belange der Gesellschaft/ des Unternehmens sind bei ihrer Anwendung erforderlich. Wenden sie die Methoden sanft an. Dann ist der Wandel denkbar. Vor allem ist es wichtig, den betrieblichen Organismus von bevorstehenden Veränderungen zu überzeugen. Veränderungen im Zuge einer auf die Zukunft hin ausgerichteten Weiterentwicklung sind in der heutigen Zeit unabdingbar. Schaffen Sie es jedoch nicht, ihre Mitarbeiter/ Kollegen hiervon zu überzeugen, d. h. sie frühzeitig ins Boot zu holen und am Veränderungsprozeß partizipieren zu lassen, dann werden diese alle Aktivitäten daransetzen, sich das zurückzuholen, was ihnen genommen wurde. Sie werden zum Feind aller Neuerungen, zum stärksten Feind des eigenen Unternehmens. Schaffen Sie es nicht, Ihre Mitarbeiter einzubinden, dann wird auf die von Ihnen im Unternehmen initiierte Methoden-Revolution sofort eine erbarmungslose Mitarbeiter-Konterrevolution folgen. Erfahrungen wie diese machte nicht nur *Andreas Schleef*, Personalvorstand von *Audi*.

Der Chef der *Banca di America e di Italia* formulierte seine Aufgaben im Wandel einmal wie folgt: „Meine Aufgabe bestand darin, als Beschützer des Teams aufzutreten, um die alltäglichen Zwänge fernzuhalten. Gleichzeitig sorgte ich für Dauerspannung, indem ich regelmäßig anrief und Rundgänge machte."[7]

Ziel bleibt es jedoch bei der anstehenden Methodendiskussion, Ihnen das Werkzeug für Ihre persönliche Unternehmensplanung sowie Perspektiven für eine erfolg- und ertragreiche Zukunft zu geben. Gefordert werden von Ihnen dennoch Ideen, Persönlichkeit und Einsatzbereitschaft, welche Sie für Ihr Unternehmen entwickeln müssen. Denken Sie daran: „Sie können alles erreichen was Sie wollen, wenn Sie Ihre Kräfte auf ein klares Ziel bündeln."

Bevor Sie sich nun mit den Methoden im einzelnen auseinandersetzen, sollten Sie einige Minuten über den folgenden Satz nachdenken:

„Überlegen Sie sich, ob eine Gesellschaft,
in der das ökonomische Denken dominiert, lebenswert ist."

Notieren Sie einmal Ihre Gedanken hierzu. Später werden wir noch auf Ihre Notizen zurückkommen.

Anmerkungen

1 Vgl. WirtschaftsWoche, Nr. 34 v. 17. 8. 1995.
2 Vgl. WirtschaftsWoche, Nr. 34 v. 17. 8. 1995.
3 „Wettbewerb ist Krieg, und sein Ziel ist die Vernichtung des Gegners", so der Ökonom Richard D'Aveni.
4 Vgl. WirtschaftsWoche, Nr. 34 v. 17. 8. 1995.
5 Vgl. DIE ZEIT, Nr. 3 v. 12. 1. 1996.
6 Der Volkswagen-Konzern setzt seine Mitarbeiter als Erfolgsfaktor ein. Im neuen brasilianischen Volkswagenwerk in Resende prägen Meister ihren Namen und ihre Telefonnummer ins Blech. So haben unzufriedene Kunden direkt einen Ansprechpartner. Die Unterschrift des Meisters ist Teil der neuen Mitarbeiterverantwortung. „Wir wollen diesen Konzern personifizieren", erklärt VW-Vorstandsmitglied und Arbeitsdirektor Peter Harz. Vgl. WirtschaftsWoche, Nr. 51 v. 14. 12. 1995.
7 Vgl. G. Hall/J. Rosenthal/J. Wade, Reengineering: Es braucht kein Flop zu werden, Harvard Business manager, Nr. 4, 1994, S. 92.

2. Die aktuelle Situation

„Flexibilität und Veränderungswilligkeit
in Verbindung mit einer vitalen Innovationskraft und Regenerationsfähigkeit
getragen von dem gemeinsamen Willen,
Schwierigkeiten als Entwicklungs- und Profilierungschance und
gemachte Fehler als Lernstimulantia aufzufassen,
sind die einzigen Garanten für das Überleben im modernen
Wettbewerbsgeschehen."
J. B. Sperling

Heute klagen viele Unternehmen über einen permanenten bzw. radikalen Wandel ihrer Marktsituation. „Nichts ist heute mehr so, wie es vor einigen Jahren noch war", hört man aus dem Munde zahlreicher Unternehmer, die den Zug in die Zukunft vielfach haben schon an sich bzw. ihrem Unternehmen vorbeifahren lassen. Ursache dieser in der jüngsten Vergangenheit häufig zu beobachtenden Entwicklung sind vielfach Innovationen aus der High-tech-Branche, denen viele kleinere Unternehmen nicht mehr schnell genug folgen können oder wollen. **Ständiger Wandel beherrscht jedoch den Markt und nur die, die die Zeichen der Zukunft erkennen, werden auf den Märkten der Zukunft präsent sein.** „Der Wandel unterliegt Naturgesetzen." Unternehmen müssen den Wandel als Voraussetzung jeglicher Weiterentwicklung begreifen.

Die im folgenden skizzierten Trends treffen dabei für viele Unternehmen zu:[8]

• Meist ist die bestehende Produktpalette auf Märkte ausgerichtet, die in der Vergangenheit hohes Wachstumspotential hatten, inzwischen aber gesättigt sind. Dies bedeutete für eine Reihe von Unternehmen Volumenrückgänge in den letzten beiden Jahren von bis zu 50 Prozent.

• Parallel dazu tritt ein signifikanter und für das Unternehmensergebnis bedeutender Preisverfall in fast allen Marktbereichen auf. Internationale Wettbewerber haben bekanntermaßen oftmals günstigere Kostenstrukturen.

- Das Markenzeichen „Made in Germany" ist im Zeichen der Globalisierung der Märkte bedeutungslos geworden. Traditionsunternehmen wie **Bosch, Daimler-Benz, Siemens** u. a. entwickeln und produzieren heute weltweit.
- Das Wirtschaftswachstum führt in Industrieländern nach Rezessionen kaum noch zu höherer Beschäftigung. Der in der Rezession aufgebaute Berg Arbeitssuchender wird in der Phase des Wirtschaftswachstums nicht mehr abgebaut.
- Die Entwicklung auf den internationalen Kapitalmärkten und die daraus resultierenden Auswirkungen auf Gesellschaft und Wirtschaft wiegen häufig schwerer als politische Entscheidungen.
- Mehr und mehr entscheidet die nationale Gesetzgebung über Wettbewerbsfähigkeit. Der Nationalstaat ist jedoch Vergangenheit.

Restrukturierungsansätze wie Total Quality Management (TQM), Business Reengineering oder Lean Management, die hier diskutiert werden, zielen im allgemeinen darauf ab, vorhandene Wettbewerbsnachteile in einen Produktivitätsvorteil zu wandeln. Dies ist jedoch aufgrund der vielfach in den Unternehmen vorhandenen verkrusteten Strukturen und Prozesse ein mühseliges und zeitaufwendiges Vorhaben, in dem oftmals die Mitarbeiter die größten Erfolgsverhinderer sind. Betrachtet man die Produktpaletten einzelner Unternehmen, so ist selbst bei innovativen Häusern festzustellen, daß die Umsatzanteile von Produkten, die nicht älter als fünf Jahre sind, um die 50 Prozent liegen. Hieraus folgt zwingend: In den nächsten fünf Jahren muß ein solches Unternehmen 50 Prozent seines Umsatzes mit Produkten und/oder Dienstleistungen erwirtschaften, die es heute noch nicht kennt, die sich im Entwicklungsstadium befinden oder zugekauft werden müssen. Revitalisierungen und marginale Veränderungen alter Produktlinien stehen wirklichen Innovationen in solchen zwingend notwendigen Erneuerungsprozessen allzu häufig im Wege. Worauf kommt es für deutsche Unternehmen heute im Zuge einer solchen Entwicklung im Rahmen von ersten Hilfemaßnahmen besonders an?

- Fixe Kosten müssen – wo immer möglich – in variable Kosten umgewandelt werden.

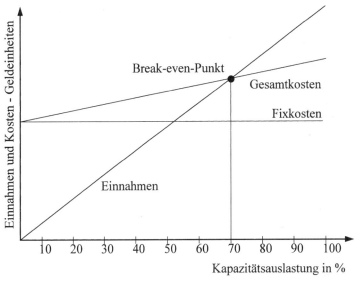

Abb. 1 Tendenz der Break-even-Kapazitätsauslastung

- Die Gewinnschwelle der Unternehmen darf nicht bei 90% und mehr liegen, sondern muß schon bei ca. 60 bis 70% ihrer Kapazitätsauslastung erreicht werden.
- Die Voraussetzungen für eine flexible Anpassung der Unternehmen an schwankende Märkte müssen verbessert werden (flexible Arbeitszeiten).

Ausgangspunkt zur Sicherung der Wettbewerbsfähigkeit sind Kostensenkungen. Sie allein garantieren jedoch den Fortbestand eines Unternehmens nicht, wenn schöpferisch Neues auf Dauer fehlt.[9] Im Wettbewerb von morgen zählen Schnelligkeit, Effizienz und Kundenorientierung. Die besten Chancen, im Wettbewerb zu bestehen, haben daher flexible, kreative, mutige, offene, schnelle und lernfähige Unternehmen.

Problematisch ist hierbei die sich ständig weiter öffnende Schere zwischen F&E-Kosten und der Zeit für deren Amortisation. **Ständig**

steigende Innovationskosten zwingen zu einer Verkürzung der Amortisationsdauer aufgrund permanent sinkender Produktlebenszyklen, eine Entwicklung, auf die in der Vergangenheit viele Unternehmen in Deutschland nicht vorbereitet waren. Erst in letzter Zeit wurde mit der Bildung strategischer Allianzen, dem Eintritt in den osteuropäischen Markt und der Verlagerung der Produktion in Niedriglohnländer samt allgemeiner Internationalisierung versucht, wirkungsvoller dem aufgezeichneten Trend entgegenzusteuern.

Viele Unternehmen haben darüber hinaus in der vergangenen Zeit erkannt, daß es weniger nützlich ist, Produkte immer schneller und effizienter zu entwickeln als daß es gelingt, die richtigen Produkte konsequent und treffsicher auszuwählen.

Diesen Selektionsprozessen und den damit verbundenen Auswahlmethoden kommt heute im modernen Management besondere Bedeutung zu. Faßt man hier einmal das bis dato Gesagte zusammen, so sind Methoden wie die Portfolioanalyse, die Nutzwertanalyse oder Verfahren zur Ermittlung von Produktlebenszyklen unabdingbare Werkzeuge für Entscheidungsträger. Leider sind sie vielfach in der Praxis nicht bekannt oder es wird deren strategischer Nutzen schlicht und einfach ignoriert. Sie sind Bestandteil einer erfolgreichen Produkt- bzw. Produktionsplanung. **A. Stanke** hält hierzu folgendes fest: Ein Produktkonzept als Ergebnis der Produktplanung muß drei Sichtweisen enthalten:

(1) Charakterisierung der Zielgruppen als Festlegung: „Wem bringt das Produkt Nutzen?"

(2) Beschreibung mit nicht-technischen Begriffen: „Was soll das Produkt leisten, was soll es sein?"

(3) Beschreibung des Nutzens: „Was bedeutet das Produkt dem Kunden?"

Um den Kunden zukünftig zufriedenzustellen, wird es nicht mehr ausreichen, ein Produkt abzuliefern. Kunden sind heute an Gesamtlösungen aus einer Hand interessiert, die ein breites Dienstleistungsangebot umfassen müssen. Oftmals fällt hierbei die Frage nach dem Zusatznutzen des Produktes. Kundendienst und Service müssen dabei als integraler Bestandteil des Produktes angesehen werden.

Wirklich innovative Unternehmen zeichnen sich heute zudem durch eine kurze Reaktionsfähigkeit aus. Unvorhersehbare Ereignisse, wie sie in vielen der später dargestellten Methoden nicht berücksichtigt werden können, werfen sie nicht aus der Bahn. Die Unternehmerwelt ist weder statisch noch berechenbar sondern dynamisch, also im Ganzen nicht mit Hilfe von Formeln zu beschreiben. Wir bewegen uns im Chaos. Prognosen, insbesondere Wirtschaftsprognosen treffen so selten ein, daß basierend auf ihnen eine sichere langfristige Planung Bestand haben könnte. Die Wahrscheinlichkeit, daß die Strategen der Unternehmen mit ihren getroffenen Prämissen im Rahmen von Planungsansätzen langfristig Recht behalten, ist denkbar gering. Strategische Marktplanungen sind aufgrund der dynamischen und unvorhersehbaren Marktveränderungen nicht realisierbar. **Sorgfältig ausgeklügelte Strategien weichen heute Szenarien.**[10] Man beschreibt hierbei mit Hilfe abschätzbarer Trends mögliche zukünftige Welten, innerhalb derer sich das Unternehmen bewegen wird. Es gilt das Prinzip des „Survival of the Fittest".[11]

Untersuchungen des Strategieexperten **Henry Mintzberg** zeigen, daß die meisten erfolgreichen Strategien auf Visionen und nicht auf detaillierten Plänen basieren. Statt formaler Strategiepläne liefern heute Produktvisionen die notwendigen Impulse, um Mitarbeiter zu inspirieren, zu motivieren und deren Kreativität zu fördern. Dabei begeht der Unternehmer einen gefährlichen Balanceakt zwischen geförderter unternehmenseigener Kreativität seiner Mitarbeiter, die ausufern könnte und tiefer Marktkenntnis, die mit kanalisierter Kreativität in Einklang zu bringen ist. Letztlich zählen in unserer ökonomisch geführten Welt Marktanteile und nicht Marktvisionen, wobei die einen das andere hervorrufen.

Visionen sind nach **Gausemeier/Fink/Schlake** die schärfste Form wünschenswerter Zukunftsbilder. Von ihnen glaubt der Visionär, daß sie irgendwann verwirklicht werden können, ohne daß er den exakten Weg kennt. Der Lübecker Unternehmer **Christian Dräger** hat hierzu eine prägnante Definition geliefert: „Visionen zu haben heißt, sich etwas vorzustellen, was im Moment der Vorstellung weit außerhalb der Möglichkeiten zu sein scheint. Aus diesem Grunde wird es auch von anderen nicht verfolgt. Aber man muß so fest daran glauben, daß man zielstrebig dafür zu arbeiten für sinnvoll hält."[12]

Einer der größten Visionäre unserer Zeit ist **Bill Gates**, der Mitbegründer von **Microsoft**. Lassen wir ihn hier einmal ausführlich zu Wort kommen. Seine erste über die Grenzen Amerikas hinaus bekannt gewordene Vision lautete: „We're going to create the software that puts a computer on every desk in every home" – in jedem Haushalt sollte ein Personalcomputer stehen. Er sagte: „Meine konkrete Vision war es, den Computer zu einem Werkzeug zu machen, das Menschen gerne benutzen. Allerdings sind wir noch weit davon entfernt. Trotzdem halte ich an der Vision fest. Ich weiß, daß es so kommen wird, selbst, wenn es noch lange dauert. Wir sind dem Ziel ein gutes Stück näher gekommen; den halben Weg, würde ich sagen, haben wir hinter uns." Bereits 1989 hat **Bill Gates** in der Zeitschrift **Spektrum der Wissenschaft** mit aus heutiger Sicht großer Treffergenauigkeit die Entwicklungen der Computerwelt umrissen. Er sagte damals: „... Im Mittelpunkt steht dabei eine noch größere Bedienerfreundlichkeit. Objektorientiertes Programmieren, Spracheingabe, Kommunikationssoftware, verbesserte eMail, Nutzung der Compact-Disk als Informationsquelle und Audio-Video-Integration sind nur Schlagworte, welche die künftigen Trends beleuchten". Viele der damals geäußerten Visionen gehören heute bereits zum Standard, und die Prozessorentwicklung verlief sogar noch weitaus schneller, als von **Gates** vorhergesagt. Nach nur fünf Jahren waren die meisten seiner Spekulationen bereits Wirklichkeit geworden.

Bill Gates zeigte somit in beeindruckender Weise, daß Kreativität und Visionen die im Vordergrund stehenden und damit in erster Linie zu fördernden Unternehmenseigenschaften sind, um ein Überleben in der Welt der Zukunft zu sichern. Kreativität erfordert Chaos und oftmals die Aufgabe von Althergebrachtem. Es heißt Abschied nehmen und an Veränderungsprozessen partizipieren lernen. Versetzen Sie sich dabei frühzeitig in die Welt der Kunden von morgen. Wo leben Ihre Kinder und Kindeskinder? Wie sehen aus heutiger Sicht deren Bedürfnisse aus? Sammeln Sie schon jetzt Ideen.

Stellen Sie sich folgende drei Fragen:[13]

▶ **Zukunftsforschung**: Wie wird die Zukunft aussehen?

▶ **Zukunftsphilosophie**: Wie sollte die Zukunft aussehen?

▶ **Zukunftsgestaltung**: Wie können wir die wünschenswerte Zukunft erreichen?

Machen Sie sich einmal an dieser Stelle Gedanken über die Welt von morgen, die Welt Ihrer zukünftigen Kunden. Benötigen diese Kunden noch Ihre Produkte? Sammeln Sie neue Ideen und versuchen Sie, diese auf den wirklichen, zukünftigen Kundennutzen hin zu evaluieren. Betrachten Sie hierzu auch Abb. 2.

Um die oben gestellten Fragen zu beantworten, dürfte ein DIN-A4-Blatt nicht ausreichen. Sollte es anders sein, dann ist Ihre Innovationsfähigkeit und -kraft den Märkten der Zukunft wohl nicht gewachsen. Neue Ideenträger oder -finder sollten zum gegenseitigen Nutzen in Ihr Unternehmen aufgenommen werden. Denken Sie daran:

▶ **Innovation muß dazu beitragen, vor allem die Wettbewerbsfähigkeit des Kunden zu stärken.**

▶ **Die Impulse für neue Entwicklungen bringt der Kunde ein.**

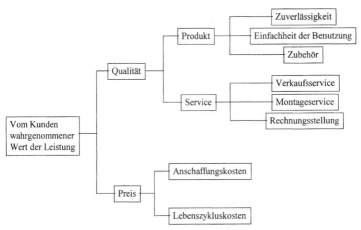

Abb. 2 Die Zusammensetzung des Kundennutzens bei AT & T

Dennoch gibt es auch Gründe, warum es sich für ein Unternehmen auch einmal weniger lohnen kann, Geld in völlig neue Techniken zu stecken:[15]

- Mit der Verbesserung bestehender Produkte lassen sich höhere Gewinne erzielen als mit neuen. (Aber wie lange noch?)
- Vielen Kunden fällt es schwer, sich von an sich überholten Techniken zu trennen. Die Folge: „Nicht immer siegt das bessere System", so der **AT&T**-Forscher **A. Odlyzko** und nennt als Beispiel das *Macintosh*-Betriebssystem von **Apple**. Obgleich die meisten Experten es für besser halten als **Windows** vom Konkurrenten **Microsoft**, habe der Markt klar gegen **Apple** entschieden.
- Schließlich seien Unternehmen mit der Vermarktung von Erfindungen außerhalb des Kerngeschäfts oft überfordert. So habe das Palo Alto Research Center des Elektronikkonzerns **Xerox** schon in den siebziger Jahren wichtige Bestandteile des Personalcomputers entwickelt. Doch das Topmanagement hat mit den Ideen wenig anfangen können, weil sie nicht zur damaligen Produktpalette paßten.

Diese Argumente mögen dargestellt am Einzelfall sicherlich richtig sein, sie sind aber nicht zu verallgemeinern. Was zählt sind wirkliche Innovationen.

Achten Sie bei der Produktentwicklung für Ihre Zukunftsmärkte immer darauf, daß ein Wechselspiel zwischen eher kreativem Verhalten, bei dem Visionen und Konzepte formuliert werden, und eher evaluierendem Verhalten, bei dem alles auf Realisierbarkeit überprüft wird, sich ständig alternierend wiederholt. Dabei nähert sich das Produktkonzept dem Optimum. Diese von **A. Stanke** formulierte Vorgehensweise, in der sich iterativ-zyklisch Phasen wiederholen, stellt einen für die Zukunft tragfähigen Ansatz zur Entwicklung innovativer Produkte dar. Insgesamt sind vier Schritte zu durchlaufen, die von **A. Stanke** folgendermaßen charakterisiert wurden:

▶ **Product Visioning**

Hier werden Ideen und Visionen generiert. Kreatives „Spinnen" ist erlaubt. Als methodische Unterstützung sei das klassische Brainstorming erwähnt.

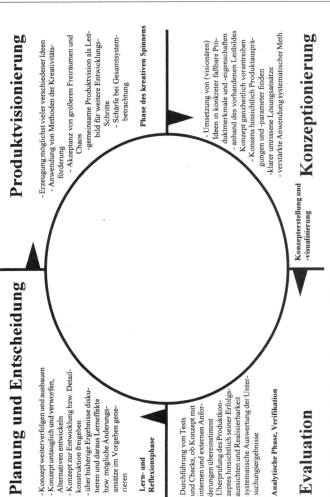

Produktvisionierung

- Erzeugung möglichst vieler verschiedener Ideen
- Anwendung von Methoden der Kreativitäts-förderung
- Akzeptanz von größeren Freiräumen und Chaos
- gemeinsame Produktvision als Leit-bild für weitere Entwicklungs-Schritte
- Schärfe bei Gesamtsystem-betrachtung

Phase des kreativen Spinnens

Konzeptionierung

- Umsetzung von (visionären) Ideen in konkreter faßbare Pro-duktmerkmale und -eigenschaften anhand des vorhandenen Leitbildes
- Konzept ganzheitlich vorantreiben
- Konsens hinsichtlich Produktausprä-gungen und -parameter finden
- klarer umrissene Lösungsansätze
- verstärkte Anwendung systematischer Meth.

Konzepterstellung und -visualisierung

Planung und Entscheidung

- Konzept weiterverfolgen und ausbauen
- Konzept untauglich und verworfen, Alternativen entwickeln
- Konzept zur Entwicklung bzw. Detail-konstruktion freigeben
- über bisherige Ergebnisse disku-tieren und daraus Lerneffekte bzw. mögliche Änderungs-ansätze im Vorgehen gene-rieren

Lern- und Reflexionsphase

Evaluation

- Durchführung von Tests und Checks, ob Konzept mit internen und externen Anfor-derungen übereinstimmt
- Überprüfung des Produktkon-zeptes hinsichtlich seiner Erfolgs-aussichten und Realisierbarkeit
- systematische Auswertung der Unter-suchungsergebnisse

Analytische Phase, Verifikation

Abb. 3 Zyklisch-iterative Produktplanung nach A. Stanke

17

▶ **Konzeption**

Die verschiedenen Produktideen werden auf konkrete Produktkonzepte fokussiert. Zur Beschreibung des Konzeptes werden evaluationsfähige Konzeptmuster aufgebaut.

▶ **Evaluation**

Die aktuellen Produktkonzepte werden mehreren Checks unterzogen:

Visions-Check: Überprüfung, ob im Produktkonzept die formulierte Produktvision realisiert ist,

Produkt-Check: Überprüfung der Stimmigkeit und Realisierbarkeit des Produktkonzepts,

Kunden-Check: Überprüfung der Kundenakzeptanz,

Struktur-Check: Überprüfung der unternehmensinternen Struktur und der Fähigkeit zur Realisierung.

▶ **Planung**

Dieses vierte Zykluselement konzentriert sich auf die Entscheidung hinsichtlich des evaluierten, aktuellen Produktkonzepts und der Planung der nächsten Schritte. Wesentlich ist hierbei die Reflexion der vergangenen Zyklen und das Lernen für die nächsten.

Im dargestellten Produktplanungsprozeß werden die Phasen „Produktvisionierung, Konzeptionierung, Evaluation sowie Planung und Entscheidung" mehrmals und so lange durchlaufen, bis im Produktkonzept in optimaler Weise Anforderungen des Markts mit kreativen Ideen aus dem Unternehmen aufeinander abgestimmt sind.

Hiermit haben Sie, ganz im Sinne dieses Buches, die erste Managementmethode kennengelernt.

Anmerkungen

8 Vgl. A. Stanke, Marktphantasie, gepaart mit Kundennähe, führt aus dem Dilemma der Innovationskrise, Office Management, Nr. 11, 1994, S. 30–34.

9 Vgl. H. H. Hinterhuber, Strategien für das kommende Jahrtausend, io Management Zeitschrift, Nr. 12, 1994, S. 34–38.

10 Vgl. J. Gausemeier/A. Fink/O. Schlake, Szenario Management, Carl Hanser Verlag, 1995, München.

11 Vgl. W. G. Faix/C. Rasner/M. Schuch, Das Darvin-Prinzip, Verlag moderne industrie, 1996, Landsberg am Lech.

12 Vgl. J. Gausemeier/A. Fink/O. Schlake, Szenario-Management, Carl Hanser Verlag, München, 1995, S. 36.

13 Vgl. J. Gausemeier/A. Fink/O. Schlake, Szenario-Management, Carl Hanser Verlag, München, 1995, S. 29.

14 Vgl. B. Stauss/C. Friege, Zehn Lektionen in TQM, Harvard Business manager, Nr. 2, 1996, S. 27.

15 Vgl. WirtschaftsWoche, Nr. 45 v. 2. 11. 1995.

3. „Mit"-Arbeiter, Manager und Methoden im Betrieb – Einführung

> „Der Schlüssel zum Erfolg sind nicht Informationen.
> Das sind Menschen."
> *Lee Iacocca*

Erster Überblick

> „Wer meint, er ist am Ziel, der geht zurück."
> *Laotse*

Widmen wir uns nun zunächst einmal überblicksartig dem Kern des Buches, den Methoden. Die neuere Geschichte der Betriebswirtschaftslehre, insbesondere der Managementmethoden wird, so scheint es, zum überwiegenden Teil im Land der „aufgehenden Sonne" geschrieben. Immer wieder tauchen von japanischen „Managementzauberern" geprägte Wortschöpfungen auf. Diese Begriffe sollen justament erläutert und die dahinter stehenden Verfahren transparent dargestellt werden. Hierbei gilt es, einen Weg durch das Dickicht des Wortschatzes der Unternehmensberater zu finden. Sie sollen lernen, deren Kauderwelsch zu verstehen. Als Kostprobe mögen einige Wortunholde aus dem neueren Ökonomendeutsch dienen: Kaizen, Kanban, Genka Kikaku, Reengineering, Top down/Button up, Ressources Leverage, Virtuelle Unternehmen, Outsourcing oder Time-Compression-Management.

Vervollständigt werden soll diese Aufzählung durch die Begriffe der nächsten Abbildung. Aber eins vorweg: Erwarten Sie keine Vollständigkeit der Aufzählung. Ständig werden neue Worte (und dahinter stehende Methoden) geprägt und für Unternehmen als „strategisch" herausgestellt. Laut *Gausemeier/Fink/Schlake*, denen auch wesentliche Wortbestandteile nachfolgender Grafik entnommen wurden, war es fast unzeitgemäß, sich mit Visionen, Zielen und Strategien zu

Abb. 4 Das Kauderwelsch von Ökonomen und anderen Zeitgeistern

beschäftigen. Statt dessen blühte die heute noch nicht abgeschlossene „Ära der Schlagworte", wobei diese (bzw. die dahinter stehenden Methoden) sicherlich nicht pauschal zu verdammen ist. Sicherlich gerieten einzelne der Methoden in Verruf und wurden als „Jobkiller" tituliert, eine Verallgemeinerung wäre jedoch dumm, da durch die Anwendung der Verfahren viele Arbeitsplätze in der Bundesrepublik (und anderswo) gesichert werden konnten. Dennoch: Viele Kampagnen, die mit guten Ansätzen verbunden waren, blieben praktisch stecken.

Verstehen Sie dieses Buch nicht als Management-Lexikon, welches ausschließlich obige Begriffe erläutert. Das Ziel ist es, über Anwenderbzw. Anwendungserfahrungen zu berichten. Hier wird in der Darstellung der Methoden ein Schwerpunkt gesehen. Inhalte sollen – wann immer möglich – am Praxisbeispiel vermittelt werden. Viele der verstärkt in Japan oder den USA angewandten Techniken lassen sich heute bereits an Beispielen europäischer bzw. deutscher Firmen darstellen. Deren Erfahrungen werden der Leserschaft des Buches transparent gemacht. In der Diskussion der Methoden wird bewußt zwischen „alt und überholt" sowie „neu und zukunftsträchtig" differenziert. Die folgenden Ausführungen sprechen dabei weniger den Wissenschaftler bzw. die Wissenschaftlerin an, denen es eher auf theoretische Erkenntnisse ankommen dürfte, sondern vielmehr in den Unternehmen Tätige, primär die Riege der Führungskräfte.

Die hier behandelten Modelle und Methoden wurden in der Vergangenheit – mit wechselseitigem Erfolg – von Managern und Unternehmensberatern als Problemlöser gesehen, z. B. um Markttrends zu erkennen, den Vertrieb zu optimieren, neue Produktionsverfahren zu beurteilen oder gar neue Standorte auszuwählen. Sie selbst sind somit entscheidungsunterstützende Instrumente, in der Regel niedrigerer Komplexität, die auf eine Vielzahl von Problemen und offenen Fragestellungen anzuwenden sind. Oftmals reicht es in einem Unternehmen zur Lösung eines aktuellen Problems jedoch aus, einige bzw. alle Mitarbeiter zu befragen. Stellen Sie doch einmal in Ihrem Haus die Frage: „Kennt jemand eine Lösung?".

In die Thematik einleitend sollen nun bereits mehrfach angesprochene Begriffe im Lexikonstil vorgestellt werden, um eine gemeinsame Sprachebene zu schaffen.[16] Der Verfasser ist sich bewußt, daß das Stimmungsbild der deutschen Manager, hören Sie diese Begriffe, von Euphorie, Aufbruch bis hin zur kategorischen Ablehnung reicht. Mit ihnen wird oft verbunden:[17]

- eine erneute Rationalisierungswelle,
- Inhumanität,
- sie sind spezifisch amerikanisch/japanisch/..,
- das „Konzept des Monats",
- nur für Pleiteunternehmen gedacht oder
- nicht umsetzbar, weil pragmatische Methoden und Werkzeuge fehlen.

Trotz dieser Aussagen verursachten viele der nachfolgend vorgestellten Ansätze weltweite Trendwellen, die vielfach von Osten (aus Japan) oder von Westen (aus Amerika) kommend das in Europa bzw. Deutschland angesiedelte Unternehmen unvorbereitet trafen.

Portfolioanalyse: Sie unterteilt Produkte oder Geschäftsfelder je nach Erfolgspotential in eine Vier- oder Neun-Felder-Matrix mit Siegern und Verlierern. Angewandt wird diese Methode zur Strategiefindung seit den siebziger Jahren.

Später, in den achziger Jahren, tauchten dann die Begriffe **Wettbewerbsvorteil** und **Kernkompetenzen** auf. Mit ihnen sind die Namen *M. Porter*, Harvard-University und *C. K. Prahalad*, University of Michigan, verbunden. *Porter* übt eine nicht zu überhörende Kritik an dem vereinfachenden Denken der Portfolioanalyse.

Die Konzentration auf die unternehmerischen Stärken ist die Hauptforderung von *Prahalad*, der das Konzept der Kernkompetenzen vorstellte.

Demgegenüber sind Begriffe wie **Lean Management** und neuerdings **Business Reengineering** als von Beratern verordnete Gesundschrumpfungskuren von Unternehmen aufzufassen. Lean Management widmet sich dabei primär den Hierarchien in Unternehmen und postuliert deren Abschaffung, wohingegen Business Reengineering mit dem Ziel betrieben wird, Prozesse wie Auftragsabwicklung, Produktentwicklung oder Kundenakquise so zu gestalten, daß signifikante Einsparungen bei den Kosten und ein Steigern der Qualität und des Service hieraus resultieren.

Beim **Zero-Base-Budgeting** wird davon ausgegangen, daß die einzelnen Unternehmensbereiche ohne Kapital starten. Die Kernfrage lautet: Wie sehen die Budgets aus, wenn wir morgen auf einer grünen Wiese von vorne anfangen?

Beim **Benchmarking** wird vom Besten abgeschaut. Über Unternehmensgrenzen hinaus werden, z. B. unter Automobilzulieferern, Unternehmensbereiche miteinander verglichen und im eigenen Hause aus dem Vergleich resultierend Verbesserungen angeregt.

Den betriebsinternen Vergleich mit dem Ziel der Verbesserung haben die Japaner **Kaizen** genannt. Hierbei gilt es, kontinuierliche Verbesserungen durch das Nutzen einer Vielzahl von Einzelideen zu erlangen.

Erst durch das sich heute in aller Munde befindliche **Total Quality Management** wurde Kaizen vielfach in europäischen und insbesondere in deutschen Unternehmen umgesetzt.

Target Costing – auch dies ist eine japanische Erfindung der siebziger Jahre,[18] die erst in den vergangenen Jahren von den Deutschen entdeckt wurde – stellt nicht die Frage „Was wird ein Produkt kosten?", sondern will wissen „Was darf ein Produkt kosten?". Diese streng marktorientierte Frage fordert eine frühzeitige Kooperation zwischen der F&E-Abteilung und der Produktion.

Aus diesem ersten Überblick über einige der wesentlichen Managementkonzepte lassen sich zwei wichtige Erkenntnisse ableiten:

- Ständig zunehmender Veränderungsbedarf führt zu immer neuen Managementkonzepten, wobei
- gemäß deren Ursprung zwischen Methoden, die radikale Veränderungen hervorrufen und amerikanischen Ursprungs sind (weniger traditionsbezogen, z. B. Business Reengineering) und japanischen Verfahren (traditionelle Verhaltensweisen werden vielfach beibehalten, z. B. Kaizen) zu differenzieren ist.

Bei der richtigen Auswahl eines Konzeptes gilt es, die vorherrschende Unternehmenskultur oftmals mit amerikanischen bzw. japanischen zu vergleichen und auf dieser Basis letztendlich in Abhängigkeit vom jeweiligen Veränderungsbedarf bzw. in Abhängigkeit von den Fähigkeiten und Erfahrungen im Umgang mit Veränderungsmaßnahmen eine geeignete Methodenselektion, die dann zur Anwendung kommem soll, selbstkritisch vorzunehmen.

Historie

> „Immer habe ich nach dem Grundsatz gehandelt,
> lieber Geld verlieren als Vertrauen.
> Der Glaube an den Wert meiner Ware und an mein Wort
> standen mir stets höher als ein vorübergehender Gewinn."
> *Robert Bosch*

Die letzten Jahrzehnte waren für Unternehmen geprägt durch massive Veränderungen. Die Globalisierung der Weltmärkte, das Auftreten ständig neuer Konkurrenten auch in angestammten Heimatmärkten, die Verkürzung der Produktlebenszyklen durch immer wiederkehrende Technologieschübe, der ständige und nicht vorhersehbare

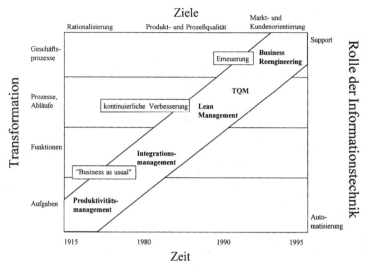

Abb. 5 Managementkonzepte im Wandel der Zeit
Quelle: Vgl. Bullinger/Roos/Wiedmann

Wandel der Konsumentenansprüche, angeglichene Kostenstrukturen und homogenisierte Produktqualitäten, beschleunigtes Innovations- und Imitationstempo oder das aufkommende Umweltbewußtsein stellten die Unternehmen vor neue Herausforderungen.[19] Die Produktlebenszyklen haben beispielsweise in den letzten zehn Jahren drastisch abgenommen, z. B.:

• im Anlagenbau um 40% auf 12–13 Jahre und

• in der Mikroelektronik um rund 45% auf weniger als 2½ Jahre.

In manchen Bereichen (z. B. in der Chip-Produktion) ist die Zeitschere auch noch mit einem dramatischen Preisverfall verknüpft. Das Risiko, mit den gestiegenen Ausgaben für F&E auf das „falsche Pferd zu setzen", ist demzufolge enorm gewachsen.[20]

Vor diesem Hintergrund evolutionierten auch die Managementkonzepte im Wandel der Zeit. Die Spanne reicht – wie obige Grafik zeigt – von „Business as usual" bis zu „Business Reengineering".[21]

Wirtschaftlicher Abschwung und die Lethargie der Entscheidungs- träger führten im Wandel der Zeit gerade in jüngster Vergangenheit zu einer Vielzahl von Insolvenzen. Neben diesen Ursachen für Unter- nehmenspleiten wird vielfach Strategielosigkeit oder fehlende Inno- vationskraft genannt. Das sind Ursachen, die es gezielt zu bekämpfen gilt. Das überlegte Nutzen moderner Methoden ist ein wesentlicher Beitrag seitens des Managements zur **Insolvenzprophylaxe**.

„Die Innovationsschwäche deutscher Unternehmen ist alarmie- rend" meint in diesem Kontext auch ADL-Vizepräsident *Werner Knetsch*. Sie ist der Grund für den Verlust von Wettbewerbsvorsprün- gen und Wachstumspotentialen. Darüber hinaus ist festzustellen, daß viele deutsche Unternehmen nichts in der „Pipeline" haben und somit auch in der Folgezeit nicht mit Innovationen aufwarten können.

Die Vergangenheit zeigt, daß Unternehmen, die bereits in der Krise stecken, in aller Regel keine Zeit bleibt, Anpassungen vorzunehmen, da die Kluft zwischen den Ansprüchen des Umfelds und den Möglich- keiten des Unternehmens bereits zu groß ist. „Gesundschrumpfung" oder „Rightsizing" heißt in solchen Fällen die Devise und ist eine reine **Kostenkosmetik**, die die Zukunft eines Betriebs nicht rosiger macht, da die freigesetzten Mittel nur in seltenen Fällen für wirkliche Inno- vationen eingesetzt werden. Zu groß ist die Sorge vor weiteren Ver- lusten. Mit solchen Entscheidungen wurde in der Historie zu oft der letzte rettende Anker von Bord geworfen. Eine Vielzahl von Unter- nehmen hat sich „totgeschrumpft". Die aufgezeigte Todesspirale führt zum Verkauf, zur Liquidation oder im schlimmsten Fall zum Konkurs. Was helfen kann, ist eine völlige Neuausrichtung. Doch um solche Veränderungen zu tragen, erfordert es individueller Quantensprünge. Notwendig sind radikale Änderungen bzw. Anpassungen an das Marktgeschehen. Alte Vorstellungen müssen abgelegt, z.T. bestehen- de Märkte verlassen, Führungsmannschaften ausgetauscht oder neue Strukturen gelebt werden, um Neuland unvorbelastet betreten zu können. Das sind Umgestaltungen bzw. Schritte die laut *Fopp/Eich- korn/Krotzinger* einer Metamorphose gleichkommen.

Gestaltungspotentiale für einen Erneuerungsprozeß gibt es zahl- reiche, eine Fülle von Beispielen liefert die Vergangenheit. Heraus- greifen kann man beispielsweise das Unternehmen *SMH*, welches mit der *Swatch*-Uhr die schweizerische Uhrenindustrie revolutionierte und aus heutiger Sicht aus der Krise führte. Ein neues Produkt führte zum Wiederaufleben einer ganzen Branche. Verbunden wird der Erfolg mit dem Namen *Nicolas Hayek*, unbestritten ein erfolggekrönter Visionär. Eine seiner Errungenschaften ist das *„Swatch"*-Auto, das in Kooperation mit der *Daimler-Benz AG ab 1998* in Frankreich produziert wird.[22] Weitere innovative Erzeugnisse werden sicherlich folgen. Die Management-Prinzipien von *Hayek* verdienen dabei durchaus den Begriff Power-Management, wie er von *Fopp/Eichkorn/Krotzinger* verwandt wird. Gezielt baut er seitens seiner Mitarbeiter oder Projektpartner **Visionen** auf, schürt und indoktriniert hieraus **Emotionen** und fordert sie nachhaltig zu **Aktionen** auf. *Hayek* ist bekannt dafür, gezielt Emotionen mit starken Ausdrücken und symbolischen Gesten steuernd hervorzurufen.

Betrachten wir die jüngste Historie, dann ist der Siegeszug der *Swatch*-Uhren eine der wenigen wirklichen Innovationen, die sowohl als Klassen- und Massenprodukt beim Konsumenten gleichermaßen ankam. Man denke an die geschickt gesteuerte Sammlerhysterie um limitierte *Swatch*-Uhren einerseits und das Massenkonsumprodukt „**WartungsfreieWegWerfPlastikUhrMitGarantie**" andererseits. Für jeden Geldbeutel wurde etwas geboten. Zu realisieren war die Angebotspalette nur mit einem konsequenten Controlling, hervorragendem Target Costing, globalem Marketing, einer permanenten Prozeßoptimierung und vollständiger Deckungsbeitragsausrichtung. Das Baukastenprinzip erlaubte fast grenzenlose kundennahe Gestaltungsmöglichkeiten im Kernkompetenzbereich. Blaue Uhren mit gelben Armband und roten Ziffern waren ebensowenig ein Problem wie Chronographen, Taucheruhren („Scuba"), Taschenuhren oder Automatikuhren im kundenfreundlichen Preissegment zwischen 69 und 129 DM.

Dieses Beispiel belegt, wie Innovationen, verknüpft mit Mode, Farbe und Lebensstil, ein marodes Unternehmen zu einem „global Player" wachsen lassen können.

Offen gesagt habe ich mich an dieser Stelle beim Schreiben des Buches gefragt, warum *Hayek* das *„Swatch"*-Auto gerade in Kooperation mit *Daimler-Benz* baut, insbesondere würde mich interessieren, warum der Konzern *Daimler-Benz* die Kooperation einging. Fehlten dem Konzern Visionäre oder ist der Konzern in der Vergangenheit falschen Visionen gefolgt? Antwort gibt wohl folgendes Zitat aus dem Jahre 1994: „So gibt uns bereits die Vision von *Daimler-Benz* einige interessante Hinweise. Dort heißt es: *Daimler-Benz* versteht sich als integrierter Technologiekonzern. Dies bedeutet, daß wir auf Geschäftsfeldern tätig sind, die durch gemeinsame Technologien und Systemstrukturen miteinander verknüpft sind."[23] Visionen und Machbares scheinen in diesem Fall wohl auseinanderzuklaffen. Heute konzentriert man sich im Unternehmen *Daimler-Benz* wieder auf die Kernkompetenzen und forciert den Autobau. Kaum jemand spricht im Hause mehr von *AEG, Dornier, DASA* oder *Fokker*. Deutlich erkennt man eine Rückkehr zu den Wurzeln des Erfolgs. In diesem Zuge erfolgte ein sogenanntes Outplacement[24]. Tausende von Mitarbeitern wurden freigesetzt. Das Beispiel *Daimler-Benz* zeigt ganz deutlich, daß man in der Bundesrepublik in den letzten 30 Jahren mehr Erfahrungen darin gesammelt hat, wie man erfolgversprechende Kooperationen verhindert, statt sie zum Leben zu erwekken. Aus heutiger Sicht führten die in der Vergangenheit initiierten Unternehmenszusammenschlüsse zu einer Destabilisierung des Ganzen. Vielfach fehlten präzise Orientierungsformeln, alte Leitsätze wurden dennoch durch neue Leitbegriffe ersetzt. Bewährtes Beziehungsgefüge und das Vertrauen in Führungskräfte wurden hierbei zunehmend zerstört. Es konnte nicht zusammenwachsen, was zusammengehören sollte. Synergiepotentiale konnten sich nicht entwickeln.

Paradoxerweise wurde seinerzeit bei *Daimler-Benz* von der Konzernzentrale ein Zusammenwachsen propagiert und von den einzugliedernden Teilbereichen mehr Autonomie gefordert. Letztlich führte dieser Widerspruch – wie wir heute wissen – zwischen Spitze und Basis sowie ein falsches Einschätzen der Marktentwicklung (Regierungen rätseln über ihren Verteidigungsauftrag, die Dollar/DM-Wechselkursentwicklung entsprach nicht den Planwerten, etc.) zum Scheitern einer Vision, der Vision eines integrierten Technologiekonzerns.

Gewünschte Transformation und vorhandene Tiefenstruktur des Unternehmens waren zu konträr.

Aus Sicht des Verfassers sollten solche oder ähnliche „Erfolgsgeschichten" der Vergangenheit zur Lektüre jeder Führungskraft zählen. Man kann aus den Entscheidungen anderer lernen und muß solches Vorgehen nicht am eigenen Unternehmen ausprobieren. Ein Unternehmen ist keine Spielwiese und dient nicht als Versuchskaninchen für experimentierfreudige Manager.

Blick in die Zukunft

> „If you dont think about the future,
> you cannot have one."
> *John Galsworthy*

In der Vergangenheit konnte sich die deutsche Industrie auf ihren technischen Vorsprung bei vielen Verfahren und ihre hohe Innovationskraft verlassen. Doch die Zeiten, da Kunden die Ingenieurkunst der Deutschen mit Preisaufschlägen honorierten, sind seit dem Auftreten neuer leistungsfähiger Wettbewerber vor allem in Ostasien vorbei. „Wer höchste Qualität mit günstigen Preisen verbinden kann", so warnt *Siemens*-Chef *Heinrich v. Pierer*, „ist den europäischen Unternehmen um einiges voraus."

Bedauerlicherweise sind die 60er Jahre lange vorbei. Bis in diese Zeit hinein war es den meisten deutschen Unternehmen problemlos möglich, Abnehmer für ihre Produkte und Dienstleistungen zu finden. Der Nachkriegs-Boom und die Entstehung moderner Wohlstandsgesellschaften sorgten für genügend Nachfrage. Die benötigten Ressourcen – vor allem Erdöl als Energieträger und seine Folgeprodukte waren billig und standen stets in ausreichender Menge zur Verfügung. Mit der ersten großen Nachkriegsrezession und den Ölkrisen der 70er Jahre ging dieses „Zeitalter der Kontinuität" zu Ende.[25] Die Variantenvielfalt der Produkte stieg, die Innovationszeiten wurden aufgrund der Globalisierung der Märkte durch neue Wettbewerber immer kürzer, wobei gleichzeitig wegen des technischen Fortschritts die Komplexität von Produkt-, Prozeß- und Produktionstechnologien ebenso stetig stieg. Mit dieser technologischen Entwicklung geht eine zunehmende Kapitalintensität und Wissensexplosion einher. Man beachte: Das Wissen der Menschheit verdoppelt sich zur Zeit alle fünf Jahre mit zunehmend sinkender Iterationsdauer.

Erst mit dem Wandel vom Verkäufermarkt zum Käufermarkt in den 60er und 70er Jahren rückte der Kunde in den Mittelpunkt. Wer dies nicht erkennt (erkannte) und sich hierauf nicht rechtzeitig einstellt(e), den bestraft(e) der Markt. Denken Sie bereits jetzt an Ihre Zukunftsmärkte und zukünftigen Marktchancen, eröffnen Sie visionär neue Absatzgebiete und Absatzwege (denken Sie z. B. an die Entwicklung/ Verbreitung von Teleshopping oder Direktbanking in den letzten Jahren). Wie schnell sich Rahmenbedingungen ändern oder Konkurrenten heranwachsen können, zeigen folgende Ausführungen. *Lee Kun Hee*, Chairman des Elektronikgiganten *Samsung*, erwartet in den nächsten Jahren „große Veränderungen" für Südkorea: Die „Technologielücke" zwischen dem asiatischen Schwellenland und den westlichen Industrienationen „schließt sich", so ist der 53jährige überzeugt, eine „Ära des unbegrenzten Wettbewerbs beginnt".[26] Nicht Japan ist heute der Hauptkonkurrent vieler europäischer Unternehmen. Die Tiger sind es. Zu ihnen zählen neben Südkorea z. B. Hongkong, Singapur oder Taiwan. In vielerlei Hinsicht haben sie ehemalige japanische Mitbewerber hinter sich lassen können und sind damit heute bereits eine ernstzunehmende „Bedrohung" für unsere Industrie. Nach Jahren der weltwirtschaftlichen Aufholjagd sind aus den bisherigen Verfolgern ernstzunehmende Rivalen der führenden westlichen Konzerne geworden – trotz der derzeitigen Wirtschaftskrise. *Samsung* nimmt es mit *Siemens* auf, *Hyundai* oder *Daewoo* mit *Honda*. Das Prinzip ist einfach und bekannt: „Der Binnenmarkt wird für ausländische Autos geschlossen, die Inlandspreise werden hochgehalten und Modelle mit Dumpingpreisen nach Übersee geliefert, um Marktanteile zu ergattern." Die Koreaner verfolgen hierbei die Strategie des „selektiven Bombenabwurfs". Überall sind die riesigen südkoreanischen Konglomerate dabei, mit erfolgreichen „Bombenabwürfen" ihren Konkurrenten Weltmarktanteile abzuringen. Südkorea verläßt dabei den Kreis der Schwellenländer und wird zunehmend zur allseits gefürchteten Industrienation. Man bedenke: Das Pro-Kopf-Einkommen der Südkoreaner ist bereits höher als das in den EU-Mitgliedstaaten Griechenland oder Portugal. Die einstige Vorzeigenation Ostasiens, die Japaner selbst, sind bis dato das von dieser Entwicklung am schwersten betroffene Land. Sie sind aufgrund der nunmehr über drei Jahre anhaltenden Rezession im eigenen Lande verwundbar geworden, ein schwerer Schlag für das Ichiban-Syndrom der Japaner – die nationale Sucht, weltweit die Nummer eins sein zu wollen. Für unsere Unternehmen bietet sich nun die Chance – zumindest gegenüber japanischen Mitbewerbern – verlorenes Terrain zurückzuerobern. Der Weltwirtschaftskrieg beginnt aufs Neue. Das Feindbild hat sich jedoch geändert. Südkoreas Elite spricht nicht zufällig in militärischen Kategorien, wenn es um den Weltmarkt geht.[27] *Hyundai*-Chairman *Chung Se Yung* will auf dem Autosektor „die Macht Japans und der Vereinigten Staaten herausfordern". Finanzminister *Hong Jae Hyong* möchte in den nächsten Jahren südkoreanische Großbanken schaffen, die sich „erfolgreich gegen ausländische Giganten wehren können". Südkoreanische Elektronikmanager entwerfen Strategien, wie sie ihre Konkurrenten „in die Flucht schlagen" können. Ein „Kriegsschauplatz", an dem sich heute bereits die Südkoreaner festgesetzt haben ist z. B. der Zukunftsmarkt der Flachbildschirme. Erobert haben sie bereits von den Japanern die Werftindustrie, einen ihrer bedeutendsten Industriezweige. Nun setzen sie zum Schlag gegen die japanische Autoindustrie an und dies alles mit japanisch geprägten Philosophien, abgeschauten Verhaltens- und kopierten Produktionsweisen sowie zügig erlernten Managementmethoden. Ford-Chef *Alex Trotmann* sieht denn auch schwarz für eine vom Freihandel geprägte Zukunft. „Korea", so *Trotmann*, „wird in den nächsten 20 bis 30 Jahren zu einem noch größeren Problem als Japan". Hierbei hat es den südkoreanischen Managern die Kriegssprache angetan. Weitere Kostproben: „Wir sind so wendig wie ein Zerstörer und agieren nicht so behäbig wie ein Schlachtschiff" oder „Unsere Kriegskasse ist gut gefüllt".

Doch wie reagieren die Japaner auf diese Herausforderung in ihrer schlimmsten Wirtschaftskrise seit über 20 Jahren? Immer mehr Konzerne besinnen sich auf Führungsphilosophien, die bisher als typisch westlich verpönt waren: Schnelle Entscheidungen von oben statt langwieriger Konsensbildung von unten, Leistungs- statt Einheitslohn, mehr Individualismus und weniger Gruppenarbeit.[28]

Kann dies die Lösung sein? Japan kopierte in der Vergangenheit vielfach deutsche Produkte, man denke in den 70er und 80er Jahren an Fotoapparate oder Autos; Deutschland kopiert japanische Produktionsverfahren, z. B. Kaizen oder Kanban; Südkorea kopiert alles und Japan besinnt sich schließlich in den 90er Jahren zurück auf die deutschen Führungsphilosophien oder übernimmt gar amerikanische Managementmethoden. Was ist zu lernen? Jeder lernt von jedem und nur die besten Kombinationen führen zum Erfolg. Kürzlich erst wurde in Japan das Prinzip der lebenslangen Beschäftigung – eine ureigene japanische Tradition – „praktisch für tot erklärt". Statt outgesourct wird in deutschen Unternehmen wieder ingesourct. Die bloße Imitation japanischer Wege hilft auch nicht weiter, schon deshalb nicht, weil wir das soziokulturelle Umfeld nicht herstellen können. Was tun? Diese Frage soll hier zunächst unbeantwortet bleiben. Eine Antwort versucht dieses Buch durch die Diskussion der „Managementmethoden der Moderne" zu liefern. Doch eins muß klar sein: **Patentrezepte gibt es nicht**. Konjunkturtäler können nur mit dem Mut zur Innovation verlassen werden. Weite Bereiche unserer Wirtschaft stecken in einer Strukturkrise, die Wettbewerbsfähigkeit des Standorts Deutschland steht ganz allgemein in der Diskussion. Verzweifelt wird überall nach neuen Konzepten gesucht. Flexiblere Arbeitszeit- und Lohn-Modelle dürfen kein Tabu mehr sein. Der Staat muß für passende Rahmenbedingungen sorgen. *Prof. Warnecke* bringt die Standortnachteile auf den Punkt: „Wir sind am teuersten, wenn wir nicht arbeiten."

„Es gibt keine Schonzeit mehr. Entweder wir haben Erfolg oder gehen unter." Hierbei darf ein weiterer wesentlicher Punkt nicht vergessen werden. Durch die politische Öffnung des Ostens liegen Billiglohnländer vor unserer Haustüre.

Die Information ist zukünftig der alles beherrschende Rohstoff, Wissen der entscheidende Konkurrenzvorteil, Bits und Bytes sind die Maßstäbe für den künftigen Wohlstand der Nationen. Leider haben schon viel zu viele deutsche Unternehmen aufgrund angeblich nicht vorhandener Informationen Chancen auf Exportmärkten verschlafen, wie aktuelle Beispiele in Südostasien und Lateinamerika belegen. Die Qualität und Quantität der in Deutschland vorhandenen Wirtschaftsinformationen ist nach einer Studie von *A.T. Kearny* jedoch nachweislich international wettbewerbsfähig! Der Fehler liegt somit nicht beim Anbieter der Information, sondern bei deren Nutzern, d. h. der allgemeine Informationszugang ist gesichert, die Informationsverarbeitung leider nicht, obwohl die Information als solche sicherlich ein wichtiger Faktor zum Erhalt der Wettbewerbsfähigkeit ist. Achtung (für Manager): Neben traditionellen Quellen wie z. B. Printmedien, Messen und Kongressen gibt es heute elektronische Medien wie WWW (World Wide Web) oder CD-ROMs. Sie werden in Südostasien und Amerika genutzt, sind bei uns jedoch noch nicht von den Vorständen akzeptiert. Fragen Sie einmal ein Vorstandsmitglied nach seiner eMail-Adresse. Es verschließen sich nur deshalb neue Märkte, weil unsere Unternehmer sie uninformiert bzw. nicht vollständig informiert betreten wollen. Es gibt bei uns keinen „Mangel an Informationen" sondern einen „Mangel am Willen, Informationen zu verarbeiten". Es ist an der Zeit, die alten Trampelpfade zu verlassen und auf den Informations-Highway aufzufahren. Datenautobahnen haben keine Geschwindigkeitsbegrenzung!

Mit neuen Märkten eröffnen sich auch neue Chancen. Für alle! „Zweifelsohne kann man heute den chinesischen Markt nicht ignorieren, aber daß das zu Lasten von Japan geschieht, ist ein großer Fehler", so *Klaus Diehl*, Präsident von *Merck* in Japan. Wie *Roland Berger* in diesem Zusammenhang richtig sagt, vergessen gegenwärtig viele, daß Japans Bruttosozialprodukt noch immer fast zehnmal so hoch ist wie die Wirtschaftsleistung der gesamten Volksrepublik China. Es ist zwar richtig, daß die deutschen Unternehmen in Wachstumsmärkte gehen, so *Berger*, die zum Teil noch nicht besetzt sind, dennoch darf aber nicht vergessen werden, wo die Musik wirklich spielt. Zehn Prozent Wachstum in China sind eben nur so viel wie ein Prozent in Japan.[29] Große Unternehmen müssen in der Zukunft bei ihrem Engagement die richtige Mischung finden zwischen Volumenmärkten wie Japan und Wachstumsmärkten wie China.

An der Schwelle des dritten Jahrtausends ist die aktive Auseinandersetzung mit der Zukunft unausweichlich geworden:[30]

„In schnellen Zeiten bringt der Blick rückwärts auch Gefahr. Wer schnell vorwärts muß, der könnte stolpern, wenn er sich gleichzeitig umschaut. Auch wächst die Entfernung zu den Vorlebenden jetzt schneller; ganz klein stehen sie am Horizont – nicht die Autorität früherer Jahrhunderte, sondern schon die Vorläufer aus diesem Jahrhundert. Die Zeitgenossen des schnellen Wandels müssen sich ‚eigene' Vor-Bilder suchen, rechts und links unter den Lebenden – und vorn, in der Zukunft."

G. Höhler

Widmen wir uns nun den Zukunftsperspektiven, den Entwicklungen etc., denen sich unsere Unternehmen in der Folgezeit stellen müssen. Nach einer BBDO-Studie befinden wir uns heute in der Phase des „Neuen Realismus". Sie wird determiniert durch folgende Trends:

- Gestiegene Ansprüche an den Lebensstandard
- Notwendigkeit der Absicherung und das Bedürfnis nach Selbstvorsorge, d. h. die Einsicht überwiegt, daß der Staat nicht mehr alles leisten kann
- sinkende verfügbare Einkommen und wichtiger: beschränkte Einkommenszuwächse, damit geringerer Konsum
- kürzere Lebensarbeitszeit
- verstärkte Polarisierung zwischen „arm" und „reich"
- verändertes Einkaufsverhalten
- „strategisches" Einkaufen statt Spontankauf
- Geld wird ganz allgemein bewußter ausgegeben
- Sparen ist „in"
- Motto: „Marken billig kaufen, nicht billige Marken kaufen".

Nehmen wir diese empirisch ermittelten Punkte einmal hin und spielen zusätzlich Orakel. Was halten Sie von folgenden Prophezeiungen?

- „Die Währungsunion ist zum Nachteil Deutschlands."
- „Die Lohnnebenkosten werden weiter steigen, die Arbeitslosigkeit wird noch höher sein als heute."
- „Das Ladenschlußgesetz wird halbherzig liberalisiert."
- „Es gibt einen Trend zum Zweit-PC."
- „Ich werde im Jahr 2010 mehr Zeit für meine Frau und meine Kinder haben."

Betrachten Sie nun das Umfrageergebnis und das Orakel gemeinsam. Aus beidem müssen Entscheidungen für die Zukunft abgeleitet werden.

Diese Aussagen oder ähnliche bilden heute die Grundlage für die Ausrichtung Ihrer Geschäftspolitik. In die Zukunft gerichtete Maßnahmen müssen naturgemäß von einer unvollständigen Informationsgrundlage ausgehend abgeleitet werden. Hier die richtigen Entscheidungen zu treffen, ist die bewundernswerte Kunst visionärer Manager. Schon *Friedrich Schiller* sagte in diesem Zusammenhang „nichts Wahres läßt sich von der Zukunft wissen". Doch das Wort des

1897	**Lord Kelvin** Bedeutender Mathematiker und Erfinder	"Das Radio hat absolut keine Zukunft"
1901	**Wilbur Wright** Zusammen mit seinem Bruder der wohl wichtigste Flugpionier	„Der Mensch wird es in den nächsten fünfzig Jahren nicht schaffen, sich mit einem Metallflugzeug in die Luft zu erheben"
1932	**Albert Einstein** Entdecker der Relativitätstheorie;Wegbereiter der Atomenergie	„Es gibt nicht das geringste Anzeichen, daß wir jemals Atomenergie entwickeln können"
1943	**Thomas J. Watson** Vorstandsvorsitzender von IBM	„Ich glaube, auf dem Weltmarkt besteht Bedarf für fünf Computer, nicht mehr"
1945	**Vannevor Bush** Amerikanischer Oberkommandierender	„Ich wünsche, die Amerikaner würden endlich aufhören, von dem Hirngespinst internationaler Raketen zu reden"
1957	**Lee de Forest** Erfinder der Kathodenröhre	„Trotz aller Fortschritte wird es der Mensch nie dahinbringen, den Mond zu erreichen"
1977	**Ken Olsen** Vorstandsvorsitzender des Computerherstellers Digital	„Ich sehe keinen Grund, warum einzelne Individuen ihren eigenen Computer haben sollten"

Dichterfürsten darf Unternehmer nicht schrecken. Unternehmerschaft bedeutet ständiges Wagnis. „Wird sich diese Idee auch in der Zukunft tragen?" ist hierbei eine der am häufigsten gestellten Fragen.

Prognostizieren Sie einmal selbst Zukunftsperspektiven, notieren Sie sie und vergleichen Sie diese später mit Ihren bereits niedergeschriebenen Gedanken zur Welt von morgen. Beherzigen Sie dabei folgenden Satz von *Kurt Sontheimer*: „Es handelt sich weniger um das Voraussagen als um das Vorausdenken der Zukunft."

Eines dürfen Unternehmen und Unternehmer jedoch nicht übersehen: Aufgrund der permanent zunehmenden Umweltdynamik und der zahlreichen Unwägbarkeiten läßt sich die Zukunft zusehends weniger exakt vorhersagen. Die Zahl der Fehlprognosen steigt kontinuierlich.

Zur Ermutigung, dennoch einmal selbst in die Zukunft zu blicken, finden sich nachfolgend einige Fehlprognosen ausgewiesener Experten:[31]

> „Hieß es früher etwa: Dank guter Prognosen wissen, was auf uns zukommt, darum Schritt für Schritt sorgfältig ausgearbeitete Pläne realisieren, heißt es neu: Eventualitäten der Zukunft erkennen, auf sie solide vorbereitet sein und bei Bestätigung, aber auch prophylaktisch, im Sinne einer hochflexiblen Führung handeln"
>
> *H. Agustoni*

Mythen

> „Der Chef ist ein Mitarbeiter wie jeder andere."

An dieser Stelle sollen vorbeugend einige Mythen diskutiert werden, mit denen Manager argumentieren, um eigenes Versagen zu vertuschen.[32] Von ihnen werden oft, um eigene Fehlentscheidungen zu erklären, folgende Argumente hervorgebracht, die wir in Zukunft nicht mehr aus Ihrem Munde hören wollen:

▶ **„Wachstum erfordert eine gute Konjunktur."**

Wer auf verbesserte konjunkturelle Rahmenbedingungen nur wartet, hat verloren. Die Glanzzeiten mit zehnprozentigen Wachstumsraten sind in Europa, den USA oder Japan vorbei. Ausnahmen waren lange Zeit die Boomregionen in Fernost oder Südamerika.

▶ **„Nur in wenigen Branchen ist strammes Wachstum möglich."**

Auch in stagnierenden oder sogar schrumpfenden Branchen gibt es Unternehmen, die zweistellig wachsen. Man denke z. B. an den Autovermieter *Sixt*. Autovermieter *Erich Sixt* sagt: „Ich habe die notwendige Besessenheit und den bedingungslosen Willen, der Beste zu sein." Diese Spitzenposition unter den deutschen Autovermietern erreichte er mit überlegenem Marketing, einer klugen Modellpolitik und perfektioniertem Controlling. Er ist ein Preisbrecher, der trotzdem guten Service und exzellente Produkte bietet („Mieten Sie einen C-Klasse-Mercedes zum Preis eines Golf.").

▶ **„Großkonzerne können kaum noch wachsen."**

Gerade in den USA gibt es eine Reihe von Unternehmen, die das Gegenteil beweisen. Z.B. erreichte *Motorola* mit jungen Produkten in den vergangenen Jahren einen kometenhaften Aufstieg. 60 Prozent der Produkte sind jünger als zwei Jahre. In Deutschland denke man in diesem Zusammenhang z. B. an *SAP* oder *Computer 2000*.

▶ **„Ohne Akquisitionen kein Wachstum."**

Erfolgreiche Unternehmen wachsen ohne Zukäufe aus eigener Kraft. Firmenkäufe sind ein riskanter Weg. Von aufgekauften Unternehmen werden in der Regel 50 bis 60 Prozent aller Akquisitionen außerhalb des Stammgeschäfts später wieder aufgegeben. Man denke hier z. B. an die *Daimler-Benz AG*.

▶ **„Dollarwechselkurse wurden falsch prognostiziert."**

Auf deutsch: Dolores ist Kokolores. Entschuldigen Sie bitte diesen westfälischen Kraftausdruck (Übersetzung: Das Dollar-*low-Res*cue-Programm ist Mist!). Aber es stimmt doch! Modernes Finanzmanagement ermöglicht heute ein Überleben mit nahezu jedem Dollarkurs.

Man kann sich gegen fast jede Eventualität auf dem Finanzmarkt absichern.

▶ **„Der Markt ist eben noch nicht reif gewesen."**

Hierin kommt zum Ausdruck, daß das Management entweder grundlegende Bedürfnisse der Kunden verkannt oder das angemessene Preis-Leistungsziel verfehlt hat.

Diese Liste mit Entschuldigungen läßt sich sicherlich noch erweitern. Wir werden jedoch solche Entschuldigungen nicht weiter akzeptieren. Leider stehen erfolgreichen Managern wie *GEA*-Chef *Otto Happel*, dem Montageprofi *Adolf Würth* oder *Erich Sixt* eine Vielzahl von Managern gegenüber, die sich teure Fehlgriffe leisteten – *E. R.* bei *Daimler Benz, F. H.* von der *Bremer Vulkan* oder *H. S.* von der *Deutschen Babcock*.[33]

Bevor wir uns in folgenden Kapiteln den Menschen im Betrieb und einzelnen Methoden im Detail zuwenden, soll eine treffende Beschreibung der Fähigkeiten eines exzellenten Unternehmens, welche von *H. Wielens* formuliert wurde, den weiteren Ausführungen vorangestellt werden.

„Ein exzellentes Unternehmen zeichnet die Bereitschaft
zur Klarheit und Wahrheit,
zu sauberen Analysen,
aber auch zu Fehlern,
zur vorbehaltlosen und vertrauensvollen Zusammenarbeit,
zum Teamgeist,
zum Wir-Gefühl,
zu permanenter Lernbereitschaft,
zur Beteiligung von Betroffenen an Problemlösungen,
zu Toleranz gegenüber unterschiedlichen Denkweisen und Charakteren,
zu der Kunst,
sich gegenseitig ergänzende Fähigkeiten zusammenzuschweißen,
zum konstruktiven Dialog quer durch die Hierarchien und Abteilungen,
gekoppelt mit dem Willen,
exzellente Marktleistungen mit hohem Nutzen für die Kunden
zu erbringen, innovative Wege zu beschreiten,
sich aggressiv den Herausforderungen des Wettbewerbs zu stellen und
keine Kosten zu dulden,
die für die Erbringung der Marktleistung irrelevant sind, aus."[34]

Mitarbeiterführung –
Die wichtigste Managementaufgabe

„Gruppe vor Individuum"
Japanische Philosophie

Mitarbeiter machen ein Unternehmen aus und nicht Maschinen oder Methoden. Widmen wir uns deshalb zunächst einführend dem Aspekt der Mitarbeiterführung. Oft stellen sich Führungskräfte die Frage: „Was braucht man, um Mitarbeiter zu führen?" Ich meine, vor allem **Fairneß**, **Flexibilität**, **Format**, **Faible** und nicht zuletzt **Fortune**. Doch die Arbeit mit einem „Mit"-Arbeiter (beachten Sie die Schreibweise) beginnt beim **Finden**. Die Auswahl Geeigneter ist nicht trivial. Hat man sich dann jedoch entschieden, gilt es diese zu **fördern**. Hierbei gilt es auch, Eigenleistungen hervorzurufen, die den neuen Kollegen **fordern**. Ziele sollten jedoch hierbei immer gemeinsam gesetzt, operationalisiert und kontrolliert werden. Ein regelmäßiges **Feedback** ist für Sie dabei als Führungskraft unabdingbar. Es gilt zu korrigieren, Anerkennung auszusprechen und Stärken zu fördern. Vergessen Sie dabei jedoch nie: Mitarbeiter benötigen **Freiräume** und dies um so mehr, um so qualifizierter sie sind. Im Arbeitsleben der Mitarbeiter sollte auch die **Fortbildung** bzw. Qualifizierung einen Raum haben. Stellen Sie frühzeitig mit Ihren Mitarbeitern einen entsprechenden Entwicklungsplan im Sinne eines effektiven Skill-Managements auf. Besonderes Vertrauen schaffen Sie beim Mitarbeiter, wenn sie die **Finanzen** offenlegen. Diskutieren Sie einmal mit ihm über Zahlen. Machen Sie ihm dabei aber deutlich, daß diese in seinem Arbeitsumfeld stimmen müssen. Lassen Sie ihn an seinem Erfolg partizipieren!

Richtige Führung ist **„Feeling für die Mitarbeiter"**[35]. Vermitteln Sie Mitarbeitern das Gefühl, gebraucht zu werden. Vermitteln Sie ihnen ständig, daß die von ihnen ausgeübte Arbeit einen Sinn macht. Der zentrale Faktor im Unternehmen ist der Mensch, ein Satz, den man sich nicht oft genug vor Augen halten kann. Für die Ergebnisse im Unternehmen sind in erster Linie die Mitarbeiter und Prozesse verantwortlich, viel später erst die Maschinen und das sonstige Drumherum. Mit anderen Worten: Kundenzufriedenheit und Mitarbeiterzufriedenheit werden erzielt durch geeignete Maßnahmen zur Mitarbeiterführung, für welche die Spitze eines Unternehmens verantwortlich ist. Sie bestimmt die Marschrichtung. Sie definiert Verhaltensweisen. Sie sagt letztendlich, wer wem weisungsbefugt ist. Ein Erfolgsrezept zur Verbesserung der Unternehmenslage liegt mithin in der Überprüfung der Qualität der Führung und einer bei Mißständen damit einhergehenden Korrektur bzw. Neuorientierung von Verhaltensweisen. Dabei dürfen von allen Mitarbeitern und Führungskräften neue Verhaltensweisen gefordert werden. Angegriffen und geändert werden muß jedoch zuerst der heute noch in vielen Unternehmen tiefverankerte Management-Taylorismus, nach dem die obere Ebene vorausdenkt und die untere Ebene vollstreckt. Ein immenses Potential bleibt so ungenutzt bzw. kann nicht zur Geltung kommen.

Gefragt sind heute bei Mitarbeitern neben der fachlichen Kompetenz auch fachübergreifende Fähigkeiten, die als weitere (neue) Schlüsselqualifikationen aus dem Bereich der sozialen Kompetenz[36] vor allem Offenheit, Wertetreue, Zivilcourage, Teamfähigkeit, Loyalität und Kreativität fordern. Nur mit solchen Mit-Arbeitern, die die oben genannten Eigenschaften besitzen, lassen sich heute in Unternehmen neue Management-Methoden etablieren. Ohne den Mitarbeiter oder gar gegen ihn können keine Veränderungsprozesse gestaltet werden, ein Aspekt, der noch wiederholt aufgegriffen und an den hier ständig erinnert wird.

Für Mitarbeiter müssen Ziele formuliert und in Form von „Leitsternen" präsentiert werden. Ziele sollten dabei präzise verfaßt, terminbezogen geäußert, quantifizierbar, mit Ober- und Untergrenzen versehen, widerspruchsfrei und von neutraler Stelle beurteilbar sein. Die Zielbildung ist eines der wesentlichen Führungsinstrumente, die erfolgreiche Zielformulierung eines der wirksamsten im Hinblick auf die Unternehmensentwicklung. Je klarer Ziele artikuliert und akzeptiert werden, desto höher ist im allgemeinen die Zufriedenheit und die Identifikation mit dem Unternehmen. Hierbei ist für die Unternehmensleitung ein Handeln und Entscheiden im Einklang mit den von ihr formulierten Zielen unabdingbar. Ziele müssen von der Unternehmensleitung getragen werden. Sie formuliert letztlich **Qualitätsziele**, wirtschaftliche Ziele im **ökonomischen** Umfeld sowie **ökologische** Zielsetzungen zum Schutze der Umwelt.

Die **Ziele müssen**

(1) realistisch erreichbar sein (auch unter Widerständen),

(2) zeitlich abgegrenzt bzw. für einen Zeitraum definiert sein,

(3) im Umfang bestimmt sein,

(4) sprachlich klar formuliert sein,

(5) kontrolliert werden a) um Feedback zu geben und b) um die Entwicklung steuern zu können.[37]

Ziele können nach *G. Krüger*

• **kompatibel** sein, das bedeutet, daß mehrere Ziele gleichzeitig angestrebt werden können,

• **komplementär** sein, das bedeutet, daß die Verfolgung eines Ziels automatisch die Erreichung eines anderen Ziels einschließt,

• **indifferent** sein, das bedeutet, daß die Verfolgung eines Ziels keinen Einfluß auf die Erreichung eines anderen Ziels hat. Dies kommt in der Praxis jedoch kaum vor, weil die Ziele i.d.R. interdependent sind. Ziel-Interdependenz bedeutet, daß jedes Ziel mehr oder weniger Auswirkungen auf eines oder mehrere andere Ziele hat,

• **konkurrent** sein, das bedeutet, daß ein Ziel nur zu Lasten eines anderen Zieles erreicht werden kann, ohne jedoch das oder die anderen Ziele auszuschließen. Beispiel: Es können im Unternehmen nie gleichzeitig Rentabilität und Liquidität optimiert werden.

Einem Unternehmen bleibt bei der Verfolgung mehrerer Ziele also nichts anderes übrig, als die Ziele zu gewichten. Ein Primärziel hat dann Vorrang. Bei den Sekundärzielen werden Mindestgrößen vorgegeben. Es ist somit eine Zielhierarchie aufzubauen, die z. B. die Qualitätsziele mit den ökonomischen und ökologischen Zielen in Einklang bringt.

Beim **Aufbau einer Zielkonzeption** können dabei folgende Zielklassen eine Rolle spielen:

(1) Persönliche Ziele

(2) Wachstumsziele

(3) Angebotspolitische Ziele

(4) Beschaffungspolitische Ziele

(5) Werbepolitische Ziele

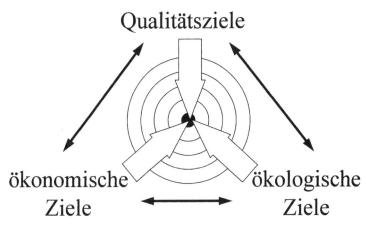

Abb. 6 Unternehmensziele

 (6) Organisatorische Ziele
 (7) Personalpolitische Ziele
 (8) Gewinnpolitische Ziele
 (9) Investitionspolitische Ziele
(10) Finanzpolitische Ziele

Sicherlich läßt sich diese Liste noch erweitern. Haben Sie einmal gemeinsam mit Ihren Mitarbeitern Ziele formuliert, dann lassen Sie diese deren Erreichung kontrollieren. Eine weitere Kontrollinstanz wäre neben der Geschäftsleitung z. B. ein Firmenbeirat.

Ein Rat an dieser Stelle: Beteiligen Sie die Mitarbeiter frühzeitig am Prozeß der Zielformulierung. Generell hilft es, Ziele zu formulieren, die gerade noch als erreichbar gelten.

Das Führen durch Zielsetzung (Management by Objectives) ist seit vielen Jahren ein anerkannter und erfolgreicher Weg der Mitarbeitermotivation. Sie sollten sie sich als Management-Strategie verinnerlichen.

Solange neue Mitarbeiter geformt werden können, sollten Sie die Gelegenheit nutzen, diese auf ihre zukünftigen Aufgaben gezielt vorzubereiten. Schaffen Sie sich **Mehrzweckmitarbeiter.** Seien Sie selbst ein solcher, d. h. helfen Sie bei Engpässen allerorts. Wenn Sie selbst zeigen, daß Sie sich für keine Arbeit zu schade sind, dann werden auch Ihre Mitarbeiter ungeliebte Tätigkeiten mit mehr Freude ausüben. Controller gehören bei Engpässen z. B. an die Verkaufsfront. Ein anderes Beispiel: Am Montagmorgen gilt es, den Telefondienst in der Reperaturannahmestelle vorübergehend selbst zu besetzen, wenn eine personelle Notlage dies erforderlich macht. Zur gleichen Zeit Dinge zu tun, die auch Stunden später erledigt werden könnten, wäre für das Unternehmen fatal. Der Kunde muß stets im Mittelpunkt des Interesses stehen. **Denken Sie dabei auch daran: Zwar „hat der Kunde immer recht", doch er neigt nun mal (häufig) zu Irrtümern.** Belehren Sie ihn nicht schulmeisterlich, auch wenn Sie im Recht sind! Sie müssen lernen, den Kunden besser zu verstehen, als dieser sich manchmal selbst. Stellen sie eigene Belange, den eigenen Status, ein gekränktes Ego stets hinter die Interessen des Kunden und vor die Interessen des Unternehmens. Sie bewegen sich stets, egal ob als Mitarbeiter oder Manager, in diesem Spannungsfeld zwischen Kunde und Unternehmen. Für Sie selbst könnten solche Verhaltensweisen einmal überlebenswichtig werden, denn der Kunde und nicht der Chef zahlt Ihr Gehalt. Fangen Sie somit zuerst bei sich an und ändern Sie zunächst eigene Verhaltensweisen, bevor Sie versuchen Mitarbeitern neue beizubringen. Machen Sie sich diese Form der Führung zu eigen, bevor Sie die nachfolgend diskutierten Methoden in Ihren Häusern anwenden bzw. umsetzen wollen. Verlassen Sie Ihren Schreibtisch, gehen Sie auf den einzelnen Mitarbeiter als Menschen zu.

Das neue Führungsverständnis läßt sich durch nachfolgende Aussage von *Tao Te Ching* aus dem 3. Jh. v. Chr. verdeutlichen:

„Die beste Führungsperson ist diejenige, die die Mitarbeiter kaum wahrnehmen. Bei einer guten Führungskraft sagen die Mitarbeiter nach der Erreichung der gesteckten Ziele: Wir haben es selbst geschafft!"

Mitarbeitermotivation – Mit Methode motivieren

„Gewünscht wird heute: Unternehmertum im Unternehmen."

Ohne an dieser Stelle das Thema Mitarbeitermotivation umfassend behandeln zu wollen, soll daran erinnert werden, daß Führung die Funktion einer Dienstleistung hat, die auf die eigentlichen Wertschöpfungsprozesse im Unternehmen einwirkt. Erst wenn man jeden einzelnen Mitarbeiter „für voll nimmt" und dies auch durch praktisches Führungsverhalten zum Ausdruck bringt, wird der Mitarbeiter seine ganze Kraft und sein ganzes Engagement auch für den Betrieb mobilisieren. Unterschätzen Sie dabei Ihre eigenen Mitarbeiter nicht.

Zur Verdeutlichung dieses Sachverhaltes dient folgendes Beispiel:

„Stellen Sie sich vor, sie wären ein Gabelstaplerfahrer in einem größeren Betrieb. Ihre einzige Aufgabe besteht darin, die einfahrenden LKW's zu be- und entladen. Sonstige Kompetenzen haben Sie in diesem Betrieb kraft ihrer Funktion und Arbeitsplatzbeschreibung nicht. Weitere Dispositionsmöglichkeiten haben Sie allein deshalb schon nicht, da Sie fachlich nicht in andere Hierarchieebenen eingebunden sind. Gleichzeitig bauen Sie ihr Haus auf dem Lande um. Dort müssen Sie zusammen mit Architekten die Pläne durchgehen, mit der Bank die Finanzierungsalternativen diskutieren, müssen den Einsatz von Handwerkern so koordinieren und überwachen, daß ein reibungsloser und möglichst kostengünstiger Arbeitsablauf gewährleistet ist."[38]

Sie sehen also: Auch ein Gabelstaplerfahrer ist in der Lage, an sich sehr komplexe Aufgaben zu übernehmen und auch zum Abschluß zu bringen. Wenn nun derselbe Gabelstaplerfahrer wieder in den Betrieb kommt und wieder nur den ganzen Tag sein Fahrzeug bewegen darf, muß er zwangsläufig frustriert sein. Er ist eindeutig unterfordert und wird deshalb keinen Ehrgeiz entwickeln, insbesondere dann nicht, wenn er von seinem Vorgesetzten ständig gebremst und bevormundet wird. Dies führt zu fehlender Leistungsbereitschaft und schließlich zur inneren Kündigung (Checking Out). Man geht heute davon aus, daß in deutschen Unternehmen oftmals weit mehr als 50 Prozent der Mitarbeiter in die innere Emigration gegangen sind, mit eher steigender Tendenz. Die „Dienst nach-Vorschrift"-Mentalität wächst beständig. Zu häufig wird die Frage nach dem „Sinn der Arbeit" gestellt. Kein Unternehmen kann es sich jedoch dauerhaft leisten, sein Human-Resources-Potential brachliegen zu lassen.[39] Und auch die Einführung sowie Umsetzung von modernen Managementmethoden in Unternehmen wie Total Quality Management, Customer Focus, Business Reengineering oder Lean Management sind von vornherein zum Scheitern verurteilt, wenn der Mitarbeiter bereits demotiviert mit dieser für ihn „Neuen Methode" konfrontiert wird. Menschen sträuben sich nicht gegen den Wandel an sich, sondern gegen die Art, in der sie im Zuge des Veränderungsprozesses behandelt werden und sie wehren sich gegen die Rollen, die man ihnen dabei zuteilt. In einer typischen Gruppe – so wurde beobachtet – gibt es eine 20:20:60-Reaktion auf Veränderungen. Das heißt, 20 Prozent unterstützen den Wandel, 20 Prozent setzen sich zur Wehr und 60 Prozent sind indifferent oder verhalten sich zögerlich.[40] Aus der letzten Gruppe rekrutieren Sie Ihr Erfolgspotential! Diese gilt es von den Neuerungen zu überzeugen.

Um die Zahl der „inneren Emigranten" zu verringern, müssen die betrieblichen und individuellen Interessen der Mitarbeiter in Einklang gebracht werden. Hiermit setzt sich das sogenannte Corporate Mind Management (CMM) auseinander. Ziel ist es, eine Sinn-Gemeinschaft im Unternehmen aufzubauen bzw. zu pflegen und so die Mitarbeiterpotentiale zu erschließen. Hierbei bietet CMM folgenden Nutzen:

• Profilierung des Unternehmens
• widerspruchsfreie Unternehmenskommunikation
• Steigerung der Produktqualität und der Kundenorientierung
• Motivation durch Sinn.

Es muß zu denken geben, wenn heute über 70 Prozent aller Mitarbeiter im Unternehmen die übergeordneten Unternehmensziele und -stärken nicht kennen. Beim CMM hat daher ein „Leitbild für Alle" eine tragende Funktion und stellt die Basis der Identitätsentwicklung der einzelnen Mitarbeiter dar. Aus Unternehmersicht leitet sich umgekehrt aus den Unternehmenszielen (die im Leitbild verankert sind) das benötigte Mitarbeiter-Potential ab.

Wesentlich ist, das Handeln und die Motivation der beteiligten Menschen und deren Schwierigkeiten in der Kommunikation und im Umgang miteinander zu verbessern. Das bedeutet konkret:[41]

- eine gemeinsame Sprache entwickeln und „Spielregeln" definieren,
- die Bereitschaft zur Offenheit fördern und Zusammenarbeit ermöglichen sowie
- sich über Leistungserwartungen unterhalten und Zielkonflikte aussprechen.

> „In Zukunft werden nur diejenigen
> Unternehmen bestehen, die den Schatz
> zu heben vermögen, der im
> Potential aller Mitarbeiter liegt."
>
> (Ex-BMW-Entwicklungschef *Wolfgang Reitzle*)

Mitarbeiter sind in unseren Unternehmen keine Kostenverursacher, sondern unverzichtbare Leistungsträger. Sie gilt es zu pflegen und ständig aufs Neue hin zu motivieren. Unternehmen brauchen heute Mitarbeiter, die kreativ und eigenverantwortlich handeln.

Ressource Mensch

> „Stärken stärken, Schwächen schwächen."

Die *Festo KG* nennt als ihre wichtigste Ressource die Menschen und ihr Wissen, wie *Dr. Peter Speck*, Leiter des Personalbereichs, berichtet. Nur durch eine hohe und lebenslange Lernbereitschaft und Lernfähigkeit aller kann in Zukunft die hohe Veränderungsgeschwindigkeit und der Veränderungsdruck im Unternehmen bewältigt werden. Heute gültige Erfolgsrezepte werden in der Zukunft nicht ausreichen, um am Markt erfolgreich zu bleiben. Mit dem Projekt „Lernunternehmen" verfolgt die *Festo KG* das Ziel, „ein selbstorganisierendes, selbststeuerndes und sich ständig selbsterneuerndes Unternehmen zu verwirklichen.[42]

Die Vergangenheit zeigt, daß schwieriger als das Einüben von Methoden die Implementierung einer notwendigen innovationsfördernden Unternehmenskultur ist, die die Ressource Mensch optimal im Umfeld wirken läßt. D. h. nur mit einer optimal eingesetzten und hochmotivierten Ressource Mensch können in einem Unternehmen neue Methoden erfolgreich umgesetzt werden. Der größte Feind aller initiierten Änderungen sind in der Regel eigene Mitarbeiter und nicht das externe betriebliche Umfeld. Letzteres begrüßt Änderungen, während erstere gerne den gewohnten bequemen Weg gehen.

Einer der bedeutendsten Prozesse im Unternehmen ist das Heranreifen einer homogenen Betriebsgemeinschaft, einer Belegschaft, die miteinander und füreinander denkt, entscheidet, handelt und eintritt.[43] Eine der wichtigsten Aufgaben im Bemühen um die wirtschaftliche Überlebenssicherung eines Betriebes ist mithin eine mentale Neuorientierung. Wesentliches Ziel innerhalb dieses Prozesses ist das Bemühen um eine Unternehmenskultur der Gemeinsamkeit. Der entscheidende Schlüssel für eine Unternehmensevolution liegt bei „Investitionen in Menschen" und in der Bereitschaft des Managements, des Betriebsrats und der Gewerkschaftsfunktionäre, vom Herrschaftsdenken zum Partnerschaftsdenken überzugehen und Mitarbeiter, Kunden und Lieferanten wie mündige Menschen zu behandeln.[44] Um dies zu erreichen, müssen die „Mauern in den Köpfen" aller Beteiligten niedergerissen werden.

Denken Sie daran, den größten Wert im Unternehmen vereinigt das Humankapital („Brain-Capital") auf sich. Gemeinsam ist vielen der später diskutierten Methoden, daß der effektive Einsatz der Mitarbeiter durch geeignete organisatorische Konzepte beim vollen Ausschöpfen des Brain-Capitals erreicht werden soll.

Was wir nicht verändern können und wollen, sind die Menschen – wohl aber deren Art und Weise der Zusammenarbeit. Prinzipiell muß jeder Mitarbeiter heute wie ein Unternehmer handeln.

Moderne Manager

> „Jedes Unternehmen kann auf Dauer nur so gut sein
> wie sein Management."

Neben der fachlichen Linienaufgabe, falls sie als solche existent ist, wird heute von modernen Managern verlangt, neue Aktionsfelder zu betreten. Typisch sind „Networking", „Innovations- und Projektmanagement" sowie „Geschäftsfeld- und Geschäftsprozeßmanagement".[45]

Im Umfeld des Networking gilt es z. B., weitreichende Kommunikationsnetze aufzubauen. Es gilt, die Jagd nach Informationen und Innovationen aufzunehmen und die „Welt" in das Unternehmen hineinzutragen. Neben dieser externen Kommunikation gilt es, funktionierende unternehmensinterne Netze zu konzipieren. Hierzu gehört auch das Schaffen regelmäßiger Mitarbeiter-Hearings.

Darüber hinaus sind Manager heute mehr den je gefordert, Mitarbeitern Perspektiven aufzutun. Nichts ist schlimmer als Mitarbeiter (und Manager) ohne Perspektiven. In diesem Rahmen gilt es, Lernprozesse anzustoßen, um mit qualifizierten Mitarbeitern auf Dauer wettbewerbsfähig bleiben zu können. Denken Sie daran: Lernende Beschäftigte sind mündige Menschen und wollen als solche behandelt werden. In diesem Rahmen sind die Manager zudem gefordert, zunächst Qualifizierungsprozesse bzw. -maßnahmen selbst zu durchlaufen. Sie müssen als erste die Methoden und Werkzeuge kennenlernen, die sie ihren Mitarbeiter an die Hand geben. Der Satz: „Nein, ich will nicht mehr mit dem Computer arbeiten." ist überholt! Auch Manager sind gefordert, Neues zu lernen! Es gilt nicht, nur über Weiterqualifizierung zu reden, sondern selbst aktiv mitzumachen. Jeder kann dazu die notwendige Zeit aufbringen!

Neben den besagten Aufgaben und Pflichten gibt es natürlich weiterhin die klassischen Aufgabenfelder einer Führungskraft. Es gilt, Spielregeln zu entwerfen und zu propagieren. Es gilt, Prozesse zu gestalten, Perspektiven zu entwickeln, Strategien zu formulieren und Ziele hieraus abzuleiten.

Man sieht: Ein moderner Manager ist ein Virtuose, der auf unterschiedlichem Parkett zu brillieren hat, dessen Aufgabenbereiche aber nie vollzählig zu formulieren sind. Er muß beweglich und der Dynamik des Marktes immer einen Schritt voraus sein. Der Marktentwicklung nur zu folgen reicht nicht!

Manager, die in starren Rastern denken und arbeiten, stagnieren. Aus heutiger Sicht muß eine Führungskraft, je nach Situation Pionier, Unternehmer, Manager oder Coach sein. Von modernen Managern wird Unternehmertum und strategische Führungskompetenz statt

Verwaltertum und „Controllership" gefordert. Er soll nicht in den Fußstapfen anderer hinterhertrotten, sondern neue Horizonte eröffnen. Das Topmanagement ist verantwortlich dafür, daß sich die Augen aller im Unternehmen auf ferne Gestade richten und den furchtlosen Eroberern geholfen wird, die Segel zu setzen.[46]

In einem Satz zusammengefaßt: Heute wird von einer Führungskraft Persönlichkeit, Charakter, visionäres Denken, Integrationsfähigkeit und soziale Kompetenz gefordert. Gefordert wird Leadership samt einer Spur Fanatismus und einer klaren Vision, um diejenigen mitzureißen, die lieber am Status quo festhalten möchten. Konservative Führungskräfte müssen in moderne Manager gewandelt werden, die zum Wohle des Unternehmens nach vorne blicken. Nur sie können Unternehmen erfolgreich revitalisieren.

Die „3K-Methode" – kommandieren, kontrollieren und dann korrigieren –, wie der japanische Unternehmensberater *Minoru Tominaga* den Führungsstil der Deutschen beschreibt, ist endgültig passé. Ein Manager darf alles machen, nur eines nicht, nämlich Mitarbeiter demotivieren. Schaffen Sie flexible und effiziente Strukturen und degradieren Sie kreative, motivierte und leistungswillige Mitarbeiter nicht zu bloßen Auftragsgehilfen ohne Identifikation im Unternehmen.[47] Führung, Personalgewinnung, Ausschöpfung, Organsisationsstruktur und gelebte Kultur sind nach *Schust* die fünf Erfolgsfaktoren im ganzheitlichen Führungsprozeß.

Denken Sie auch immer daran, daß 60–80% der Unternehmensprobleme aus fehlerhaften Managemententscheidungen resultieren. Diese Quote kann deutlich verringert werden, wenn Sie Ihre Mitarbeiter dazu bringen, eigenständig zu denken, um die Abhängigkeit von Ihnen zu mindern. Viele Fehlentscheidungen von Führungskräften resultieren einfach aus ihrer globalen Blickweise und wären von den näher mit dem Problem vertrauten Mitarbeitern richtig entschieden worden. Wenn Ihnen als Führungskraft die Frage gestellt wird „Was soll ich machen?", beantworten Sie diese Frage nicht, sondern fordern Sie den Fragenden auf, doch einmal selbst zu überlegen. Diskutieren Sie die vom Mitarbeiter getroffene Entscheidung allerdings sehr sorgfältig mit ihm. Sie werden sehen, irgendwann haben Sie das Problembewußtsein des Mitarbeiters soweit geschärft, daß die

Entscheidungen von kompetenten Mitarbeitern vor Ort in Ihrem Sinne getroffen werden. Ein wesentliches Ziel für Manager muß somit lauten, „**sich selbst überflüssig zu machen**."

Nutzen Sie nun die Gelegenheit, Ihren eigenen Führungsstil zu beschreiben und ihn anhand der letzten Passagen noch einmal kritisch zu überprüfen. Notieren Sie hierbei kurz auch Ihr Verständnis von Ihrer Rolle als Führungskraft. Sollten Sie noch keine Personalverantwortung besitzen, so halten Sie bitte einmal fest, wie Sie Ihre zukünftige Rolle im Unternehmen sehen und wie Sie später gedenken, Mitarbeiter zu führen.

Als Einstimmung hierzu folgende (nicht ganz korrekt zitierte) Bibelpassage.[48]

Moses stand kurz vor dem Burnout: Die Israeliten folgten ihm durch die Wüste, und alles mußte er selber machen. Als er mal wieder von morgens bis abends Rechtsstreitigkeiten geklärt hatte, nahm ihn sein Schwiegervater beiseite und warnte: „Du wirst dich selbst und diese Leute, die bei dir sind, völlig erschöpfen; denn die Sache ist für dich zu schwer, du kannst sie nicht allein besorgen." Daraufhin delegierte Moses viele Aufgaben, mit denen er sich bis dahin allein herumgeschlagen hatte.

Moses exerziert beispielhaft vor, was in vielen Führungskräfteseminaren gepredigt wird. Vielleicht ist die Bibel das richtige Lehrbuch für Manager.

Anmerkungen

16 Vgl. WirtschaftsWoche, Nr. 34 v. 17. 8. 1995.

17 Vgl. H.-J. Bullinger/A. Roos/G. Wiedmann, Amerikanisches Business Reengineering oder japanisches Lean Management?, Office Management, Nr. 7–8, 1994, S. 11–20.

18 Target Costing wurde in japanischen Unternehmen im Gefolge der Energiekostensteigerungen durch die Ölkrise 1973 eingeführt, weil die Betriebe unter gewaltigem Kostendruck an Wettbewerbsfähigkeit zu verlieren begannen. Anlaß war somit nicht die „visionäre Einsicht" in den Segen einer innovativen Verfahrensweise, sondern „Leidensdruck", ein Zusammenhang, der sicherlich nicht nur für die Einführung des Zielkostenmanagements gilt. Vgl. K.-P. Franz, Target Costing, Controlling, Nr. 3, 1993, S. 125.

19 Vgl. L. Fopp/J. Eichkorn/J. Krotzinger, Unternehmerischer Take-off durch Power-Management, io Management Zeitschrift, Nr. 12, 1994, S. 39–42.

20 Vgl. M. Osterloh, Neue Ansätze im Technologiemanagement: vom Technologie-portfolio zum Portfolio der Kernkompetenzen, io Management Zeitschrift, Nr. 5, 1994, S. 48–50.

21 Vgl. H.-J. Bullinger/A. Roos/G. Wiedmann, Amerikanisches Business Reengineering oder japanisches Lean Management?, Office Management, Nr. 7–8, 1994, S. 11–20.

22 Hierzu war in der Zeitschrift „Capital" v. Juli 1996 zu lesen: „Ein ‚Riesiges ungenutztes Potential' entdeckt Mercedes-Chef Helmut Werner in seinem Sternenhimmel – und verkauft das neue Minimobil Smart nicht als Auto, sondern als Lebensphilosophie der arrivierten Swatch-Generation."

23 G. Müller-Stewens, Wie bringt man die Veränderungsbotschaft zum Mitarbeiter?, io Management Zeitschrift, Nr. 10, 1994, S. 24–29.

24 In allgemeiner Charakterisierung ist Outplacement ein strukturiertes Programm, das durch die Unternehmung initiiert und finanziell getragen wird. Es soll einen gekündigten Mitarbeiter bei der Bewältigung der Trennung von einem Unternehmen und bei einer schnellen Wiederbeschäftigung unterstützen. Zielgruppe des Outplacement sind – schon aus Kostengründen – ganz überwiegend freigesetzte Führungskräfte auf höherer oder mittlerer Hierarchieebene.

25 Vgl. J. Gausemeier/A. Fink/O. Schlake, Szenario-Management, Carl Hanser Verlag, München, 1995, S. 43.

26 Vgl. WirtschaftsWoche, Nr. 45 v. 2. 11. 1995.

27 Vgl. WirtschaftsWoche, Nr. 45 v. 2. 11. 1995.

28 Vgl. WirtschaftsWoche, Nr. 45 v. 2. 11. 1995.

29 WirtschaftsWoche, Nr. 49 v. 30. 11. 1995.

30 Vgl. J. Gausemeier/A. Fink/O. Schlake, Szenario-Management, Carl Hanser Verlag, München, 1995, S. 35.

31 Vgl. J. Gausemeier/A. Fink/O. Schlake, Szenario-Management, Carl Hanser Verlag, München, S. 84.

32 Vgl. Capital, Erste Liga – Strategien der Champions, Nr. 2, 1996, S. 37–44.

33 Vgl. Capital, Erste Liga – Strategien der Champions, Nr. 2, 1996, S. 37–44.

34 Vgl. H. Wielens, Lean-Management greift häufig zu kurz – auf die Geisteshaltung kommt es an, Die Bank, Nr. 3, 1995, Seite 135.

35 Vgl. G. Schmidt, Qualitäts-Leistungsziele, Benchmarking und Kaizen, Brauwelt, Nr. 8, 1995, S. 363.

36 Vgl. W. G. Faix/A. Laier, Soziale Kompetenz, Gabler Verlag, Wiesbaden, 1991.

37 Vgl. R. Schätzle/W. Gundlach, Führen mit Zielen in komplexen Systemen: Von der Absicht zum Erfolg, Gablers Magazin, Nr. 10, 1994, S. 47–50.

38 Vgl. M. Schloßbauer/J. Kernstock, Kaizen für Brauereien, Brauwelt, Nr. 39, 1993, S. 1970–1984.

39 Vgl. M. Gestmann, Corporate Mind Management, io Management Zeitschrift, Nr. 63, 1994, S. 68–69.

40 Vgl. R. Cooper/M. L. Markus, Den Menschen reengineeren –geht das denn?, Harvard Business manager, Nr. 1, 1996, S. 77–89.
41 Vgl. R. Schätzle/W. Gundlach, Führen mit Zielen in komplexen Systemen, Von der Absicht zum Erfolg, Gablers Magazin, Nr. 10, 1994, S. 47–50.
42 Vgl. H.-J. Bullinger/A. Roos/G. Wiedmann, Amerikanisches Business Reengineering oder japanisches Lean Management, Office Management, Nr. 7–8, 1994, S. 11–20.
43 Vgl. H. Volk, Kaizen – nicht Wunder oder Geheimwaffe, nur viel Gemeinsamkeit, io Management Zeitschrift, Nr. 2, 1993, S. 78–79.
44 Vgl. J. Hormann, Nach Mean kommt Lean, Gablers Magazin, Nr. 6–7, 1995, S. 6–8.
45 Vgl. M Hirzel, Lean Management muß in den Köpfen der Manager beginnen, io Management Zeitschrift, Nr. 2, 1993, S. 73–77.
46 Vgl. G. Hamel/C. K. Prahalad, So spüren Unternehmen neue Märkte auf, Harvard Business manager, Nr. 2, 1992, S. 44–55.
47 Vgl. G. H. Schust, Total Performance Management, io Management Zeitschrift, Nr. 6, 1995, S. 30–35.
48 Vgl. WirtschaftsWoche, Nr. 52 v. 21. 12. 1995, S. 118.

4. Managementmethoden im Unternehmen

„Der Erfolg einer Unternehmung hängt von der Methode ab,
mit der Strategien formuliert und Entscheidungen getroffen werden."
Prof. Dr. Hans H. Hinterhuber
Direktor des Instituts für Unternehmensführung
der Universität Innsbruck

Portfolio-Methode

„To do the things right" oder
„Try to do the right things."

Der Ursprung der Portfolio-Methode liegt im finanzwirtschaftlichen Bereich, ist eng mit dem Namen *Markowitz* verknüpft und in den 50er Jahren von ihm als Portfolio-Selection-Theory propagiert worden. Die optimale Ausgestaltung von Wertpapierportfolios nach Risiko-/Renditegesichtspunkten ist ihr Bestreben. Ziel ist es, für eine bestimmte Risikobereitschaft den Gewinn zu maximieren bzw. für einen geforderten Ertrag das mit der Kapitalanlage verbundene Risiko zu minimieren.

Wachsende Umweltturbulenzen und Diskontinuitäten führten in den 70er Jahren dazu, daß diese Theorie in den Produktbereich übertragen wurde und heute noch als eine nahezu unumstößliche Managementphilosophie angesehen wird. Basis des in dieser Zeit neu konzipierten **Produkt-Portfolios** ist das Modell des Produkt-Lebenszyklus, welches Produktlebensphasen in die **I. Entstehungs-, II. Wachstums-, III. Reife**- und **IV. Sättigungsphase** gliedert. In den genannten vier Phasen sind die Produkte eines Unternehmens in Abhängigkeit von ihrem Reifestadium unterschiedlich am Umsatz, Gewinn oder der Rentabilität des Gesamtunternehmens beteiligt.

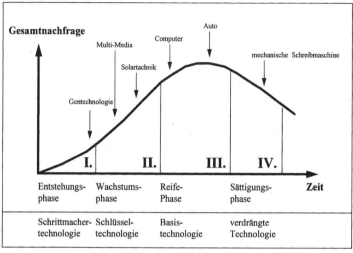

Abb. 7 Produkt-Lebenszyklus

- In der **Entstehungs-** oder auch **Markteinführungsphase** eines Produktes werden die Kosten mehr und mehr durch die Roherträge aus dem Umsatz gedeckt.
- In der **Wachstumsphase** eines Produktes steigen Umsatz und Umsatzrendite verhältnismäßig stark an. Es gibt noch wenig Wettbewerber, die Stückkosten sinken mit der Verbesserung des Produktionsverfahrens.
- In der **Reifephase** bildet sich die Gewinnkurve langsam zurück. Grund hierfür sind steigender Wettbewerb und eine hiermit oft einhergehende Preisreduktion.
- In der **Sättigungs-** oder **Alterungsphase** eines Produktes trifft das Produkt auf immer mehr Wettbewerber und Billig-Surrogate. Die Umsatzrendite sinkt, das Unternehmen fährt Verluste ein und entnimmt schließlich das Produkt dem Produkt-Portfolio.

Ziel der Portfolioanalyse ist es – allgemein ausgedrückt –, aus dem vorhandenen Produkt-Portfolio unter Berücksichtigung der Unternehmensziele das Produktionsprogramm zu optimieren. Es gilt somit zunächst, das IST-Portfolio zu eruieren und hieraus eine Strategie, verbunden mit einem SOLL-Portfolio abzuleiten. Erst eine sorgfältige, die **Stärken** und **Schwächen** aufzeigende IST-Analyse kann ein solides Fundament für weitere Schritte im Rahmen eines portfoliogestützten strategischen Planungsprozesses sein. Ziel ist dabei, das Produktionsprogramm mit Hilfe regelmäßig zu erstellender Produkt-Portfolios so auszurichten, daß es jederzeit Produkte/Dienstleistungen enthält, die gewinnträchtig sind; außerdem sollte sichergestellt sein, daß Investitionen in Produkte erfolgen, die zukünftig Gewinne erwarten lassen, um den Fortbestand des Unternehmens dauerhaft zu sichern. Vgl. nochmals Abb. 7, die die Basis zur Erstellung eines Produkt-Portfolios ist mit den nun folgenden Erläuterungen in Einklang mit Abb. 8.

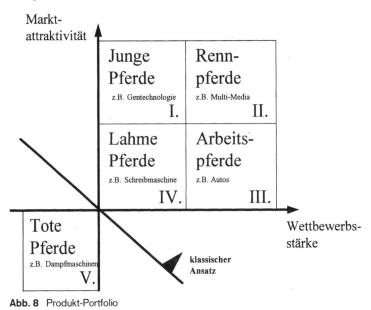

Abb. 8 Produkt-Portfolio

Die vier Felder des Produktlebenszyklus bzw. des Produktportfolios können wie folgt beschrieben werden:

▶ **Feld I: Question Marks, Fragezeichen, Children, junge Pferde, Nachwuchsprodukte**
Bei diesen Produkten ist die Entwicklung noch fraglich. Hier gilt es selektiv in Produkte mit Marktchancen zu investieren.

▶ **Feld II: Stars, Starprodukte, Sterne, Rennpferde**
Diese Produkte besitzen ein starkes Wachstum samt zusätzlichem Potential. Ihr Marktanteil nimmt stetig zu.

▶ **Feld III: Cash Cows, Melkkühe, Milchkühe, Arbeitspferde**
Diese Produkte haben bereits einen hohen Marktanteil. Ihre weiteren Wachstumschancen sind jedoch als gering einzustufen. Es gilt, Gewinne zu realisieren. Mit ihnen werden Gelder freigesetzt, um in die Nachwuchsprodukte investieren zu können.

▶ **Feld IV: Dogs, Hunde, Auslaufprodukte, lahme Pferde**
Der Marktanteil dieser Produkte geht sukzessive zurück. Sie bringen geringe Deckungsbeiträge und sind in aller Regel substituiert worden.

Die Wettbewerbsstärke und die Marktattraktivität sind also entscheidende Erfolgsfaktoren der Portfolio-Analyse in der dargestellten Form. Der herausragende Vorteil dieser Darstellung als strategisches Instrument besteht darin, daß ein komplizierter Sachverhalt auf zwei wesentliche Komponenten reduziert wird. Dadurch ist es möglich, der Unternehmensleitung und/oder den Führungskräften der zweiten Ebene komplizierte Zusammenhänge transparent zu vermitteln.

Deutlich erkennt man anhand der schon dargestellten Produkt-Lebenszykus-Kurve weiterhin, daß es generell besser ist, der Erste am Markt zu sein, als unbedingt sofort perfekt sein zu wollen. Dies gilt vor allem aus Gründen der Marktabschöpfung. Schnelligkeit hilft, rascher am Markt lernen zu können, sich zunehmend präziser auf die Kundenwünsche auszurichten und entsprechende Produktverbesserungen sofort zu initiieren, um den Wettbewerbsvorteil gegenüber Dritten zu wahren. Gehen wir nun über von der Betrachtung einzelner Produkte bzw. Felder des Produkt-Portfolios zu einer ganzheitlichen Analyse des Produkt-Portfolios eines Unternehmens.

Beobachtet man nun einzelne Produkte eines Unternehmens, die den vier Feldern des Produkt-Portfolios z. B. im Rahmen einer Metaplansitzung eines innerbetrieblichen Seminars zugeordnet wurden,

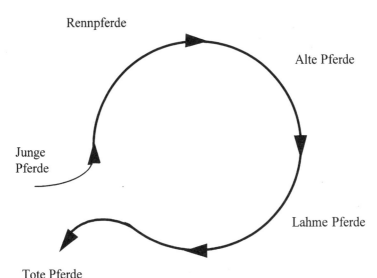

Rennpferde

Alte Pferde

Junge
Pferde

Lahme Pferde

Tote Pferde

Abb. 9 Lebenszyklus-Ablauf

so ergibt sich angelehnt an *K. Nagel* folgendes Bild: „Die durch die Arbeitspferde zufließenden Gewinne tragen dazu bei, aus den jungen Pferden Rennpferde zu machen, die dann, längerfristig gesehen, die Stelle der Arbeitspferde einnehmen. Junge Pferde, die nicht den Status eines Rennpferdes erreichen, werden abgeschöpft; sie wandern in das Feld IV (Lahme Pferde) und verschwinden letztlich aus dem Programm (Tote Pferde)."[49] Besitzt ein Unternehmen nur lahme Pferde, so stellt sich zum Beispiel das Problem, wie finanzielle Mittel für die jungen Pferde aufzubringen sind, so daß einige von ihnen zu Rennpferden werden.

Beachten Sie, daß das Eliminieren der lahmen Pferde oftmals nicht die Idealstrategie ist, da sie vielfach zur Abrundung des Verkaufsprogramms erforderlich sind. In einem solchen Fall sind sie als Handelsware weiter mitzuführen. Statt Eigenfertigung ist dann ein Fremdbezug vorzunehmen.

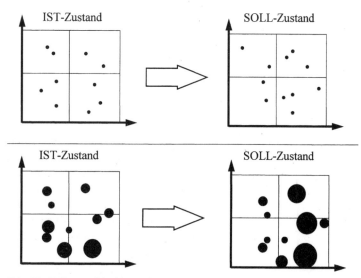

Abb. 10 Reifeprozeß im Unternehmen, hervorgerufen durch die Portfolio-Methode

Die Unternehmensleitung bzw. Sie als Führungskraft müssen nach der Einführung neuer Produkte darauf achten, wie diese die vier Quadranten der Portfolio-Matrix durchlaufen. Die jungen Pferde sollten sich zu Rennpferden entwickeln, dann zu Arbeitspferden werden und letztlich als lahme Pferde aus dem Markt ausscheiden. Zu bedenken ist, daß sich bei der Einführung eines neuen Produkts oft schon die übernächste Generation in der Entwicklung befindet, während man in der Forschung bereits an der dritten oder vierten Generation tüftelt.

Wenn ein Unternehmen neue Produkte am Markt erfolgreich einführt, dann muß der Zyklus folgendermaßen ablaufen:

Oberstes Ziel der Portfolio-Analyse bleibt es, eine Produktzusammenstellung im Unternehmen zu finden, die eine ausgewogene Repräsentanz der Einzelprodukte in den vier Feldern hervorruft. Dies ist dann der Fall, wenn jeder Quadrant durch Produkte/Dienstleistungen angemessen repräsentiert ist. Die Erfahrung zeigt, daß die folgenden Anteile anzustreben sind:

(1) Junge Pferde 10–20%

(2) Rennpferde 30–40%

(3) Arbeitspferde 30–40%

(4) Lahme Pferde 10–20%.

Einen typischen Reifeprozeß im Unternehmen illustriert Abbildung 10. Der obere Teil zeigt die Anpassung an die gerade genannten Anteile, auf den unteren Teil der Darstellung wird später eingegangen.

Die Methode der Portfolioanalyse wurde seit ihrem Entstehen sukzessive weiterentwickelt. Hieraus resultieren einige Varianten, die einzelnen Beraterfirmen, z. B. *Boston Consulting Group* oder *McKinsey* zuzuordnen sind, deren Grundgedanke jedoch immer der gleiche blieb. Während zum Beispiel die *Boston Consulting Group* bei der Positionierung der Produkte von den Achsenbeschriftungen „Marktwachstum" und „Marktanteil" ausgeht, teilt z. B. die Methode der Unternehmensberatung *McKinsey* die Matrix nicht in vier, sondern in neun Felder ein.

Typische Achsenbeschriftungen bei der Anwendung des Verfahrens sind:

• Marktwachstum/Marktanteil

• Marktattraktivität/Wettbewerbsposition

• Marktbearbeitungsnotwendigkeit/Marktbearbeitungsfähigkeit

• Substitutionsdynamik/Manövrierfähigkeit

In Abbildung 10 ist im unteren Teil der Grafik eine weitere interessante Variation des Verfahrens zu sehen. Ausgedrückt durch den Kreisdurchmesser wird dort z. B. der Umsatzanteil des betreffenden Produktes am Gesamtumsatz des Unternehmens dargestellt. Sie sehen, daß die Variationsmöglichkeiten und damit auch die Anwendungsbereiche des Verfahrens breit gefächert sind. Letztendlich hilft Ihnen die Portfolio-Methode, Ihre Marktposition bzw. genauer: die Positionen Ihrer einzelnen Produkte im Markt, zu beurteilen und hieraus Handlungsstrategien für die Zukunft abzuleiten. Sie müssen **junge Pferde** selektiv, aber gezielt weiterentwickeln, in **Rennpferde** investieren, **Arbeitspferde** abschöpfen und bei **lahmen Pferden** desinvestieren. Durch die Anwendung des Verfahrens im eigenen Hause unter Beteiligung von Mitarbeitern lassen sich oftmals interessante Synergieeffekte beobachten. Sie bauen vor allem internes Know-how

Marktattraktivität

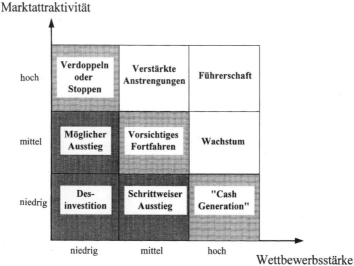

Abb. 11 Marktattraktivität-Wettbewerbsstärke-Portfolio nach McKinsey

zur Strategieentwicklung auf und reduzieren so Ihre Abhängigkeit von externen Beratern. Ihre Mitarbeiter werden Ihre internen Managementberater. Werden Sie selbst zum Ideenlieferant.

Eine Darstellung der 9-Felder-Matrix nach der *McKinsey*-Methode findet sich – der Vollständigkeit halber – in Abbildung 11.

Problematisch bei der Anwendung der Portfolioanalyse – egal, ob Sie nun mit vier oder neun Feldern arbeiten – ist die subjektive Positionierung der Produkte. Nicht immer sind weiche Größen wie Marktattraktivität oder Wettbewerbsstärke objektiv zu quantifizieren. Hieraus resultiert der Vorschlag, die Metaplan-Technik zur Entscheidungsfindung heranzuziehen. Gruppenentscheide werden bei Anwendung dieses Verfahrens eher als subjektive Einzelurteile akzeptiert. Sie schließen i.d.R. willkürliche Entscheide aus und erlauben zudem durch die geführte Diskussion eine Zementierung der gewählten Position einzelner Produkte. Automatisch führt dies zu einem von der Mehrheit getragenen Entscheid.

Generell gilt, daß die Anwendung der Technik zunächst mit einem externen Berater einstudiert werden sollte, in regelmäßigen Abständen die Planannahmen (zunächst gemeinsam) kritisch zu überprüfen und mit dem zu erzielenden SOLL-Zustand zu vergleichen sind. Diese strategische Analyse sollte iterativ in fest vorgegebenen Zeitintervallen im Unternehmen durchgeführt werden, um die eigene Position zu eruieren, um Chancen und Risiken gleichermaßen zu erkennen. Das ist eine Forderung, die nicht nur an die vielen großen Unternehmen gerichtet ist, sondern auch für kleine Firmen ein Ausgangspunkt für eine längerfristige und strategisch ausgerichtete Planung darstellen könnte. Es gilt, sich hierbei frühzeitig auf Kernprodukte zu konzentrieren.

Zusammenfassend kann gesagt werden, daß die Portfolio-Technik folgende Fragen heute zu beantworten versucht:

- Wie ist unsere Wettbewerbsposition?
- Ist das Produkt-Mix ausgewogen?
- In welcher Phase der Produktlebenszykluskurve befinden sich die Produktgruppen?
- Wie groß ist die Ertragskraft der einzelnen Produkte?
- Welche Produkte müssen wir mehr fördern?
- Welche Produkte sollten eliminiert werden, da mit ihnen Verluste erwirtschaftet werden?
- Müssen wir neue Produkte einführen?
- Welche Investitionen sollten für die einzelnen Produktgruppen in Zukunft getätigt werden?
- Welche Strategien müssen wir initiieren, um die Gesamtsituation des Unternehmens langfristig zu verbessern?

Kernkompetenzen

> „Der globale Verdrängungswettbewerb zwingt die Unternehmen,
> alle Kräfte auf das zu konzentrieren,
> was sie besonders gut beherrschen."
> *C. K. Prahalad/G. Hamel*

Laut *Prahalad/Hamel* sind selbständig geführte strategische Geschäftseinheiten (SGE), vor gut 20 Jahren den diversifizierten Großunternehmen noch als Wunderwaffe empfohlen, schon lange nicht mehr Garanten für nachhaltige Markterfolge. Schon seit geraumer Zeit legen japanische Konzerne bei ihrem Sturm auf die Weltspitze ein anderes strategisches Konzept zugrunde: Sie definieren sich selbst als Portfolio von Kernkompetenzen.[50]

Kernkompetenzen als Wurzel des Unternehmens sind Fähigkeiten, die das Unternehmen im Wettbewerb von Mitbewerbern unterscheiden. Sie sind wertschöpfende Aktivitäten, die effektiver und kostengünstiger ausgeführt werden als die vergleichbaren Ansätze der Konkurrenz. Sie sind kaum nachzuahmen, wenn sie aus einer komplizierten Abstimmung verschiedener Technologien und Fertigkeiten hervorgegangen sind.[51] Sie ergeben sich aus einer Kombination und Koordination von Know-how, Human-, Technologie- und Sachressourcen. Kernkompetenzen versetzen in die Lage, integrierte Prozesse besser auszuführen als es die Konkurrenz kann – so auszuführen, daß es „best practices" entspricht. D.h., was andere Unternehmen ebenso gut und vielleicht noch besser und billiger können, gehört nicht zu Ihren Kernkompetenzen. Und wenn solche Leistungen überdies am Markt angeboten werden, sollte geprüft werden, ob der Fremdbezug lohnt.

Das Konzept der Kernkompetenzen veranschaulichen *Hamel/Prahalad*, indem sie einen Konzern mit einem Baum vergleichen: „Der Stamm und die dicken Äste stellen die *Kernprodukte* dar, die dünnen Zweige sind *Geschäftseinheiten*, die Blätter, Blüten und Früchte die *Endprodukte*. Das Wurzelgeflecht, das den Baum nährt und hält, ist die *Kernkompetenz*."

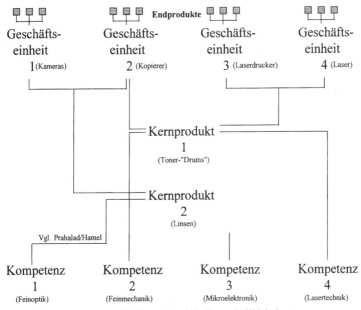

Abb. 12 Kompetenzen – die Wurzeln der Wettbewerbsfähigkeit

Die Abb. 12 zeigt am Beispiel *Canon* diese Abfolge von Kernfähigkeiten über Kernprodukte (Bauteile) über mehrere Geschäftsbereiche zu Endprodukten.

Im Sinne einer auf das nächste Jahrtausend hin ausgerichteten Strategie steht laut *Prof. H. H. Hinterhuber* die Konzentration auf die Kernkompetenzen nach generellen Kostensenkungsmaßnahmen an zweiter Stelle. Diese Schwerpunktbildung erfordert ein Überdenken der Wertschöpfungskette: Gefragt sind Kernkompetenzen, welche die Unternehmung besser beherrscht und mit denen sie ihren Kunden einen größeren und schnelleren Nutzen bietet als die Wettbewerber.[52] Das entscheidende Ziel ist eine höhere Kundenzufriedenheit, als sie von den Konkurrenten geboten werden könnte.

Die Konsequenz aus der Konzentration auf Kernkompetenzen und die Vergabe von Aufgaben an Dritte, die diese besser beherrschen, ist zum einen ein Gewinn an Flexibilität und zum anderen sicherlich eine Steigerung der Produktivität und damit einhergehend in der Regel eine Verbesserung der Qualität. Dies muß aber nicht so sein! Vorsicht! Rigoroses und unüberlegtes Outsourcing auf der Basis kurzfristiger, rein finanzieller Erwägungen kann dazu führen, daß wichtiges Terrain unwiederbringlich verloren geht. Vielerorts offerieren japanische Unternehmen westlichen Partnern bewußt die Möglichkeit, auf ihre Kernkompetenzen zu ihrem eigenen Vorteil zurückzugreifen. Daß dies dazu führt, daß die japanischen Unternehmen weitere Fähigkeiten aufbauen und westliche Unternehmen sich damit selbst behindern, eigene Erfahrungen zur Bildung eigener Kernkompetenzen aufzubauen, wird im Land der „aufgehenden Sonne" mit Wohlwollen zur Kenntnis genommen. Abhängigkeiten können dazu führen, daß westliche Unternehmen nur noch als Montagehalle, Markenname oder Distributionsweg fungieren. Dieses Stadium totaler Abhängigkeit führte in der Vergangenheit nicht selten dazu, daß das betreffende Unternehmen irgendwann einem Preisdruck ausgesetzt war/wurde und in letzter Konsequenz heute ganz von Japan aus geführt wird.

Während noch vor fünf Jahren die größte Bedrohung von Japan ausging, sind heute bereits Länder wie Südkorea oder zukünftig Vietnam in dieser Rolle zu sehen.

Konsequente Führung durch Kernkompetenzen wird derzeit vornehmlich in Fernost praktiziert. Man denke hierbei an die Produktpaletten von *Canon*, *NEC*, *Honda*, *Samsung*, *Toshiba* oder *Sharp*. Greifen wir eines dieser Unternehmen heraus. *Honda* z. B. fertigt Motoren und zwar für die Formel 1, für Straßenfahrzeuge wie Autos und Motorräder aber auch für Generatoren und Rasenmäher. Man sieht an dieser Motorenpalette, daß *Honda* seine Kompetenzen im Kernkompetenzumfeld ständig fortentwickelt und neue erwirbt. Das „Erfinden" von neuen Märkten im Umfeld der Kernkompetenzen wird zunehmend zum zentralen Erfolgsfaktor. Die Japaner waren im Automobilsektor z. B. Vorreiter beim Allradantrieb, der Vierventiltechnik und bei ausgeklügelten Motorsteuerungen. Wie die Erweiterung der Kernkompetenzen funktioniert, zeigte Abbildung 12 bereits am Beispiel von *Canon*. Kernkompetenzen besitzt das Unternehmen im Bereich der Feinmechanik, der Optik und der Mikroelektronik.

Hieraus geschaffen wurden innovative Produkte wie Kameras, Drukker, Kopierer oder Faxgeräte sowie Tischlaserdrucker oder Produktionsanlagen auf Halbleiterbasis. Für vorhandene Kompetenzen neue Märkte zu finden, hierbei tut sich auch *Swatch* hervor – so *H. H. Hinterhuber* und *S. A. Friedrich* –, wo man sich als Spezialist in Produktion und Kommerzialisierung von emotionalen Produkten sieht.[53] Kernkompetenzen sind hier Automatisierung, Miniaturisierung und das Design, welche in Verbindung mit einem entsprechenden Marketing eine präzise Botschaft vermitteln. Hiermit lassen sich nicht nur Uhren, sondern auch eine Vielzahl anderer Güter, etwa Brillen, Telefonapparate und Autos produzieren und vermarkten.

Ein weiteres Beispiel: *Citicorp* war anderen Finanzdienstleistern weit voraus, als man ein EDV-System einsetzte, das Präsenz an den Weltbörsen rund um die Uhr ermöglichte.

Noch ein Beispiel: Die Firma *3M* beherrscht die Kernkompetenz im Beschichten und Verbinden verschiedenartiger Materialoberflächen, was sich unter anderem in Post-it-Klebern, Klebeverschlüssen von Babywindeln oder Folien niederschlägt.

Alle diese Firmen und die von ihnen geschaffenen Produkte haben eines gemeinsam: Weniger erfolgreiche Produkte waren solche, in die die Kernkompetenzen des Unternehmens nicht einflossen.

Langfristig muß es somit darum gehen, schneller und billiger als die „Rivalen" jene Kernkompetenzen aufzubauen, aus denen überraschende Produkte resultieren. Kernkompetenzen an sich befinden sich im Unternehmen in einem ständigen Unruhezustand. Sie werden permanent weiterentwickelt und mit weiteren Anreicherungen versehen. Wie schwer es ist, wenn man als Unternehmen darauf verzichtet, eigene Kernkompetenzen weiterzuentwickeln und sich damit zufrieden gibt, nur noch als Weiterverkäufer zu fungieren, zeigt folgendes Beispiel von *Prahalad/Hamel*: „Amerikanische Halbleiterhersteller wie *Motorola* steckten schnell in einem Engpaß, als sie entschieden, bei der Entwicklung dynamischer Speicherchips (DRAM) auf eine direkte Beteiligung an der Generation der 256K-Chips zu verzichten. Nachdem *Motorola* diese Entwicklungsrunde ausgelassen hatte, war – wie bei den meisten US-Rivalen – eine kräftige Technologieinfusion durch japanische Partner fällig, um beim

Rennen um den 1 MB-Chip wieder mitmischen zu können. Wenn es um Kernkompetenzen geht, kann man nicht mal eben vom fahrenden Zug springen, per Pedes zum nächsten Bahnhof marschieren und dort wieder einsteigen." Eines muß man begreifen: Kernkompetenzen sind vor allem Wissen. Und das läßt sich zumeist nur unter Mühen gewinnen, erschließen und umsetzen. **Verlorene Kernkompetenzen sind oft unwiederbringlich verlorene Ressourcen.**

Interessant sind in diesem Zusammenhang folgende Sätze von *Boos/Jarmai,* die Firmen bei der Suche nach Kernkompetenzen beobachteten und ihr Verhalten wie folgt beschrieben:[54]

> „Manche Unternehmen, die wir bei der Arbeit an ihren Kernkompetenzen beobachteten, tun das aus einer Art Goldgräber-Mentalität: Viel anfängliches Hurra und lautes Gepolter mit den Spitzhacken bei der Suche nach dem schnellen Erfolg. Doch wenn sie nicht gleich fündig wurden oder die Schürfergebnisse enttäuschten, siebten sie rasch ein paar Überlegungen aus, hielten an anderen stur fest, und schon ging es weiter zu neuen Claims, also neuen Übungen in Strategie. Doch Kernkompetenzen ist mit solchem Verhalten nicht beizukommen. Statt der Spitzhacke ist bohrende Geduld gefragt, die kleine Schaufel und der Pinsel des Archäologen, der sich Schicht um Schicht an die verschütteten Schätze des Wissens heranarbeitet und selbst die kleinsten Erkenntnisse festhält."

Hier bleibt somit festzuhalten, daß nur die Hinwendung zum Wissen die entscheidende Basis zukünftiger Kompetenzen ist. **Wissensbasierten Unternehmen gehört die Zukunft.** Nach *Boos/Jarmai* gilt schon bald: Nicht auf „time to market", sondern eher auf „time to learn" kommt es in Zukunft an. Damit wird Wissen zur zentralen strategischen Kategorie. Vereinigen Sie das Wissen in ihrem Unternehmen. Dies ist jedoch, so sagen die beiden bereits erwähnten Autoren, nicht immer möglich. Es gibt Fälle, in denen das Wissen einer Branche in einzelnen Personen gebündelt ist. So etwa im Fall jenes Experten für Sintermetallurgie, dessen Rat alle europäischen Automobilwerke einholen, wenn es um knifflige Fragen oder Neuentwicklungen geht.

An dieser Stelle sollen Sie aufgefordert werden, in Ihren eigenen Häusern sogenannte *Centers of Competence* aufzubauen, die dauerhaft sicherstellen, daß Kernkompetenzen kontinuierlich weiterentwickelt werden.

Ein Verfahren, das noch beschrieben wird, unterstützt den Prozeß des Aufspürens von Kernkompetenzen gewaltig, das sogenannte Benchmarking, der Vergleich von eigenen Produkten und Prozessen mit denen von Spitzenunternehmen aus anderen Branchen. Die Benchmarking-Methode macht dabei auf potentielle Entwicklungsmöglichkeiten aufmerksam und öffnet den Blick für mögliche Kompetenzgewinne.

Fragen, die sich das Management zum Thema Kernkompetenzen einmal stellen sollte, sind:

▸ Welches sind heute unsere Kernkompetenzen?
▸ Wie können diese Kernkompetenzen konsequent geschützt, entwickelt und genutzt werden?
▸ Brauchen wir neue Kernkompetenzen, um künftig eine verteidigungsfähige Wettbewerbsposition zu erreichen?
▸ Sollen neue Kernkompetenzen über
▸ Welches sind die Kernkompetenzen unserer Konkurrenten?
▸ Welche können wir angreifen und welche sind unangreifbar?

Fazit: Unternehmen müssen zukünftig stärker auf den Aufbau, die Erhaltung und die ständige Pflege sowie die Erweiterung eigener Kernkompetenzen achten.

Profit Center

> „Jede Tätigkeit muß einen Gewinn abwerfen;
> jede Einheit ist ein Profit Center."
> *O. Sager*

In schwierigen Situationen haben Unternehmen kurzfristig nur ein Ziel: die Profitabilität schnellstmöglich wiederzuerlangen. Dabei steht oftmals eine Veränderung der Aufbauorganisation des Unternehmens, also eine massive Um- bzw. Neustrukturierung der Unternehmenseinheiten, im Vordergrund sämtlicher Aktivitäten. Man möchte dabei so schnell wie möglich weg von großen und in der Regel unüberschaubaren sowie mit vielen **Hierarchieebenen** und entsprechenden „**Informationsisolierungsschichten**" gegliederten Unternehmenseinheiten. Aufgebaut werden sogenannte Profit Center. Sie stellen eine heute bereits vielfach etablierte Form der Aufbauorganisation von Unternehmen dar, wohingegen beim Lean-Management – eine vielfach in einem Atemzug genannte Alternative – die Neuorganisation von Abläufen oder Prozessen dominierend ist.[55] Beiden gemeinsam ist die Abschaffung von zentral fungierenden Stäben und die Delegation von Verantwortung und somit von Entscheidungsbefugnissen an tiefer in der Hierarchie angesiedelte Ebenen bzw. Funktionsträger.

Zu unterscheiden sind beide Philosophien auch aufgrund ihres kulturellen Ursprungs. Der Lean-Management-Gedanke wurde in Japan geprägt, der Profit-Center-Ansatz hat dagegen seinen Ursprung in Amerika. Nach *O. Sager* umfaßt der Begriff Lean Management dabei Ansätze wie Kaizen (ständige Verbesserung), Kanban (kundengesteuerte Produktion) oder Total Quality Management, wobei die Leistung der *Gruppe* das tragende Element ist.

Widmen wir uns nun jedoch zunächst dem Profit Center. Ein Profit Center ist in einem Unternehmen ein eindeutig zu fassender Bereich, an dessen Spitze ein Verantwortlicher steht, dessen Erfolg in der Regel am Gewinn oder am Deckungsbeitrag gemessen wird. Im Unternehmen ist ein Profit Center somit ein Bereich, der Produkte oder Dienstleistungen für einen externen Markt anbietet und sich dabei als eigenständige Einheit dem Wettbewerb und somit den Konkurrenten zu stellen hat. Wichtig ist hierbei: Profit Center benötigen eine klar vorformulierte Strategie. Auffallend ist, daß die Profit Center eines Unternehmens in der betrieblichen Praxis selbst oft ausschließlich mit dem Ziel einer kurzfristigen Gewinnoptimierung agieren, eine von der Unternehmensleitung verantwortete, aber nicht immer von nachhaltigem Erfolg gekrönte Prämisse.

Die Einrichtung von Profit Centern, d. h. die Veränderung der Aufbauorganisation eines Unternehmens, läßt sich nicht nach einem Rezeptbuch, womöglich nach *Schema F,* durchführen. Der Überzeugungs- und Durchsetzungsaufwand ist groß, auch wenn die Spitze des Unternehmens eine Umorganisation befürwortet und trägt. Hierbei muß sich die Unternehmensspitze jedoch bewußt sein, daß die Teilfunktionen oder innerbetrieblichen Wertschöpfungsketten nicht beliebig in Profit Center gegliedert werden können, einzelne gar nicht unter Gewinngesichtspunkten zu führen sind. Hierzu zählen z. B. hausinterne Schulungsmaßnahmen, interne Druckerei, der Reinigungsdienst oder ein innerbetrieblicher Botendienst. Diese Aufstellung zeigt, daß das Schaffen von Profit Centern oftmals mit einer Ausrichtung auf das eigentliche Kerngeschäft und einer Ausgliederung von unnötigen Kapazitäten einhergeht.

Versuchen Sie einmal gedanklich, in Ihrem Unternehmen Profit Center zu etablieren. Stellen Sie diese in Form einer Relationship-Map und/oder in einem Prozeßablaufdiagramm dar. Sie werden sehen, das es schon im kleinen schwierig ist, Unternehmen nach neuen Organisationskriterien zu gestalten. Noch schwieriger ist es, eine neue Unternehmenskultur mit der neuen Organisationsstruktur zu verbinden und diese aufleben zu lassen. Es sind oftmals von Mitarbeitern gänzlich neue Umgangsformen oder Denkmuster zu verinnerlichen, ohne daß interne Rivalitäten aufleben, ein Prozeß, an dem vielfach Umstrukturierungsmaßnahmen scheitern. Sie wissen, daß die Denkweisen nicht von heute auf morgen geändert werden können. Die Realisierung solcher Vorhaben benötigt Zeit.

Oft erweist sich – das bestätigen eine Reihe von Studien –, daß die mittlere Ebene der Meister und Abteilungsleiter als „Lehm- oder Lähmschicht" bei Umstrukturierungen fungiert. Gerade das mittlere Management empfindet das Neue als Kritik.

Bedenken Sie, kein Abschied auf der Welt ist so schwer, wie der Abschied von der Macht.

Lean Production, Lean Management und Lean Administration

> „Lean Management heißt Kosten sparen und Stäbe abbauen."
> *O. Sager*

Lean Production kam, später folgte Lean Management, noch später Lean Administration. Heute hat es den Anschein, alles sei irgendwie „Lean". Die Unternehmensberatungen verfolgen offensichtlich seit

Jahren das Ziel, gerade in diesem Bereich mit neuen Wortschöpfungen zu glänzen. Niemand verfolgte dieses Konzept so radikal wie *McKinsey*.[56] Ausdruck fand das u. a. in der sogenannten Gemeinkostenwertanalyse (GWA). Bis zu vierzig Prozent der Gemeinkosten sollten mit dieser Methode eingespart werden können. Sie entwickelte sich damit unter dem Deckmantel der „Schlankheitsbewegung" zur klassischen „Jobrasiermaschine" der 90er. Doch heute weiß man, schlank bzw. zu schlank macht nicht unbedingt gesünder. Oftmals wurde in der Vergangenheit zuviel Fett weggeschnitten und auch vor lebensnotwendigen Organen eines Unternehmens oder Muskeln kein Halt gemacht. Viele Unternehmen haben „Lean" übertrieben und gingen statt an Fettleibigkeit später an Magersucht zugrunde. Der Mittelweg ist auch hier wohl der Richtige, wobei auch für ein Unternehmen das Wohlfühlgewicht angestrebt werden sollte. Dieses ist jedoch nur im Einzelfall zu bestimmen.

In einem betrieblichen Organismus muß jeder Part aufeinander abgestimmt sein. Nicht nur einer kann sich der Lean-Philosophie unabhängig von den anderen mit Erfolg unterwerfen. Denn im Sinne der Synergetik[57] ist ein Unternehmen mehr als die Summe seiner Abteilungen bzw. mehr als die Zusammenfassung seiner kleinsten Bestandteile. Jede Abteilung und somit jeder kleinste Bestandteil besitzt eine gewisse nicht berechenbare Eigendynamik, die das Verhalten des Ganzen determiniert. Es ist das schwächste Kettenglied, das den Unternehmenserfolg ausmacht. Ein autonomes „schlank-schlanker-am schlanksten"-Bestreben einzelner Personen oder Abteilungen führt in der Regel nicht zum Erfolg für alle Beteiligten. Unternehmen, die sich hierbei verzettelt haben, gibt es genug.

Statt Kostensenkung durch exzessive Gemeinkostenwertanalyse und Lean-Strategien ist eine Fokussierung auf Innovationsfähigkeit und tatsächliche Kundenwünsche für den Unternehmenserfolg maßgeblich entscheidend.

Erfolgreiche Mittelständler bestätigen gerne, daß das Ohr am Kunden einen erheblichen Zeitvorsprung und damit einen direkten Wettbewerbsvorteil schafft.

„Schlank an sich kann aber doch kein Ziel sein, sondern durchtrainiert, leistungsorientiert, begierig, bessere Produkte und Produktionsverfahren zu entwickeln, Leistungen ineinander greifen zu lassen und insgesamt darauf ausgerichtet zu sein, alle Fähigkeiten, Kräfte und Anstrengungen des Unternehmens dahingehend zu konzentrieren, die vereinbarten Ziele zu erreichen."[58]

> „Wenn Unternehmen nur lean werden, ohne neues Wachstum vorzubereiten, schaffen sie eine... nach innen gerichtete und angepaßte Organisation. Wer nur Arbeitsplätze vernichtet und keine neuen schafft, erstickt Innovation, Dynamik und die Bereitschaft, Verantwortung zu übernehmen. So läßt sich die Zukunft nicht gewinnen."[59]

Lean Management erfordert eine das ganze Unternehmen umfassende Denkweise, bei der **Wertschöpfung** und **Kundenorientierung** im Mittelpunkt stehen. Teilautonome Gruppen mit hoher Motivation bilden hierbei das Rückgrat dieser Management-Philosophie japanischen Ursprungs, die auf eine flache Hierarchie baut. Einsparungen resultieren beim Lean Management bzw. Lean Production aus einer modernen Form der Arbeitsweise. Um Lean Management zum Erfolg zu bringen, so zeigt es die Erfahrung, muß zunächst in die Ausbildung und die soziale Kompetenz der Mitarbeiter investiert werden. Dies ist im Rahmen von kurzfristig ausgerichteten Kostensparprogrammen oft jedoch nicht möglich und kann zum Scheitern des Gesamtvorhabens führen.

Die mit einer Lean-Strategie verbundenen Ziele müssen allen Mitarbeitern bekannt sein und von ihnen auch verstanden werden. Chancen zu einer vergleichsweise schnellen Umsetzung des Lean-Gedankens existieren primär bei industriellen Neugründungen. Man denke z. B. an *Opel* in Eisenach. *Opel* in Eisenach geht in vielerlei Hinsicht neue Wege. So vergibt *Opel* dort z. B. nach einem ausgeklügelten System für jede noch so kleine Idee Punkte, um die Beschäftigten neben der normalen Arbeit zur ständigen Effizienzsteigerung zu bewegen; irgendwann einmal können ganz Pfiffige mit einem Astra rechnen. Bei *Porsche* in Stuttgart-Zuffenhausen weisen die Meister die Auszahlung von Bargeld an, um das Nachdenken zu fördern. In der *Siemens*-Handyfabrik in Bocholt stapeln die Chefs der Werker für solche Zwecke geldwerte Gutscheine in der Schublade.[60]

Der Erfolg der Lean-Philosophie basiert in Japan vor allem auf den dortigen Rahmenbedingungen, insbesondere dem soziokulturellen Hintergrund der Japaner. Hier sind vor allem die Verbundenheit der Mitarbeiter mit und die lebenslange Beschäftigung in der Unternehmung sowie das Senioritätsprinzip zu nennen. Sie waren und sind heute noch wesentliche Voraussetzung für das Entstehen und den Erfolg des Lean-Gedankens. Dennoch, auch in Japan ist ein Wandel z. B. hin zum westlichen Freizeitverhalten, das oftmals konträr zum gewachsenen soziokulturellen Hintergrund steht, zu beobachten. Hieraus resultieren erhebliche Probleme insofern, daß die Mitarbeiter der japanischen Unternehmen heute Werte und Verhaltensweisen für sich beanspruchen, die in den Methoden bzw. deren Umsetzung bis dato nicht verankert waren.

Das Lean-Management basiert, faßt man das Gesagte zusammen, auf sechs Teilstrategien:[61]

- **Kundenorientierte, schlanke Fertigung** mit kontinuierlichem Materialfluß und Just-in-Time-Lieferungen,
- Unternehmensweite **Verbesserung der Qualität,**
- **Beschleunigung** der Entwicklung und Einführung neuer Produkte vor allem durch Simultaneous Engineering,[62]
- **Proaktives Marketing**: Neue Kunden gewinnen und alte erhalten,
- Wachstums- und Eroberungsfähigkeit durch **strategischen Kapitaleinsatz** sowie
- Harmonische **Einbindung** des Unternehmens **in die Gesellschaft.**

Deutlich ist auch hier zu erkennen, daß die Lean-Philosophie einige Prinzipien gemeinsam mit anderen Managementmethoden, so z. B. dem Total Quality Management hat.

Anlaß zur Kritik am Lean-Gedanken gibt das in dieser Philosophie immanente Risiko, aufgrund der Forderung nach flachen Hierarchien keine Puffer in der Personalbesetzung vorzuhalten. Dagegen steht die Aussage, daß die traditionellen Hierarchien von Großunternehmen die „Blindleistung" in jeder Form begünstigen. Wenn dann noch die Verantwortung für Verwaltungsdienste weit gestreut ist, fällt eine solche Verlustquelle oft gar nicht einmal auf.

Die Abflachung von Hierarchien führt beim Lean-Prozeß aber zu zwei Problemen, (1) der notwendigen Trennung von Führungskräften, die in der Mehrzahl der Fälle eine wichtige Rolle gespielt haben und (2) dem Wegfall von Führungs- und damit von Aufstiegspositionen für Nachwuchskräfte. Die Lösung des Problems könnte darin liegen, über einen mehrjährigen Prozeß durch Nutzung der Fluktuationen und über vorzeitige Pensionierungen den gewünschten Rahmen zu schaffen. Aufgrund dieser flacheren Strukturen kann nach *J. Maaß* Karriere zukünftig nicht nur als vertikaler Aufstieg in der Organisation gesehen werden, sondern muß zwangsläufig auch definiert werden als Möglichkeit des Gewinnens zusätzlicher Erfahrungen (Erfahrungskarriere), als Möglichkeit für neue Herausforderungen (Herausforderungskarriere) durch Auslandseinsatz, Projektarbeit oder als Möglichkeit der Wahrnehmung besonders interessanter Aufgaben.

Nach *J. Maaß* ist der Übergang zu flacheren Hierarchien zunächst dornenreich. Es darf aber nicht vergessen werden, daß auf diesem Wege nicht nur flexiblere Organisationen, sondern insgesamt Aufgabenzuschnitte mit höherem Verantwortungs- und Kompetenzrahmen entstehen.

Als Paradebeispiel für erfolgreich praktiziertes Lean Managment wird in der Literatur immer wieder auf die japanische Automobilindustrie verwiesen, die in den 80er Jahren qualitativ überlegene Autos zu niedrigeren Preisen schneller als die westlichen Mitbewerber entwickeln und produzieren konnte. Erst als auch diese die entsprechenden Lean-Prinzipien einführten, konnten sie gegenüber ihren japanischen Wettbewerbern wieder Terrain gewinnen. Wie Unternehmen ihre Leistung drastisch steigern können, wenn sie dem Lean-Ansatz folgen, zeigt Schrittmacher *Toyota* nach *Womack/Jones* wie folgt: „Überflüssige Verfahrensschritte eliminieren, alle anderen Schritte zu einem stetigen Arbeitsfluß verbinden, ressortübergreifende Teams einsetzen und ständig nach Verbesserungen streben. Wo dies gelingt, brauchen die Unternehmen nur die Hälfte (oder noch weniger) an menschlicher Anstrengung, Raum, Ausrüstung, Zeit und Gesamtaufwand. Zudem werden sie weit flexibler und kundenfreundlicher."[63]

Zwei interessante Beispiele liefert in diesem Kontext die Zeitschrift TopBusiness. Dort fanden sich die folgenden Beschreibungen der

Fertigungsstrukturen im Hause *Kässbohrer*, Neu-Ulm und des Hierarchieabbaus bei der *Walter AG*, Tübingen:[64]

Die modernste Busfabrik Europas steht in Neu-Ulm: das neue Montagewerk des Omnibusherstellers Kässbohrer. Glanzstück ist die kundenorientierte Fertigungsorganisation. Das heißt, jede der 120 Arbeitsgruppen mit je fünf bis 20 Beschäftigten fungiert als Lieferant für das nächste Team in der Produktionskette. Folglich zeichnet jede Gruppe für die Qualität ihrer (Zwischen-)Produkte voll verantwortlich. Eine externe Kontrolle gibt es nur für die fertigen Fahrzeuge.

Die Montagegruppen – jede hat eine eigene Kostenstelle – regeln auch ihre Materialbeschaffung und interne Arbeitsorganisation selbst; der Gruppenführer wird intern bestimmt. Der klassische Akkordlohn ist passé – Zeiten und Löhne werden mit den Teams ausgehandelt. Die „Unternehmer im Unternehmen" (Produktionschef Wolfgang Kempf) bauen sich auch Montagehilfen selbst. Ohne Umwege über ein bürokratisches Vorschlagswesen ging so manche Verbesserung in die Fertigung ein.

Zwischen den Gruppenführern und der Werkleitung gibt es nur noch die Ebene der Meisterteams; die Abteilungsleiter Fertigung wurden abgeschafft. Ein Meisterteam besteht aus vier Meisterbereichen sowie je einem Arbeits-vorbereiter und Logistiker (aufgewerteter Einkäufer). Später soll ein Konstrukteur dazukommen. Diese operativen Führungscrews ermöglichen es, ohne lähmendes Kompetenzgerangel rasche Vor-Ort-Entscheidungen zu treffen. So lassen sich späte Sonderwünsche von Omnibuskunden noch an der Montagelinie umsetzen.

Der Lohn der neuen Fabrikorganisation: Noch motiviertere Mitarbeiter, kürzere Durchlaufzeiten. Und das Ziel, einen Bus in weniger als 1000 statt in 1200 bis 1700 Mannstunden zu bauen, rückt näher.

Bevor wir uns dem nächsten Beispiel widmen, soll auf das vorstehende kurz eingegangen werden. Die Kernaussage des Beispiels könnte ungefähr wie folgt lauten: „Wenn wir von unseren Mitarbeitern unternehmerisches Denken und Handeln erwarten, müssen wir sie auch zu Unternehmern machen". Selten ist diese Forderung so konsequent verwirklicht worden wie im Neu-Ulmer Montagewerk des Omnibusherstellers *Kässbohrer*. Sich selbst organisierende, qualitäts- und kostenverantwortliche Arbeitsgruppen arbeiten dort nach dem Kunden-Lieferanten-Prinzip (Ku-Li-Prinzip) flexibel zusammen. Durch solche Formen schlanker Organisation verändert sich sicher auch das Bewußtsein aller Beteiligten und damit die gesamte Unternehmenskultur. Darüber hinaus erhöht die verminderte Fertigungstiefe den unternehmerischen Handlungsspielraum und die Flexibilität.

Wenden wir uns nun dem zweiten Beispiel zu, das unter einem ganz anderen Stern steht:

Franco Mambretti, Vorstandsvorsitzender der Tübinger Walter AG, reagierte rasch: Als die Aufträge der Herstellers von Hartmetallwerkzeugen und Schleifmaschinen 1991 jäh einbrachen, scheute er nicht vor einer Radikalkur zurück, der 600 von ursprünglich 1600 Stellen im Konzern zum Opfer fielen. Allein 150 Mitarbeiter verloren durch die Schließung der Standardwerkzeugfertigung im italienischen Como ihren Job. Rund 400 Arbeitsplätze kappte Mambretti im Gemeinkostenbereich, etwa in der Tübinger Zentralverwaltung. Mambretti: „Schlanker geht's nicht." Insgesamt sparte er so zehn Millionen Mark an jährlichen Kosten ein, die erst 1994 voll zur Geltung kamen.

Den Lean-Management-Gedanken wörtlich nehmend, nutzte Mambretti die Gelegenheit, die Hierarchie stark zu straffen: So wurde der Vorstand von vier auf drei Mitglieder verkleinert; die nächstfolgende Ebene der Spartenleiter – drei an der Zahl – fiel ganz weg. Bereichsleiter gibt es nur noch halb so viele wie vorher, und die Zahl der Abteilungsleiter schrumpfte von 50 auf 32.

Die Aufgaben, soweit sie nicht nach der Umkehrung des Parkinsonschen Gesetzes entbehrlich sind, wurden auf derselben Ebene umverteilt, nicht zuletzt nach unten verlagert.

Ein solcher Prozeß der Hierarchieabflachung (Delayering) führt naturgemäß zum Verlust von Management-Positionen – das ist im Hinblick auf eine Prozeßflexibilisierung auch gewollt. Die Vorteile des Delayering-Prozesses bestehen in:[65]

• größerer Geschwindigkeit,
• Abbau von Bürokratie,
• direkterer Kommunikation,
• höheren Verantwortlichkeiten durch verstärkte Delegation.

In diesem Rahmen sagt *J. Maaß*: „Schnelligkeit übrigens übersteigt den offensichtlichen und logisch faßbaren Geschäftsvorteil, wie etwa verkürzte Fertigungszeiten, bessere Kundenzufriedenheit und so weiter. Schnelligkeit hat eine anregende und belebende Wirkung.

Schnelligkeit beflügelt Ideen und bringt funktionale Barrieren in Arbeitsprozessen zum Einsturz, Schnelligkeit überwindet Bürokratien. Schnelligkeit regt also die Organisation insgesamt an. *David Vice*, Ex-Manager von *Northern Telecom*, hat die Bedeutung der Geschwindigkeit als generellen Erfolgsfaktor des Management so formuliert: „Die 90er Jahre werden ein Jahrzehnt der Geschwindigkeit, eine Nanosekundenkultur. Es wird nur zwei Typen von Managern geben: die Schnellen und die Toten."

Wichtig ist, daß in einer wie oben beschriebenen schlanken Organisation nicht mehr der Status, also ein formeller Titel, im Vordergrund steht und die Positionierung des Mitarbeiters in der Organisation beschreibt, sondern daß dies ausschließlich durch die wahrgenommene Aufgabe erfolgt. Ein erster Schritt hierzu: Schaffen Sie hierarchische Titel im Innenverhältnis ab und lassen Sie lediglich Aufgabenbezeichnungen zu. *Heide Simonis*, Ministerpräsidentin von Schleswig-Holstein, sagte einmal, allerdings auf Kommunalverwaltungen bezogen aber dennoch treffend: „Wer lange wartet, wird Rat, wer länger wartet, Oberrat."

In dem Maße, wie Hierarchien und damit die Führung über Hierarchien abgebaut werden, so *J. Maaß*, wird allerdings eine Führung über normative Regeln, wie etwa Unternehmensleitbilder bis hin zu Visionen, notwendig. Damit erfordert das Umsetzen des Lean-Gedankens:
- unternehmerisches Denken seitens der Mitarbeiter,
- Bereitschaft zur Verantwortung und Initiative,
- Fähigkeit, Änderungen anzuregen und bewußt zu gestalten,
- Teamfähigkeit und
- die Bereitschaft zur offenen Kommunikation.

Im Unternehmen werden somit weniger ehrgeizige Individualisten und mehr Teamplayer gebraucht. Fördern Sie die Teamfähigkeit Ihrer Mitarbeiter, suchen Sie sich den Idealtypus, den teamorientierten Spezialisten.

Egal, wie es nun gemacht wird, Vorbilder hin, Begriffe her, entscheidend ist, wie der Lean-Gedanke in der Praxis umgesetzt wird und was dabei herauskommt. Interessant ist in diesem Kontext noch folgende Aussage, die ebenso der Zeitschrift TopBusiness entnommen werden konnte: „Im Gegensatz zu Japan sind Kontinuierliche Verbesserungs-

Positiv	Negativ
• Vorhandene Produktivitätsreserven in noch weitgehend hierarchischen Systemen	• Geringe Mobilität der Arbeitnehmer – weder horizontal noch vertikal
• Exzellente Infrastruktur	• Traditionelles Verhalten/Festhalten am erlernten Beruf
• Leistungsfähige Zulieferer	• Hohes Anspruchsdenken
• Entwickelte Controlling-Methoden	• Privatisierung der Interessen
• Hoher Ausbildungsstand der Mitarbeiter	• Bedeutung von Statussymbolen
• Identifizierung der Mitarbeiter mit dem Unternehmen	• Sicherheitsmentalität
• Tradition des betrieblichen Vorschlagswesens	• Gewöhnung an hohe Wachstums- und Einkommenszuwächse
• Entwickeltes Informationsmanagement	• Distanz zwischen Wissenschaft und Praxis
• Erfahrung mit der Mitbestimmung am Arbeitsplatz	• Kompliziertes, teilweise starres Arbeits- und Sozialrecht

Tabelle 2: Strukturelle Bedingungen für das Lean-Management in der Bundesrepublik

prozesse (KVP) selbst bei den Unternehmen mit Lean-Praxis noch nicht weit verbreitet – womöglich, weil sich damit der japanische Produktionsvorsprung nicht schnell genug aufholen läßt. Kaum genutzt werden auch Methoden der schlanken Entwicklung wie Target Costing oder Simultaneous Engineering, obwohl sie nachweisbar auch in deutschen Firmen viel Zeit und Geld sparen können."

Überaus erfreulich ist es in diesem Zusammenhang, daß so manches Unternehmen neue Lean-Lösungen austüftelt und praktiziert, zum Beispiel

• sogenannte Lern- oder Vertriebsinseln schafft,
• Teamarbeit in Gemeinkostenbereichen einführt oder
• Mitarbeiter als Unternehmer an der Firma beteiligt.

Erkannt wurde somit, das ein blindes Kopieren japanischer Ideen wohl nicht zum Erfolg führt.

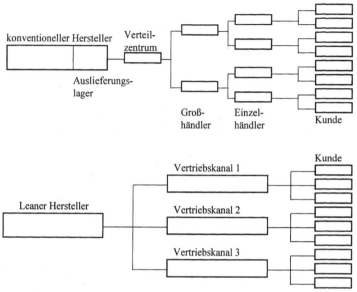

Abb. 13 Schlanker Vertriebskanal

Die strukturellen Bedingungen für das Lean-Management in der Bundesrepublik zeigt die nachfolgende Tabelle. Die danach stehende Grafik enthält die Grundstruktur eines schlanken Vertriebskanals.

Sie sollten sich anschließend, nach Betrachtung der Tabelle 2 und der Abb. 13, einmal mit der Organisation, sowohl der Aufbau- als auch Ablauforganisation in Ihrem Hause auseinandersetzen und diese unter Lean-Aspekten hinterfragen. Notieren Sie auch hierzu ihre Gedanken.

Denken Sie immer daran: „Wer es schafft, schlank zu produzieren, hat erst das Zwischenziel erreicht." Nur schlank reicht nicht. Auch schlank kann noch verbessert werden.

Ein schlankes Unternehmen ist darüber hinaus etwas ganz anderes als ein virtuelles Unternehmen, bei dem die Mitglieder ständig wechseln und das oft ein derart instabiles Konstrukt ist, daß es unmöglich so viel an enger Zusammenarbeit zustandebringt, wie zwingend notwendig ist, um Lean-Prinzipien über eine ganze Wertschöpfungskette hin einzusetzen.

> „Jeder Manager, der nach
> einem schlanken Unternehmen trachtet,
> muß zunächst die widerstreitenden
> Bedürfnisse von Einzelpersonen, Abteilungen
> und Firmen verstehen."[66]

Unternehmensleitbild

> „Wenn wir zuerst wüßten, wo wir sind und wohin wir streben,
> könnten wie besser beurteilen, was wir tun und wie wir es tun sollten."
> *Abraham Lincoln*

Eng verbunden mit dem Begriff „Leitbild" sind Idee und Vision oder auch der Begriff „Unternehmensphilosophie". Der Weg von einer Idee bis hin zu einer Vision läuft normalerweise pragmatisch ab und besteht darin, das Umfeld zu beobachten, Modeströmungen zu integrieren und bewährte strategische Grundsätze zu übernehmen. Um die so generierte Vision kommunizierbar zu machen, wird sie am besten kurz und prägnant als Unternehmensleitbild schriftlich fixiert.[67] Leitbilder sind damit Elemente des visionären Managements. In vielen Unternehmen finden sich jedoch keine schriftlich formulierten Leitbilder, sondern Handlungsweisen, die von mehr oder weniger vielen oft unbewußt gelebten Kriterien und Grundsätzen determiniert bzw. unterwandert werden. Jeder schafft sich in seinem persönlichen Umfeld individuelle Usancen, aus denen die eigenen Verhaltensweisen (und Ziele) abgeleitet werden. Daraus etabliert sich oft so etwas wie eine individuell geprägte Unternehmenskultur (die allerdings ohne klares Leitbild auskommt), die weder allen am Unternehmen Beteiligten bekannt ist, noch von allen Beteiligten getragen wird. Der eigendynamischen Entwicklung einer solch inhomogenen und ziellosen Struktur soll mit der Formulierung eines für alle Beteiligten gültigen und gemeinsam getragenen Unternehmensleitbildes, das die Beschreibung dessen, was das Unternehmen darstellt, und die Vision dessen, was es einmal sein soll, beinhaltet, entgegengewirkt werden. Deshalb gilt es, frühzeitig Leitbilder zu entwickeln, bevor „Leid"-Bilder entstehen. Beim Entwickeln von Leitbildern ist i.d.R. die jetzige Unternehmenskultur ein wesentlicher Ansatzpunkt. Sie ist nach *Kurt Bleicher* „die Summe aller Selbstverständlichkeiten in einem Unternehmen".

Die Unternehmenskultur eines Betriebes äußert sich in einer Vielzahl von Erscheinungen, wie z. B.

• in bestehenden Normen und Handlungen,
• in der Organisation,
• im äußeren Erscheinungsbild,
• in der Kommunikation mit dem Markt,
• im Führungsverhalten,
• im Betriebsklima und
• im Umgang mit Kunden, Lieferanten und Mitbewerbern.

Die Unternehmenskultur stellt somit die tatsächlich gelebte Unternehmensphilosophie dar, während das Unternehmensleitbild von der „zukünftigen Vision" des Unternehmens geprägt ist. **Das Unternehmensleitbild beschreibt den gewünschten Sollzustand.**

---

(1) Das Unternehmen muß eine Unternehmenskultur haben, durch die es sich von anderen vergleichbaren Unternehmen unterscheidet.

(2) Die zentralen Inhalte der Unternehmenskultur müssen allen Mitarbeitern des Unternehmens bekannt sein. Sie dürfen nicht nur vage im Raum stehen oder als Vorstellungen in den Köpfen der Geschäftsleitung vorhanden sein.

(3) Die Ziel- und Realisierungsvorstellungen müssen konkret formulierbar sein, anderenfalls sind sie weder kommunizier- noch überprüfbar.

In Anlehnung an die *Boston Consulting Group* ist in einem Leitbild ein konkretes Zukunftsbild nahe genug, um die Realisierbarkeit noch zu sehen, aber fern genug, um die Begeisterung der Organisation für eine neue Wirklichkeit zu erwecken.

Das Unternehmensleitbild eines Betriebes drückt somit aus, nach welchen Geschäftsgrundsätzen gelebt wird und formuliert als Kernaussage die mittel- und langfristigen Unternehmensziele. Es zielt ins Unternehmen hinein und strahlt aus ihm heraus.

„In der Wirtschaft besteht – wie oben bereits gesagt – die Möglichkeit, sich durch die Schaffung eines Unternehmensleitbildes abzukoppeln von der generellen Orientierungslosigkeit und den Mitarbeitern für sich und für das Unternehmen eine Orientierung zu geben."[68] Will man Mitarbeiter zu Leistungen begeistern, so muß man erheblich mehr bieten als Arbeit und Lohn. Ein erwiesenermaßen geeignetes Mittel dazu ist die Schaffung von Unternehmensleitbildern, mit denen sich Mitarbeiter identifizieren können. In ihnen sollten sich die Wertvorstellungen des Unternehmens und die unter den Mitarbeitern geltenden Verhaltensnormen finden lassen, weil auf diese Weise die Möglichkeit geschaffen wird, daß sich der einzelne in dem Unternehmen wohlfühlt und er die Bedeutung seiner Arbeit für das Gesamtunternehmen und den Nutzen, den das Gesamtunternehmen für den Markt und für die Allgemeinheit erbringt, erkennt. Leider sieht die Realität oft anders aus. **In vielen Unternehmen werden „Leid"-Bilder und keine Leitbilder geschaffen.**

Erst seit geraumer Zeit hat sich in der Bundesrepublik die Schaffung von Leitbildern durchgesetzt, wohingegen in den USA bereits seit längerer Zeit sogenannte **Corporate Mission Statements** (CMS) formuliert werden und einen bedeutenden Faktor der Unternehmenspolitik darstellen. Sie sind eine Managementmethode, die dazu dient, Mitarbeiter zu motivieren. Darüber hinaus machen sie Außenstehenden deutlich, worin der Sinn des Unternehmens liegt und welche Ziele vom Unternehmen verfolgt werden. *H. Wielens* sagt sinngemäß: „...naturgemäß streben gute Unternehmen die Marktführerschaft an und machen dies in ihrem Leitbild deutlich".

Ein **Leitbild** faßt somit zusammen:

- wie man sich verhalten will gegenüber Mitarbeitern,
- gegenüber Wettbewerbern und
- gegenüber dem Markt und wie
- man sein Geschäft betreiben will.

Werden Leitsätze jedoch nur formuliert und von der Unternehmensleitung hochgehalten und wird nicht nach den Kernaussaugen selbst gelebt, dann steigt unweigerlich und unverzüglich die Zahl der **Betriebsstatisten**.

Widmen wir uns nun der Frage: „**Wie entwickelt man ein Leitbild?**". Bei einem Unternehmensleitbild sollte es sich weder um relativ vage formulierte Vorstellungen noch eine um reine „Wunschliste" handeln. Um Grundsätze greifbar zu formulieren, müssen einige Spielregeln beachtet werden:[69]

(1) Das Leitbild ist nur so gut, wie es von dem Unternehmen, den Führungskräften und Mitarbeitern umgesetzt und vorgelebt wird.

(2) Das Leitbild sollte kurz und prägnant sein. Es sollte nicht zu detailliert ausformuliert sein, da es sonst mit jeder Veränderung neu gestaltet werden müßte. Ein Leitbild muß eine Langzeitwirkung besitzen.

(3) Das Leitbild sollte im ganzen Unternehmen bekannt sein.

(4) Das Leitbild soll helfen, umfassender zu denken.

▶ Warum ist ein Leitbild wichtig für ein Unternehmen?

Wesentlich für die Entwicklung eines Unternehmensleitbildes ist, den Unternehmer zum langfristigem Denken und Handeln anzuregen. Er soll sich verstärkt Gedanken über die derzeitige Position seines Unternehmens machen und den zukünftigen Sollzustand beschreiben. Das Leitbild ermöglicht dem Unternehmer, mittel- und langfristige Ziele schriftlich zu formulieren und innerhalb und außerhalb der Organisation kundzutun.

• **Planung:** Aufgrund der Auseinandersetzung mit dem Leitbild erfolgt eine mittel- und langfristige Planung. Gleichzeitig geschieht die Planung nicht nur mit Vergangenheitsdaten. Zukunftsvorstellungen fließen mit in die Überlegungen ein.

• **Orientierung:** Ein Leitbild enthält Aussagen, die bei konkreten Entscheidungen und beim Lösen von Problemen angewendet werden können. Es gibt Anregungen zur Entwicklung von Strategien und Aktionsplänen.

• **Motivation:** Das Leitbild erläutert den Mitarbeitern, welchen Sinn und welche Bedeutung ihre Arbeit hat. Es fördert die Identifikation der Mitarbeiter mit dem Unternehmen.

- **Selbstmanagement:** Das Leitbild enthält die Spielregeln für das Führen von Unternehmen. Selbstmanagement und möglichst schrankenloser Informationsfluß bilden die Basis für ein dezentrales Management.

Die Vorgehensweise zur Entwicklung eines Leitbildes vollzieht sich in der Regel in drei Schritten:

(1) Analyse- und Diagnose-Phase,

(2) Konzeptions-Phase sowie

(3) Realisierungs-Phase.

▶ **Analyse- und Diagnose-Phase**

Der erste Schritt umfaßt die Analyse und Diagnose der bestehenden Situation. Hier müssen neben der Ermittlung der derzeitigen Ist-Situation wie z. B. Analyse des Marktes, der Umwelt, der Finanzen, des Personals, des Produkt- und Dienstleistungsangebotes, insbesondere folgende Fragen beantwortet werden:

(1) Was ist Sinn und Zweck unseres Unternehmens?

(2) Wie soll bei uns gearbeitet und entschieden werden?

(3) Wo liegen unsere Stärken/Schwächen?

(4) Wie differenzieren wir uns von unserem Wettbewerber?

(5) Welche Grundauffassungen, Werte und Normen vertreten wir?

(6) Welche konkreten Ziele verfolgen wir?

(7) Wie ist das Verhältnis untereinander, zu unseren Mitarbeitern, zum Chef?

(8) Was tun wir konkret, um diese Beziehungen zu fördern?

(9) Welches Image haben wir im Markt?

(10) Wo sind unsere derzeitigen/zukünftigen Zielgruppen?

Nehmen Sie sich für die Beantwortung obiger Fragen genügend Zeit!

▶ **Konzeptions-Phase**

Der zweite Schritt ist das Beschäftigen mit Fragen zur Formulierung eines für die Zukunft gültigen Leitbildes:

- Was wollen wir?
- Wohin wollen wir?
- Welche zukünftigen Ziele verfolgen wir?
- Was müssen wir dafür tun?

▶ **Realisierungs-Phase**

Um ein Leitbild zu konkretisieren, bedarf es nun der Erarbeitung eines Maßnahmen- bzw. Aktionsplanes, der z. B. wie nebenstehend aussehen kann.

Während Leitbilder entwickelt werden, gilt es mit Hilfe folgender Fragen Wege zur Umsetzung der einzelnen Leitlinien im Unternehmen zu finden:

- Was bedeutet die besprochene Leitlinie für uns?
- Wie können wir die Erfüllung der Leitlinie messen?
- Wie gut erfüllen wir die Idealvorstellung der Leitlinie heute?
- Was können wir konkret tun, um die Leitlinie noch besser zu erfüllen?

Beantwortet werden müssen diese Fragen gleichermaßen von Führungskräften und von Mitarbeitern. Nur der gemeinsame Dialog sichert eine gemeinsam getragene Umsetzung.

Bevor Sie sich selbst mit der Entwicklung eines firmeneigenen Leitbildes auseinandersetzen, finden Sie nachfolgend einige prägnante Leitsätze. Ergänzt werden diese durch eine Reihe vollständiger Leitbilder von Unternehmen, die in den Anhang dieses Buches aufgenommen wurden.

▶ **Visionen, Leitsätze und -motive:**

- Leitmotiv der *Canon*-Gruppe: „Wir sind eine weltweit tätige Gruppe, die zugunsten des gemeinsamen Wohlergehens (kyosei) in allen Ländern, in denen wir tätig sind, zusammen *lebt* und arbeitet."

- Die Vision für *ABB* ist, laut *Dr. Gairola*, Senior Vice President bei *ABB* AG, die „Customer driven Company".

- Wir wollen einen Gewinn erzielen, der ausreicht, um das Wachstum unseres Unternehmens zu finanzieren, und die Mittel bereitstellen, die wir zur Verwirklichung unserer anderen Zielsetzungen benötigen (*Hewlett Packard*).

- Untrennbar mit dem Namen *Henry Ford* verbunden ist das Leitbild vom Automobil als Verkehrs- und Transportmittel für alle.

Nachfolgend noch ein illustratives Beispiel eines prägnanten Leitbildes einer führenden deutschen Armaturenfabrik:

Abb. 14 Schema zur Entwicklung eines Leitbildes

Zweck unseres Unternehmens ist es, hochwertige Produkte für den sanitären Bereich herzustellen und zu verkaufen sowie Dienstleistungen zu erbringen.

Wir wollen unsere Kräfte durch Ausrichtung unseres Fabrikationsprogramms darauf konzentrieren, daß wir unsere Produkte unter optimaler Nutzung der Serienfabrikation und zusammen mit unseren Dienstleistungen in bester Qualität auf den Markt bringen.

Wir wollen durch unseren Vertrieb weltweit Absatzmärkte erschließen und dabei genügend Erträge erzielen, um notwendige Investitionen tätigen zu können, alle Risiken decken und Gewinne erwirtschaften.

Wir wollen durch Förderung der Entwicklung neuer und der Verbesserung vorhandener Produkte und Dienstleistungen im Rahmen eines gesunden Wachstums unsere führende Marktstellung ausbauen und darüber hinaus einen aktiven Beitrag an Technik und Wirtschaft leisten.

Wir wollen unsere Mitarbeiter leistungsgerecht bezahlen und ihnen eine angenehme und durch Aufgeschlossenheit gekennzeichnete Arbeitsatmosphäre schaffen, die sie ihre Fähigkeiten und Fertigkeiten voll entfalten läßt und ihnen im Eignungsfall die Möglichkeit zum Aufstieg gibt.

Wir erachten die Loyalität zu unseren Mitarbeitern, Kunden, Lieferanten, aber auch zu Gemeinden und Staat, als beste Grundlage, unserem Unternehmen einen dauerhaften Erfolg zu sichern.

Entsprechend der obigen Struktur ist das Leitbild des *Deutschen Sparkassen- und Giroverbandes (DSGV)* folgendermaßen formuliert worden:

Die Sparkassenorganisation ist die größte Kreditinstitutsgruppe Deutschlands. Sie zieht ihre Stärke und Leistungsfähigkeit aus ihrer dezentralen Struktur, die Kundennähe, Kundenvertrauen und Flexibilität gewährleistet. Dezentrales Unternehmertum bleibt auch künftig die Basis für die Sparkassenorganisation. In einer durch Gruppenwettbewerb geprägten Wettbewerbslandschaft bedarf dezentrales Unternehmertum der Ergänzung und Unterstützung durch zentrale Einrichtungen auf regionaler und nationaler Ebene.

Der Deutsche Sparkassen- und Giroverband versteht sich in diesem Sinne als Dienstleister gegenüber seinen Mitgliedern, allen Sparkassen und Landesbanken. Er vertritt als Spitzenverband der Sparkassenorganisation deren Interessen. Er ist auf nationaler Ebene verantwortlich für die strategische und marktpolitische Weiterbildung der Sparkasenorganisation.

Der Deutsche Sparkassen- und Giroverband koordiniert deshalb die überregionale Willensbildung. Er entwickelt die Zusammenarbeit mit seinen Mitgliedern die daraus resultierenden Maßnahmen, Konzepte und Instrumente, die die Wettbewerbsfähigkeit der Mitglieder der Sparkassenorganisation stärken (gemeinsame Entwicklung und Pflege von Konzepten und Instrumenten). Die Erfüllung dieser Aufgaben erfordert Normen, wie sie in den Leitlinien für die Führung und Zusammenarbeit in der Geschäftsordnung und in der allgemeinen Dienstanweisung des Deutschen Sparkassen- und Giroverbandes festgelegt sind. Die Aufgabenerfüllung verlangt darüber hinaus eine vertrauensvolle Zusammenarbeit aller Mitarbeiter sowie die Bereitschaft jedes einzelnen, sein Wissen und Können aktiv einzusetzen.

Was mit Visionen zu bewirken ist, zeigt folgender Abschnitt:

Als drei Steinmetze nach ihrer Tätigkeit gefragt wurden, gaben sie drei Antworten. Der erste sagte „Ich behaue Steine", der zweite „Ich verdiene mein Geld", der dritte indes „Wir bauen an einer Kathedrale".

Einmal gefunden, sollte die Vision für das Unternehmen durch lebendige Darstellungen publizistisch flankiert und bei allen Beteiligten gedanklich verankert werden, so daß sich alle die Vision als inneres Bild abrufen können (Idee eines kollektiven Unterbewußtseins).[70]

Versuchen Sie nun zunächst eigene Leitsätze zu formulieren und hieraus ein eigenes Leitbild für ihre Firma abzuleiten. Beteiligen Sie auf jeden Fall Dritte an diesem Prozeß! Ein Leitbild muß von allen Beteiligten getragen werden. Führen Sie Ihr Leitbild in Ihrem Unternehmen ein und leben Sie nach ihm.

Sollte Ihr Unternehmen bereits ein Leitbild besitzen, so sollten Sie es spätestens jetzt zur Hand nehmen und kritisch hinterfragen.

Zero-Base-Budgeting

„Das Ziel: „Technisch innovativ und preisgünstig zugleich sein."

Peter Phyrr von der Firma *Texas Instruments* entwickelte zu Beginn der sechziger Jahre das Konzept des Zero-Base-Budgeting (ZBB), das in den 70er und 80er Jahren verstärkt auch in deutschen, österreichischen und schweizerischen Unternehmen als Alternative zur traditionellen Budgetierung eingeführt wurde. In unsere Sprache fand es ebenso Einzug durch den Begriff Null-Basis-Planung, der als brachiale „Eindeutschung" aus dem Englischen anzusehen ist. Doch was ist ZBB?

Die Kernfrage des ZZB lautet: **Wie sehen die Budgets aus, wenn wir auf einer grünen Wiese von vorne anfangen?**

ZBB ist vor dem Hintergrund dieser Frage eine Budgetierungskonzeption, welche nicht erst dann ins Kalkül einbezogen werden sollte, wenn sich das Unternehmen bereits in der Krise befindet und eine Kostensenkung ein zwingendes Muß ist, sondern Bestandteil einer stetigen Kosten-/Ursachenüberprüfung sein.

Der Gemeinkostenaspekt muß dabei stets im Unterbewußtsein aller am Unternehmen Beteiligten, der Macher, der Manager und der Mitarbeiter, präsent sein.

Ständig ist die in einem Unternehmen bestehende Organisationsstruktur auf ihre Wirtschaftlichkeit hin zu untersuchen. Mitteleinsparungsmöglichkeiten und Chancen zur gerechteren und damit direkt objektbezogenen Mittelumverteilung im Gemeinkostenbereich gilt es in Unternehmen kontinuierlich zu beleuchten. Erst wenn sich herausstellt, daß die bestehende Organisationsstruktur nicht mehr zu optimieren ist, ist es nicht mehr notwendig, den Turnus der Durchführung einer Gemeinkostenwertanalyse im Rahmen des ZBB rigide einzuhalten. Doch bis dahin sind a priori festgelegte Überprüfungen, die z. B. jedes Jahr oder alle zwei Jahre anberaumt werden, zwingend. An der Länge des Intervalls ist zu erkennen, daß aufgrund der zwischen zwei Untersuchungen liegenden Zeit, in der sich i.d.R. Organisationen verändern, auch wieder Einsparungspotentiale aufbauen, man also kaum einen nicht mehr optimierbaren Status erlangt.

Bei der Anwendung des ZBB in der Praxis stellt sich die wichtige Frage, von wem die ZBB-Konzeption ein- oder durchgeführt werden soll. Ausgehend von dieser Differenzierung hat das Unternehmen abzuwägen, ob es ZBB selbst, beispielsweise unter Federführung des Controllers (sofern vorhanden) oder mit Hilfe eines externen Unternehmensberaters (oft die Regel) anwenden bzw. umsetzen möchte. Für beide Varianten sind Vor- und Nachteile zu nennen. Bindet man eigene Mitarbeiter ein, so fördert man deren Drang nach Selbstverwirklichung und beteiligt sie direkt an Innovationsmaßnahmen. Ein Problem hierbei ist jedoch, daß die Mitarbeiter im Unternehmen oftmals zu bequem sind und deren Veränderungspotential und -wille damit einhergehend auch als beschränkt angenommen werden kann. Deshalb wird von einigen Autoren die „fremde" Ein- und Durchführung des ZBB vorgeschlagen. Hierzu sagt *J. Volz:* „Doch auch diese Vorgehensweise hat ihre positiven und negativen Seiten. Werden externe Berater herangezogen, hat dies den Vorteil, daß ohne Voreingenommenheit nach den Vor- und Nachteilen bzw. den Kosten und dem Nutzen gefragt werden kann. Die Ergebnisse der ZBB-Anwendung dürften daher mit fremden Beratern objektiver sein als bei der ‚internen' Umsetzung des ZBB." Schwierig ist es in der Zusammenarbeit mit Unternehmensberatern vielfach jedoch, daß diese seitens der Belegschaft zuweilen nicht akzeptiert werden. Gezielt werden Informationen unterdrückt oder zurückgehalten, um Ergebnisse (un)bewußt zu verfälschen. Die Entscheidung, ob mit internen oder externen Beratern gearbeitet wird bzw. werden kann, hängt letztendlich von der im Hause gelebten Kultur ab.

Benchmarking

> „Wer seinen Gegner kennt und auch sich selbst kennt,
> wird hundert Schlachten ohne Risiko führen."
> *Sun Tzu*, Chinesischer Kriegsstratege, 500 v. Chr.

Benchmarking, ein Begriff aus den USA, ist das professionelle Vergleichen mit und das „Abkupfern" von den Besten der Branche bzw. den Besten anderer Branchen. Doch was ist neu? Handelt es sich hierbei nicht um alten Wein in neuen Schläuchen?

Neu ist der Begriff als solcher sicherlich nicht. In der Computerwelt ist er schon seit Jahren etabliert und steht dort für einen Test, den Benchmark, der die Leistung zweier gegenübergestellter Programme oder Computer objektiv mißt. Primäres Beurteilungskriterium ist dabei in erster Linie die reine Laufzeit, d. h. die Geschwindigkeit, wobei sicherlich auch der genutzte Speicherplatz zur Ausübung der Rechenoperationen eine Vergleichsgröße darstellen könnte. Doch letzteres Kriterium erlangt in der Regel bei der Beurteilung von Computerprogrammen oftmals nur eine untergeordnete Bedeutung.

Seit Ende der siebziger Jahre werden Benchmarks als Maßgrößen des Unternehmenserfolges verwendet. In der Managementliteratur wird diese Methodik z. B. wie folgt beschrieben: „Benchmarking is the search for industry best practices that lead to superior performance". Der Zweck des Benchmarking liegt somit in dem Ziel, selbst der **„Beste der Besten"** zu werden. Daraus leiten sich während eines Benchmarking-Prozesses phasenspezifische Zielsetzungen ab: Stärken und Schwächen des Unternehmens sollen aufgezeigt, die Positionierung des Betriebes im Vergleich zum Wettbewerber vorgenommen, geeignete Erfolgsfaktoren definiert und ein Maßnahmenplan zur Leistungsverbesserung erstellt und umgesetzt werden.[71]

Benchmarking – und das sollte einmal hervorgehoben werden – ist in der Praxis entstanden. Beispiele lassen sich schon seit langer Zeit finden. So wurde das Vorgehen bei der Wiederbefüllung der Regale in Supermärkten bei *Toyota* auf den Produktionsbereich übertragen. Dieses Konzept ist heute als „Kanban"-System weltweit bekannt. Das Benchmarking-Konzept als solches wurde aber bei dem Kopiererhersteller *Rank Xerox* entwickelt, der auch den Terminus „Beenchmarking" Ende der 70er Jahre prägte. Bis Mitte der 80er Jahre beschränkte sich Benchmarking dennoch auf einen engen Kreis von Fachleuten. Es war ein wenig elitär und wurde nur von einigen großen US-Konzernen angewendet.

1989 wurde dann alles anders: Mit dem Buch „Benchmarking – The Search for Industry best Practices that lead to Superior Performance" von *Robert Camp,* der während zwei Jahrzehnten für die Logistik von *Xerox* verantwortlich war. Seither verbreitet sich diese Technik explosionsartig – oder wie *R. Camp* sagt: „Während meiner 32 Jahre Berufserfahrung habe ich ungezählte Methoden und Modeströmungen zur Verbesserung der Produktivität kommen und gehen sehen. Obwohl ich nicht weiß warum, sieht es so aus, als ob Benchmarking sich langer Beliebtheit erfreuen wird."[72]

Unternehmen unterziehen sich heute zunehmend freiwillig gemeinsam getragenen Vergleichstests, um Schwächen zu erkennen und diese wirksam zu bekämpfen. Auslöser für einen Vergleich ist dabei in der Regel ein Unternehmen, das im eigenen Haus Schwachpunkte erkannt hat. Im Mittelpunkt eines aufgrund eines erkannten Fehlers oder einer erkannten Schwachstelle initiierten Benchmarking-Prozesses stehen für diesen Betrieb die Fragen:

- „Wie machen es wohl andere?"
- „Warum machen es andere anders?"
- „Unter welchen Rahmenbedingungen machen es die anderen besser?"

Beim Benchmarking ist es erwünscht, hinter die Kulissen Dritter zu blicken und sich deren bewährte Vorgehensweisen zu eigen zu machen.

Die Schwierigkeit beim Benchmarking liegt dabei darin, einen solchen Prozeß zum Nutzen aller Beteiligten zu gestalten, d. h. auch

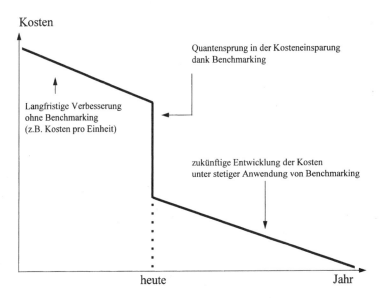

Kosten

Quantensprung in der Kosteneinsparung
dank Benchmarking

Langfristige Verbesserung
ohne Benchmarking
(z.B. Kosten pro Einheit)

zukünftige Entwicklung der Kosten
unter stetiger Anwendung von Benchmarking

heute

Jahr

Abb. 15 Die Z-Kurve von Xerox

zum Nutzen derjenigen, von denen „abgekupfert" werden soll. Dies
gelingt in der Regel dann, wenn mehrere Teilbereiche untersucht
werden und die Partner wechselseitig in dem einen bzw. anderen
Bereich ihre Stärken besitzen. Aus Wettbewerbern können somit
Partner werden, die im Rahmen ihrer Zusammenarbeit auf der Basis
gemeinsamer Prozesse Informationen über Ablaufverbesserungen
austauschen. Benchmarking läßt sich dabei unternehmensweit sowohl für Produkte, Dienstleistungen oder Prozesse anwenden. Folgt
man – so A. *Hoffjan* – dem Wertketten-Modell von M. *Porter* mit der
Unterteilung in primäre und unterstützende Tätigkeiten, so kann das
Benchmarking für die gesamte Wertschöpfungskette eines Unternehmens genutzt werden. Als Gegenstand einer Benchmarking-Studie
eignen sich die primären Aktivitäten wie Eingangslogistik, Produktion, Ausgangslogistik, Vertrieb sowie Kundendienst ebenso wie die
den Wertschöpfungsprozeß unterstützenden Bereiche von Personalwirtschaft, Technologieentwicklung und Beschaffung.

Das eigentlich Neue beim „**Messen am Klassen-Besten**" und somit beim Benchmarking ist der Vergleich mit Branchenfremden. Nur der Vergleich mit ihnen eröffnet im eigenen Markt echte Wettbewerbsvorteile. Erst dadurch ergibt sich die Chance, besser zu werden als es der Klassenbeste der Branche ist. „Je mehr man sich an den Besten mißt", so der *Xerox*-Manager *James Sierk*, einer der Pioniere des Benchmarking, „desto mehr akzeptiert man, daß andere Leute etwas sehr gut können, sogar besser als man selbst. Keine Firma ist in allem gut. Erst wenn man sich weltweit die besten Praktiken ansieht, wird man eine sehr gute Firma." „Keiner kann es sich heute noch leisten", so *Gloria Reyes* von der Eschborner Unternehmensberatung *Diebold*, „nur auf seinen eigenen Bauchnabel zu schauen."[73] Der branchenübergreifende Vergleich bietet somit den Vorteil, sich mit den innovativen Lösungen der Konkurrenz auseinandersetzen zu können, während ein Vergleich in der Branche immer nur die Chance bietet, zu den Besten aufzuschließen, nicht aber, diese zu überholen.

Ein weiterer nicht zu unterschätzender Vorteil des Messens an branchenfremden Unternehmen ist, daß sich diese eher in die Karten schauen lassen, als es die direkten Wettbewerber tun würden. Der Vergleich mit branchenfremden Unternehmen nimmt der Methode auch den Ruch der ordinären Industrie-Spionage. Aus Sicht von *Stauss/Friege* ist Benchmarking ein Mittel, um branchenbezogene Denkblockaden zu durchbrechen: Die Bank kann vom Fast-Food-Restaurant ebenso lernen wie der Autobauer von einer Fluggesellschaft (und umgekehrt).

Geschieht das Benchmarking ausschließlich in der eigenen Branche, dann haben wir es nämlich sehr schnell mit der altbekannten Konkurrenz-Analyse – so die Gegner des Verfahrens, Benchmarking ist jedoch mehr – zu tun, die leider immer noch nicht überall regelmäßig durchgeführt wird.[74] Autohersteller haben z. B. schon eine lange Tradition im Zerlegen der Konkurrenzprodukte bis auf die letzte Schraube. *Audi* etwa demontierte einen Außenspiegel von *Nissan*, um herauszufinden, warum dieser Spiegel etwa 30 Prozent billiger produziert werden konnte. Eine solche Analyse von einzelnen Komponenten und Funktionen der Konkurrenzprodukte hat in der Praxis weite Verbreitung und wird als **Reverse product engineering** bezeich-

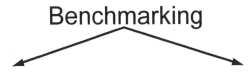

Benchmarking

internes Benchmarking

externes Benchmarking

Beim internen Benchmarking findet ein Vergleich zwischen einzelnen Teilbereichen des eigenen Unternehmens statt.

Beispiele hierfür sind der Vergleich unterschiedlicher Sparten, einzelner Werke oder verschiedener Distributionsläger eines Unternehmens. Auch der Vergleich mehrerer Unternehmen eines Konzerns gehört in diesen Bereich.

Das externe Benchmarking findet zwischen unterschiedlichen Unternehmen statt, wobei die Wahl des Benchmarking-Partners **branchenintern** oder auch **branchenübergreifend** erfolgen kann.

Abb. 16 Benchmarking-Varianten

net. Sie bildet oftmals den Ausgangspunkt für das eigentliche Benchmarking.

Ersichtlich ist aus dem bereits Gesagten, daß es diverse Grundtypen des Benchmarking gibt. Man differenziert in der Literatur zwischen internem, wettbewerbsorientiertem, funktionalem, Cost- sowie generischem Benchmarking. Beim **internen Benchmarking** werden Leistungsfähigkeit ähnlicher Unternehmenseinheiten oder Geschäftsabläufe verglichen. Das Verfahren dient in der Praxis dazu, Beteiligte mit der Methodik des Benchmarking vertraut zu machen. Die Wahrscheinlichkeit, hausintern globale Spitzenleistungen aufzuspüren, ist jedoch gering. Das interne Benchmarking kann somit nur zum Einstieg in die Thematik empfohlen werden und ist als Vorstufe zum **wettbewerbsorientierten Benchmarking** anzusehen, dem direkten Vergleich mit Wettbewerbern gleicher oder anderer Branchen. Beim **Cost-Benchmarking-Prozeß** geht es um (1) die Ermittlung der Wertschöpfung, (2) die Identifikation der wichtigsten kostentreibenden Funktionen, (3) der Bestimmung der Kostenstrukturen der Vergleichsbetriebe und (4) die Untersuchung der Quellen von Kostenunterschieden zwischen den am Prozeß beteiligten Unternehmen. Als bereits klassisches Beispiel für ein **generisches Benchmarking** mit branchenfremden Unternehmen zählt der Vergleich von *Xerox* mit dem Versandhändler *L. L. Bean* im Bereich der Ausgangslogistik. Durch den Vergleich konnte *Xerox* enorme Verbesserungen beim Lagerzugriff und dem Versand von Ersatzteilen erzielen. Inzwischen gilt *Xerox* nicht zuletzt wegen des Benchmarking als Musterbeispiel für ein Unternehmen, das eine Antwort auf die japanische Herausforderung gefunden hat. Bei der Leistungsbeurteilung zweier Unternehmen werden somit nicht nur finanzwirtschaftliche Kennzahlen betrachtet. Das sogenannte **Cost-Benchmarking** bildet zwar einen wichtigen Teilbereich, oftmals sind aber andere Kenngrößen und Ziele bedeutsamer, beispielsweise die Verkürzung von Entwicklungszeiten oder die Senkung der Fehlerrate bei der Rechnungserstellung.

In Deutschland hat man in einigen Branchen, z. B. bei Automobilzulieferern und in der Computerindustrie, bereits den Vorteil des Benchmarking erkannt. So besteht z. B. zwischen *IBM*, *Hewlett-Packard*, *Comparex*, *DEC* und weiteren Computerherstellern ein sehr offener und intensiver Daten- und Meinungsaustausch über ihre Prozesse und Methoden einschließlich gegenseitiger Betriebsbesuche.

Doch wie sieht ein Benchmarking-Prozeß im einzelnen aus? Professionelles Benchmarking verläuft nach *H. Langner* über sechs Stufen:

(1) Stärken-Schwächen-Analyse
(2) Festlegung der Haupt-Leistungs-Lücken
(3) Ermittlung der „Best of Class"
(4) Ursachen-Forschung und Methoden-Studium
(5) Umsetzung im eigenen Unternehmen
(6) und dies immer wieder von vorne.

Meilensteine dieses sechsstufigen Planes sind die Auswahl des Benchmarkingobjektes, die Identifizierung der Benchmarkingpartner und die Festlegung der Datenerhebungsmethoden.

Betrachten wir die sechs Stufen nun im einzelnen. In der ersten Stufe gilt es Stärken-Schwächen-Profile für das eigene Unternehmen und die wichtigsten Wettbewerber zu erstellen. Hierbei zählt die Sicht des Kunden. Sie sind diejenigen, die entscheiden, was Qualität ist. Praxiserfahrungen zeigen, daß die Konzentration auf das eigene Unternehmen zunächst Sinn macht. Stellen Sie zuerst Merkmale, Vergleichskennzahlen und Vorgehensweisen zusammen und suchen Sie erst danach geeignete Benchmarking-Partner. Durch diese Reihenfolge werden die zu erstellenden Stärken-Schwächen-Analysen am wenigsten verfälscht bzw. unbewußt manipuliert.[75] Im zweiten Schritt gilt es, die Hauptdefizite zu benennen. Sie werden einem systematischen Benchmarking-Prozeß unterzogen. Nachdem man nun die Problemfelder erkannt hat, muß man den Klassen-Besten ermitteln. Im Rechnungswesen könnten dies z. B. Banken sein, in der Logistik große Versandhäuser oder beim technischen Kundendienst typische Dienstleister. Die vierte Phase stellt den eigentlichen Kern des Benchmarking dar. Hier wird die Frage gestellt: Was macht den Klassen-Besten zum Besten? Dieser Prozeß ist zeitaufwendig und stellt in der Regel nicht nur einen Zahlenvergleich dar. Der Erfolg hängt zum einen von der Offenheit des Benchmarking-Partners und zum anderen von der Vergleichbarkeit der Situationen ab. Hierbei spielen „hard facts" (Zahlen) und „soft facts" eine Rolle. Letztere sind in der Regel nur durch ein intensives Studium zu erfassen. Benchmarking greift zu kurz, wenn nur Ergebnisgrößen verglichen werden. Der Ansatz der Verbesserung muß bei den Prozessen und damit auch beim Verhalten am Markt und im Unternehmen ansetzen. So schickt die Hotelkette *Marriot* seine Angestellten regelmäßig zum Übernachten in andere Hotels, wo sie anhand einer Prüfliste das Angebot und die Leistungen (z. B. Sauberkeit, Seifen- und Shampoo-Marken, Freundlichkeit der Mitarbeiter, Extra-Leistungen, usw.) bewerten. In der Phase fünf des Benchmarking-Prozesses gilt es nun, die neuen Ideen im eigenen Unternehmen umzusetzen. In diesem Rahmen sind Mitarbeiterschulungen oftmals unumgänglich. Denn der Erfolg der Umsetzung ist letztlich von deren Bereitschaft zur Veränderung und ihrer Motivation zur Übernahme neuer Methoden abhängig. Die letzte Phase, der sechste Schritt, fordert sie schließlich eindringlich auf, nicht beim Erreichten stehen zu bleiben, sondern weiter nach immer besseren Wegen zu suchen. Man ist nie der Beste in allen Bereichen.

Sander und *Brockmann* stellten das folgende 4-Phasen-Konzept zur Durchführung von Benchmarking-Studien vor:[76]

Nachfolgendes 5-Phasen-Konzept stammt von *H. Mehdorn* und *A. Töpfer*.[77] Ein dreiphasiges Ablaufschema stellen *Niemand/Scholl* vor.[78]

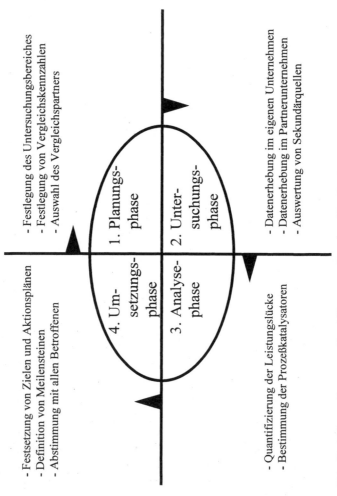

Abb. 17 4-Phasen-Konzept zur Durchführung von Benchmarking-Studien

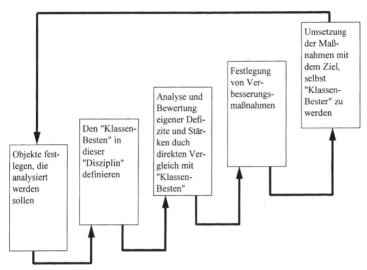

Abb. 18 5-Phasen-Konzept zur Durchführung von Benchmarking-Studien

Sie sehen, egal ob 4-, 5- oder 6-Phasen-Konzept, die Inhalte bzw. Ziele, die mit Benchmarking verfolgt werden, sind miteinander kompatibel. Benchmarking ist mehr als ein simpler Kennzahlenvergleich oder eine einfache Konkurrenzanalyse. Benchmarking ist ein kontinuierlicher, von den Mitarbeitern gelebter und zu tragender Vorgang, bei dem Produkte, Dienstleistungen, aber insbesondere Prozesse und Methoden betrieblicher Funktionen branchenübergreifend mit solchen Unternehmen verglichen werden, die beim jeweiligen Vergleichsobjekt einen Weltklassestandard besitzen.

Ziel beim Benchmarking-Prozeß ist es, aus den erarbeiteten Ergebnissen strategische Veränderungs- und zukünftige Leistungsziele abzuleiten. Identifizierte Schwächen führen in aller Regel zu einer Anpassung eigener Ziele.

Etabliert hat sich bereits so etwas wie ein **Benchmarking-Verhaltenskodex**: die getroffenen Vereinbarungen sind zu dokumentieren, sämtliche Informationen sind vertraulich zu behandeln, kein Partner darf auf der Herausgabe von Daten bestehen, zu deren Freigabe er selbst nicht bereit wäre, bei Konkurrenten ist die Analyse empfindlicher Bereiche zu vermeiden, für ergänzende Informationen bei Kunden und Lieferanten des Partners ist die Erlaubnis einzuholen. Aus den gewonnenen Informationen sind für keinen anderen Zweck als für das Benchmarking-Projekt Vorteile zu ziehen.[79] *B. Binder* formuliert den Verhaltenskodex für Benchmarking wie folgt:[80]

▶ **Prinzip der Legalität**

Benchmarking in allen Bereichen vermeiden, wo Zweifel an der Legalität bestehen. Nicht über Kosten sprechen, wenn diese direkt die Festlegung der Preise beeinflussen (Kartellrecht).

▶ **Prinzip des Tausches**

Willens sein, Informationen derselben Bedeutung und in demselben Umfang zu liefern wie die erhaltenen.

▶ **Prinzip der Vertraulichkeit**

Alle ausgetauschten Informationen vertraulich behandeln.

▶ **Prinzip der Verwendung**

Die erhaltenen Informationen nur dazu verwenden, um die Prozesse im eigenen Unternehmen zu verbessern. Sie nicht kommerziell verwerten. Keine Informationen über die Kontakte zwischen den Unternehmen an Dritte weitergeben.

▶ **Prinzip des Kontakts mit Partnern**

Die Unternehmenskultur der Partnerfirmen respektieren und gemäß gemeinsam abgemachte Vorgehensweisen zusammenarbeiten.

▶ **Prinzip der Kontakte mit Dritten**

Die Erlaubnis der Partner einholen, bevor auf Bitten um Informationen seitens Dritter eingegangen wird.

▶ **Prinzip der Vorbereitung**

Den Leistungswillen zum Benchmarking demonstrieren, indem man sich auf alle Sitzungen und jeden Informationsaustausch tadellos vorbereitet.

▶ Prinzip der Zuverlässigkeit

Sich bemühen, ohne Verzug jedes Versprechen an einen Benchmarking-Partner einzulösen.

▶ Prinzip des Verständnisses und des Verhaltens

Verstehen, wie der Benchmarking-Partner behandelt werden möchte. Ihn so behandeln, wie man selber behandelt werden möchte.

Erfolgreich durchgeführt, initiiert ein Benchmarking Verbesserungsprozesse im eigenen Haus und motiviert Mitarbeiter zur Leistungssteigerung. Dabei impliziert Benchmarking Veränderungen. Hauptvoraussetzungen für erfolgreiche, grundlegende Veränderungen sind die selbstkritische Betrachtung der Prozesse, Produkte und Leistungen des Unternehmens unter dem Motto **„Wir können uns verbessern"** oder **„Alles kann weiter optimiert werden"** und die Bereitschaft, Innovationen positiv anzunehmen, gemäß der Devise **„Wir können von anderen lernen."**

Denken Sie immer daran, daß der Benchmarking-Prozeß iterativ ist, d. h. daß er nach gegebener Zeit wiederholt werden sollte und eine einzelne Iterationsphase erst mit der Verarbeitung und Nutzung der gewonnenen Benchmarking-Ergebnisse endet. Wichtigster Part einer Benchmarking-Iterationsphase ist dabei wohl die (gegenseitige) Firmenbesichtigung der Benchmarking-Partner.

Horváth/Herter haben bereits 1992 die in der Praxis bei einem Benchmarking-Projekt vorzubereitenden Schritte einer Firmenbesichtigungen aus Sicht eines Ratsuchenden wie folgt formuliert:[81]

• Bestimmung der geeignetsten Kontaktpersonen bei dem Benchmarking-Partner.

• Entwicklung einer klaren Vorstellung über Zweck und Ziele der Besichtigung.

• Es hat sich herausgestellt, daß es am besten ist, das Interesse an der Entdeckung der besten Praktiken in der Industrie herauszustellen. Wenn dies bei einem Kontakt von Spezialisten getan wird, weckt dies das Interesse für einen Informationsaustausch.

• Vorbereitung einer Beschreibung der zu untersuchenden Themen als eine Richtlinie für die Besichtigung.

- Wenn das Unternehmen ein Kunde oder Zulieferer ist, sollte die Kontaktaufnahme mit dem zuständigen Vertreter oder Kundenbetreuer zur Unterstützung der Suche nach den geeigneten Bereichen und Ansprechpartnern erfolgen.

- Sicherstellung, daß die entsprechende interne Funktion dokumentiert ist und sowohl hinsichtlich der angewandten Methoden als auch der geeigneten Leistungsmeßgrößen Klarheit besteht.

- Die beste Teamgröße besteht aus zwei bis drei Personen. Vor der Besichtigung sollte der Führer sowie der Interviewer festgelegt werden.

- Vorbereitung einer Fragenliste mit zwei Schwerpunkten bei den Antwortmöglichkeiten: Die gegenwärtigen oder geplanten besten Methoden und Maßgrößen, die eine Bestätigung liefern, daß die besten Methoden tatsächlich vorliegen.

- Durchführung der Werksbesichtigung und Sammlung aller benötigten Daten.

- Während der Tour sollte die Gelegenheit genutzt werden, Notizen zu machen (Diktiergerät). Die Kernpunkte sollten so schnell wie möglich nach der Besichtigung festgehalten werden.

- Nach der Führung muß ausreichend Zeit zur Verfügung stehen, um eventuelle Unklarheiten über die Beobachtungen und Informationen beseitigen zu können.

- Bei Beendigung des Besuchs muß unbedingt ein klares Verständnis der erhaltenen Informationen vorliegen.

- Gegebenenfalls ist das Angebot eines Gegenbesuchs auszusprechen.

- Auswertung durch die Gruppe möglichst unmittelbar nach der Besichtigung: Eine gute Möglichkeit, um dies durchzuführen und einen Bericht vorzubereiten, ist es, die anschließende Besprechung mit einem Rekorder aufzuzeichnen. Die Diskussion sollte sowohl die Beobachtungen als auch die erhaltenen Informationen beinhalten.

- Ein Gebot der Höflichkeit ist die formlose als auch formelle schriftliche Danksagung an den Benchmarking-Partner für die Kooperation und aufgebrachte Zeit.

• Abschließend erfolgt die schriftliche Dokumentation der Besichtigung in einem Bericht.

Anhand dieser Liste sieht man die Komplexität des Benchmarking-Prozesses. Offensichtlich wird auch hieraus, daß das Benchmarking heute auch an der Seite von Consulting-Firmen durchgeführt bzw. von diesen als Dienstleistung angeboten wird.

Etabliert hat sich das auch für Berater neue Geschäftsfeld vornehmlich in den USA. Dort finden sich neben den Consulting-Firmen einige weltweit tätige spezialisierte Benchmarking-Serviceunternehmen, die die einzelnen Schritte beim Benchmarking begleiten, so z. B. die Firmenbesuche koordinieren oder auch die Partnerauswahl unterstützen. Als bedeutendstes Unternehmen ist wohl *Davis + Company* zu nennen. Ebenso gibt es in den USA bereits seit geraumer Zeit nicht nur regelmäßige Kongresse für Benchmarker, sondern auch Pools und Datenbanken. In der *Society for Competitive Intelligent Professionals (SCIP)*, die nur den Austausch von Daten und Methoden unter den knapp 5000 Mitgliedern zum Ziel hat, tauschen die großen der US-Wirtschaft von *3 M* bis *Black & Decker* gewohnheitsgemäß ihre Daten aus.[82] So weit sind wir in der Bundesrepublik jedoch noch nicht.

Die Erkenntnis, daß von der zielgerichteten Kommunikation mit anderen alle profitieren, setzt sich in der Bundesrepublik erst langsam durch. Die Benchmarking-Welle wird zur Zeit noch primär getragen von Unternehmen, die Niederlassungen in den USA haben oder selbst eine Niederlassung eines amerikanischen Konzerns sind. Wird jedoch das Instrument Benchmarking einmal weiter verbreitet sein, entsteht sicherlich auch hier so etwas wie ein Benchmarking-Tourismus, dem große Konzerne primär ausgesetzt sein werden. Um diesem Ansturm zu begegnen, werden sich wahrscheinlich Benchmarkingkonsortien mit Experten aus verschiedenen Unternehmen bilden, um über potentielle Benchmarkingthemen zu beraten. Dadurch werden wohl die kleinen und mittleren Unternehmen nicht mehr die Möglichkeit haben, unter allen benchmarkingwürdigen Unternehmen auszuwählen. Noch ist Zeit, unter den Besten zu wählen.[83]

Die Frage, wie die Japaner zum Benchmarking stehen, beantworten *Horváth/Herter* wie folgt: Die Firmenbesichtigungen der Japaner in europäischen und nordamerikanischen Unternehmen in den 60er und 70er Jahren sind heute legendär. In der japanischen Sprache kann das Bestreben, „der Beste der Besten" zu werden, auch durch ein einziges Wort zum Ausdruck gebracht werden: **dantotsu**.

Einige Warnungen jedoch abschließend zum Themenkomplex. Die sechs Benchmarking-Kardinalfehler sind:

- Benchmarking-Tourismus
- Mangelnde Umsetzung
- Übergehung betroffener Mitarbeiter
- Zu breite Definition des Benchmarking-Objekts
- Zu enger Blickwinkel bei der Auswahl des Benchmarking-Partners
- Betrachtung des Benchmarking als einmaliges Projekt und nicht als kontinuierlicher Prozeß.

Stellen Sie sich jetzt einmal die Frage nach möglichen Benchmarking-Objekten bzw. -Partnern und leiten Sie hieraus Ihre Vorgehensweise ab. Spüren Sie die Defizite in Ihrem Unternehmen systematisch auf. Skizzieren Sie Ihre Strategie

Beachten Sie: Benchmarking läßt sich sehr gut auch ins Umfeld der sogenannten Effizienzsteigerungsprogramme einordnen. Es ist als Analyse ideale Voraussetzung für Instrumente wie Gemeinkosten-Wertanalyse, Zero Base Budgeting, Total Quality Management und auch Business Process Reengineering.

Sollten Sie bereits auf einem Sektor der „Beste der Besten" sein, dann empfiehlt es sich folgenden Satz nie zu vergessen: **„Der beste Weg, die Nummer eins zu bleiben, ist: wie die Nummer zwei zu denken."** *(Pepsi Cola)*.

Potential-Analyse

Vielfach ist der erste Schritt hin zum Benchmarking eine Potential-Analyse. Nun werden Sie sich sicherlich fragen, warum diese Methode erst nach dem Benchmarking diskutiert wird. Ich gebe Ihnen recht. Sicherlich hätte man diese Thematik vor dem Benchmarking erörtern können, nur dann hätten Sie gesagt: „Was soll Benchmarking, wir haben doch unsere Potential-Analyse". Daß dem aber nicht so ist und

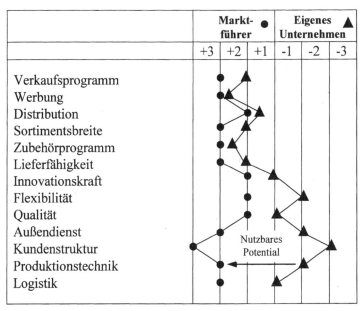

	Markt-führer ●			Eigenes ▲Unternehmen		
	+3	+2	+1	-1	-2	-3
Verkaufsprogramm						
Werbung						
Distribution						
Sortimentsbreite						
Zubehörprogramm						
Lieferfähigkeit						
Innovationskraft						
Flexibilität						
Qualität						
Außendienst						
Kundenstruktur						
Produktionstechnik						
Logistik						

Abb. 19 Potential-Analyse

Benchmarking nicht gleich Potential-Analyse ist, zeigt zum einen die Plazierung des Themas im Buch, was aber nicht Begründung genug sein soll und zum anderen und damit im wesentlichen die Beschreibung der Philosophie des Benchmarking sowie die noch anstehende Diskussion der Potential-Analyse.

Das Wesen der Potentital-Analyse, ähnlich dem Benchmarking ist es, Schwachstellen im Unternehmen offenzulegen, um es nach eingehender Analyse und Behebung derselbigen konkurrenzfähiger zu machen. Marktchancen erhöhen sich nur dann signifikant, wenn Sie Schwachstellen kennen und diese umgehend beseitigen.

Es wird an dieser Stelle vorab geraten, einmal im Jahr eine Potential-Analyse durchzuführen, um systematisch die genutzten und ungenutzten Potentiale im Unternehmen zu bestimmen. Hierzu sind zunächst die wichtigsten Kriterien festzulegen, die erfüllt werden müssen, um am Markt erfolgreich operieren zu können. Nach der Kriteriendefinition gilt es dann für das eigene Unternehmen und Wettbewerber, z. B. im Vergleich mit dem Marktführer – und damit haben wir die nicht zu leugnende Verwandtschaft mit dem Benchmarking –, die einzelnen Kriterien zu bewerten. Hierzu kann beispielsweise die folgende Darstellungsweise samt Skalierung herangezogen werden:

Um ein Profil wie obiges zu erhalten – und nur darum geht es bei der Potential-Analyse –, werden in der Regel Führungskräfte per Fragebogen (ohne Namensnennung, d. h. anonym) befragt. Die klassische Fragen lautet hierbei: „Wie stufen Sie Ihr Unternehmen im Bereich XY auf einer Skala von a (gut) bis z (schlecht) ein? Aus den erhobenen Antworten resultierende Mittelwerte stellen nach der Erhebung und Verdichtung der Einzelantworten die Basis obiger Grafik dar. Die Darstellung spiegelt somit das „tatsächliche Unternehmensprofil" aus Sicht der Befragten wieder. Es illustriert bei einem Vergleich mit Dritten, z. B. dem Klassenbesten, das noch nutzbare Potential in Einzelbereichen des Unternehmens.

Eine interessante Variante des Verfahrens basiert darauf, eine hausinterne Befragung mit einer Kundenbefragung zu koppeln bzw. diese Resultate vergleichend gegenüberzustellen.

Nach der Analyse gilt es nun, die deutlichsten Schwachstellen als Potentiale für zukünftige Verbesserungen anzusehen und diese sukzessive, d. h. nicht alle auf einmal, auszumerzen. Es wäre unklug, alle Positionen gleichzeitig verbessern zu wollen. Aus diesem Grunde sollte die Potential-Analyse auch wiederholt werden, um Verbesserungen im Zeitablauf erkennen zu können. Als geeigneter Turnus wird in der Praxis ein Jahr gesehen.

Die Potential-Analyse ist somit die Grundlage für eine einhergehende Überprüfung und Verbesserung der Strategien im Unternehmen. Sie dient dazu, Unternehmen auf Erfolgskurs zu bringen bzw. zu halten.

Kaizen

> „One step forward by 100 people is better
> than 100 steps forward by a single leader."
> *Kaizen-Philosophie*

Kaizen ist die Philosophie der ständigen Veränderung und der Flexibilität, um auf den Wandel der Umwelt reagieren zu können. Kaizen geht dabei von der Erkenntnis aus, daß es keinen Betrieb ohne Probleme gibt, deshalb wird eine Unternehmenskultur etabliert, in der jeder ungestraft das Vorhandensein von Problemen und damit Fehlern eingestehen kann, damit diese zukünftig präventiv verhindert werden können. Kaizen selbst ist zunächst in Japan propagiert worden und seit Jahren dort ein gefestigter Begriff in vielen Unternehmen. Kaizen wurde in Ostasien zur Philosophie einer ganzen Generation von Automobilherstellern. Diese Philosophie soll hier unter die Lupe genommen werden, da in Japan heute mit Kosten produziert wird, die rund ein Drittel unter denen der wichtigsten Konkurrenten liegen. Vor diesem Hintergrund ist die japanische Kaizen-Kultur eine Herausforderung, sich intensiver mit ihr, ihren Prinzipien und ihren Voraussetzungen auseinanderzusetzen.

Wörtlich bedeutet Kaizen, das sich aus „kai" gleich „Veränderung" und „zen" gleich „gut" bzw. „zum Besseren" ableitet, nichts anderes als ununterbrochene Verbesserung. Mit Kaizen ist damit eine Philosophie entstanden, die die stetige Verbesserung von Produkten oder Produktionsprozessen zu ihrem Hauptziel macht. Diese innerbetriebliche Philosophie wird dabei von jedem Mitarbeiter gestützt. Nur gemeinsam, in der Gruppe bzw. im Team lassen sich nachhaltig Verbesserungen herbeiführen, die gemäß der Kaizen-Philosophie aus einer Summe vieler Einzelvorschläge resultieren (**„the team is the hero"**). Hierbei gilt jeder Verbesserungsvorschlag zunächst als beachtenswert, wird in der Gruppe diskutiert und erst nach einem herbeigeführten Gruppenentscheid verworfen oder umgesetzt. Hieraus ist zwingend zu folgern, daß Kaizen eine Angelegenheit aller Mitarbeiter ist und somit zunächst nicht der westeuropäischen Mentalität entspricht. Sie ist geprägt von Egoismus und Aggressivität, Profilierungs-

und Durchsetzungswillen, Tugenden, die in Japan als Untugenden gelten. Sie widersprechen den Prinzipien des dortigen Gruppenmanagements.[84] Hieraus resultieren naturgemäß Probleme, wenn Kaizen vorbehaltlos und nicht an den Kulturraum adaptiert in deutschen Unternehmen etabliert bzw. umgesetzt werden soll. Unser betriebliches Vorschlagswesen ausbauen, jeden anhören und nicht sofort Verbesserungsvorschläge verwerfen wäre somit eine europäisierte Lean-Version des japanisch geprägten Kaizen-Gedankens. Statt dem „Ich" sollte das „Wir" unsere Unternehmen bestimmen. Ein Wir-Gefühl ist in Deutschland jedoch erst in Notsituationen zu erkennen, ansonsten dominiert in unseren Unternehmen das „Ich". Wie lange jedoch Heerscharen von Einzelkämpfern noch existieren können, bleibt abzuwarten. Ein Umdenken ist glücklicherweise bereits seit geraumer Zeit zu beobachten. Dies ist u. a. daran zu erkennen, daß die Hierarchien großer Moloche sukzessive abgebaut werden. Schlagkräftige Gruppenstrukturen ersetzen zunehmend diese prähistorischen Strukturen. Beschränkender Faktor für die Kommunikation innerhalb einer Gruppe ist dabei ausschließlich die Gruppengröße.

Um Kaizen erfolgreich einzuführen, müssen die Rahmenbedingungen behutsam den Erfordernissen angepaßt werden. Auch hier ist das Coachen von Mitarbeitern wesentlicher Bestandteil des innerbetrieblichen Veränderungsprozesses. Gemäß der japanischen Philosophie ist es zunächst wichtig, Mitarbeiter zu qualifizieren. Aus diesem Prozeß resultieren zwangsläufig bessere und somit qualitativ hochwertigere Produkte, da nur ausreichend qualifizierte Mitarbeiter einen Verbesserungsprozeß gestalten können. Nur sie sind in der Lage, konstruktiv an Neuerungen mitzuarbeiten bzw. diese zu entwickeln. Es gilt somit in einem ersten Schritt, die an einem Produktionsprozeß beteiligten Personen in ihren Fertigkeiten und Fähigkeiten zu schulen. Insbesondere sind **Kreativitätspotentiale** auszuschöpfen. Unterschiedlichen Begabungen und Intelligenzquotienten Einzelner ist bei der Auswahl der geeigneten Maßnahmen Rechnung zu tragen. Nach *A. Meckel*, Geschäftsführer des deutsch-japanischen Wirtschaftsbüros in Düsseldorf, ist Kaizen gerichtet auf die Einsparung von Energie, Material und Ressourcen, auf die Verbesserung des Arbeitsumfeldes, der Maschinen und Werkzeuge sowie auf die Verbesserung von Verwaltungsabläufen, Arbeitssicherheit, Produktqualität, Produktivität usw. Bei der Suche nach Einsparungspotentialen werden Probleme, die z. B. in Produktionsprozessen auftreten können, ausdrücklich begrüßt. Erkannte Probleme helfen, das Problemlösungspotential von Mitarbeitern zu wecken und schrittweise Produkte zu verbessern. Dies hilft, die Qualität zu verbessern und Break-even-Punkte zu senken. In seinem bereits zitierten Aufsatz stellt A. *Meckel* die Merkmale von Kaizen und Innovation in Tab. 3 zusammengefaßt gegenüber.

Die durch Kaizen hervorgerufenen Veränderungsprozesse vollziehen sich in einem japanischen Unternehmen in vier Phasen nach dem PDCA-Prinzip: Plan Do Check Action, wohingegen in Europa eher ein **„Please Don't Change Anything"** stehen dürfte. Vielfach habe ich schon von verantwortlicher Stelle hören müssen: „Sie können hier gerne etwas verändern, aber bitte erst, nachdem ich im Ruhestand bin". Nichts ist für ein Unternehmen so gefährlich wie Mitarbeiter, die nach einer solchen Philosophie leben. Zu viele Mitarbeiter sitzen heute in einem Elfenbeinturm und wollen nicht gestört werden. Diese wollen weder wissen, was beim Kunden gefragt ist, noch was sich in den Werkhallen tut. Eine fatale Situation!

Beim Kaizen geht die Initiative von der Gruppe aus. Anstöße von außen, die in unserem Lande wie oben dargestellt allzu häufig ignoriert werden, sind hierbei nicht notwendig, wenn der Gedanke und die Prinzipien von Kaizen einmal propagiert wurden. Ausgehend von einem Ist-Zustand versucht die Gruppe, eigenständig und unbeeinflußt durch „Planen, Tun, Checken, Aktion" einen neuen, verbesserten Standard zu etablieren. So entsteht ein Zyklus, der sich ständig wiederholt. Er wird in der Regel angestoßen durch erkannte Mißstände.

Betrachtet man europäische Führungstechniken, so stehen diese im krassen Gegensatz zum Kaizen. Viele Führungskräfte wählen als Problemlösungstechnik einen Zyklus, der aus den Phasen „Planen, Entscheiden, Anordnen und Kontrollieren" besteht. Diese Entscheidungs- und die damit verbundenen Weisungsstrukturen verhinderten in der Vergangenheit wiederholt in Unternehmen die Etablierung des

	Kaizen	Innovation
1. Effekt	langfristig und andauernd, aber undramatisch	kurzfristig, aber dramatisch
2. Tempo	kleine Schritte	große Schritte
3. Zeitlicher Rahmen	kontinuierlich und steigend	ununterbrochen und befristet
4. Erfolgschance	gleichbleibend hoch	abrupt und unbeständig
5. Protagonisten	jeder Firmenangestellte	wenige „Auserwählte"
6. Vorgehensweise	Kollektivgeist, Gruppenarbeit, Systematik	„Ellbogenverfahren", individuelle Ideen und Anstrengungen
7. Devise	Erhaltung und Verbesserung	Abbruch und Neuaufbau
8. Erfolgsrezept	konventionelles Know-how und jeweiliger Stand der Technik	technologische Errungenschaften, neue Erfindungen, neue Theorien
9. Praktische Voraussetzungen	kleines Investment, großer Einsatz zur Erhaltung	großes Investment, geringer Einsatz zur Erhaltung
10. Erfolgsorientierung	Menschen	Technik
11. Bewertungskriterien	Leistung und Verfahren für bessere Ergebnisse	Profitresultate
12. Vorteil	hervorragend geeignet für eine langsam ansteigende Wirtschaft	hauptsachlich geeignet für eine rasch ansteigende Wirtschaft

Tabelle 3: Merkmale von Kaizen und Innovation

Kaizen-Gedankens. Wurde er jedoch erfolgreich umgesetzt, dann konnte stets eine verbesserte Arbeitsmoral, eine verbesserte Leistungsfähigkeit und ein Hang der Mitarbeiter zur Selbstentfaltung, die natürlich geordnet in Bahnen kanalisiert werden muß, beobachtet

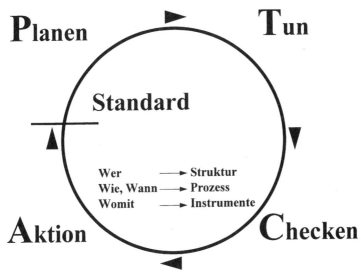

Abb. 20 PTCA-Zyklus beim Kaizen

werden. Stufenweise waren in solchen Unternehmen Verbesserungen sichtbar. Diese betrafen zunächst den eigenen Arbeitsplatz, dann den zugehörigen Arbeitsbereich und später, in der Regel erst nach einer Sensibilisierungsphase, komplexere Systeme und Verfahren. Faßt man bis dato Beschriebenes zusammen, so kann sich hieraus folgendes Gesamtbild ergeben:

Um zu einem solchen Konstukt zu gelangen bzw. dorthin zu führen, muß man sich etwas intensiver mit den Grundlagen des Kaizen auseinandersetzen. Das Funktionieren der Kaizen-Philosophie in Japan liegt primär an den typischen Merkmalen des japanischen Arbeitslebens. Sie wurden in *Gablers Magazin*, Nr. 6 – 7, 1995, wie folgt umrissen:

▶ **Problem- und Prozeßorientierung:** Bei Fehlern werden nicht Sündenböcke gesucht („Kultur des Anschuldigens"), sondern deren Ursachen. Die Japaner bedanken sich für das Finden von Problemen und sehen in Fehlern eine Chance, dazuzulernen. Schaffen Sie deshalb in Ihren Unternehmen eine „Kultur der Fehlertoleranz"!

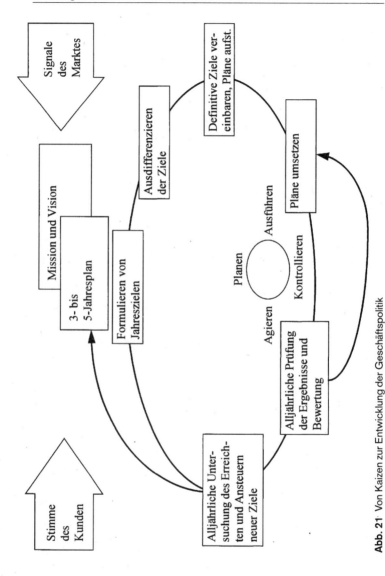

Abb. 21 Von Kaizen zur Entwicklung der Geschäftspolitik

▶ **Gruppenorientierung:** Es besteht eine lange Tradition (Zen-Ursprung), in Gruppen zu leben und zu arbeiten.

▶ **Senioritätsprinzip:** Erst nach langjähriger Betriebszugehörigkeit erreicht der Japaner Ansehen und ein entsprechendes Einkommen.[86]

▶ **Lebenslange Beschäftigung:** Dieses Prinzip, das die Mitarbeiter bei Rationalisierung vor dem Verlust ihrer Arbeitsplätze schützt, ist inzwischen aufgeweicht. Es erfolgt jedoch eine Segmentierung in Kern- und Randbelegschaften, was eine Weiterbeschäftigung der langgedienten Mitarbeiter zu niedrigeren Löhnen ermöglicht.

▶ **Konsensprinzip:** Dies zeigt sich insbesondere am „Ringi"-System: Ein Verbesserungsvorschlag läuft als Akte durch das gesamte Unternehmen und wird mit dem jeweiligen Namenssiegel auf dem Papier von allen Mitarbeitern akzeptiert oder weiter verbessert.

▶ **Partizipation** aller Mitarbeiter an der Weiterentwicklung des Unternehmens, jeweils auf der Ebene ihrer Tätigkeit, zum Beispiel in Form von Quality Circles (Jishu Kanri).

▶ **Konzentration** auf das Kerngeschäft („Core Business"): Japanische Unternehmen sind daran interessiert, ihre Kompetenz im Kerngeschäft zu erhöhen. Westliche Unternehmen dagegen suchen nach profitreichen Aktivitäten.

▶ **Beiräte** mit erfahrenen (ehemaligen) Mitarbeitern unterstützen die Unternehmensführung.

▶ **Halbjahres-Budgets** verhindern Verschwendung und zwingen zur Detailplanung. Weit verbreitet ist in Japan z. B. eine **Fünf-Jahres-Strategieplanung,** gekoppelt mit einer **zweijährigen Mittelfristplanung** und unterlegten **Halbjahres-Budgets.**

Viele dieser hier als typisch dargestellten Merkmale des japanischen Arbeitslebens sind konfliktlos auf deutsche Unternehmen übertragbar. Nicht adaptierbar sind die gesellschaftlichen Rahmenbedingungen Japans. Dazu zählen intakte Familien, hohes Bildungsniveau, Fleiß, eiserne Disziplin, Perfektionismus in der Leistungserbringung, Flexibilität, Innovationsfreude und der hohe Stellenwert der Arbeit. Diese Erfolgsfaktoren sind in Japan viel ausgeprägter als in Deutschland, wenn auch dort Tendenzen einer leichten Verflachung auszumachen sind.

Erfolgreich wurden in vielen Betrieben der Bundesrepublik in den letzten Jahren Beiräte etabliert, die der Unternehmensleitung vielfach sogar kostenlos zur Seite stehen. Sie setzen sich gleichermaßen aus ehemaligen Mitarbeitern und externen Seniorberatern, z. B. aus den Reihen der Seniorexperten, oder auch strategisch wichtigen Kunden zusammen.

Festzuhalten bleibt: Kaizen ist mehr als die Weiterentwicklung des klassischen betrieblichen Vorschlagswesens. Der Kaizen-Ansatz hat das Ziel, durch ein Mitarbeiter-Empowerment diese nicht nur mit einem größeren Selbständigkeitsgrad aktiv einzubeziehen, sondern ihre Kreativität und ihre Ideen für kontinuierliche Verbesserungen zu nutzen.

Bei *Mitsubishi Motors* resultierten z. B. in einem der Werke des Konzerns im Jahre 1991 aus der konsequenten Anwendung der Kaizen-Prinzipien insgesamt 66149 Verbesserungsvorschläge. Diese wurden von nur 956 Mitarbeitern erarbeitet, was einem Schnitt von 69 Vorschlägen pro Person entspricht. Die Durchführungsrate bei diesen Vorschlägen belief sich auf 84,6 Prozent. Bei den angewandten Vorschlägen werden die Wirksamkeit und der Aufwand bewertet und je nach Erfolg belohnt. Die höchste Belohnung beträgt nur ca. 100 DM. Positiver Nebeneffekt: Eine Vielzahl von Vorschlägen erhöht die Sicherheit am Arbeitsplatz. Verglichen mit den durchschnittlich 66,1 Vorschlägen, die pro Mitarbeiter in Japan gemacht werden, kommt man in den USA und in Europa jeweils nur auf 0,4.

Erfolgreich praktiziertes Kaizen schließt den Grundgedanken ein, bei der Arbeit jedwede Form von Verlust (MUDA) generell vermeiden zu wollen. *Y. Nakane*, Managing Director & Corporate, General Manager bei der *Mitsubishi Motors Corporation* in Tokio sagt: **„Alle Beteiligten sollen einen gemeinsamen Haß gegen MUDA entwickeln"**. Hieraus resultiert letztlich die große Zahl der von den Mitarbeitern formulierten Verbesserungsvorschläge. Nach *Y. Nakane* läßt sich MUDA unterteilen in operativen (betrieblichen) MUDA oder Verluste im Transportbereich, MUDA im Warenlager oder Verluste im Inventarbereich. Operativer MUDA ist Arbeit, die keinen Mehrwert erbringt, z. B. Gegenstände zu bewegen oder Handlungen vorzunehmen, die nichts mit der Produktion zu tun haben. MUDA im

Inventarbereich heißt Überproduktion und damit ein zu hoher Lagerbestand.

Typische Beispiele sind: Lagerbestände zwischen den Fertigungsschritten, zwischen den Arbeitsplätzen und zwischen den Firmen. Lager tragen nicht zur Erhöhung der Produktwertschöpfung bei. Die Größenordnung des hier vorhandenen Rationalisierungspotentials wird deutlich, wenn man berücksichtigt, daß durchschnittlich nur ca. 5–20 % der Durchlaufzeit erforderlich sind, um die betriebliche Wertschöpfung eines Produkts zu erstellen. Die übrigen Anteile entfallen auf nicht wertschöpfungsbezogene Tätigkeiten wie Lager-, Transport- und Rüstvorgänge, Ausschuß oder Nacharbeiten.[87] Dabei können, wie die Abb. 22 zeigt, Durchlaufzeiten in der Fertigung deutlich gesenkt werden.

Anpassungen wie in der Darstellung suggeriert müssen nicht ad hoc sondern können schrittweise, gemäß dem Kaizen-Prinzip, von Mitarbeitern erarbeitet werden. Es ist die Summe der kleinen bzw. kleinsten Verbesserungen, die den Erfolg ausmacht.

Das in Abb. 22 dargestellte Prinzip fand isoliert vom Kaizen-Gedanken unter dem Namen *Time Based Management* (TBM) Einzug in die Managementlektüre. TBM sorgt für kurze Durchlaufzeiten durch das Verbessern und Straffen der Prozesse. Das Hauptaugenmerk liegt dabei auf der Elimination wertschöpfungsloser Aktivitäten. TBM betont die ständig wachsende Bedeutung des Faktors *Zeit*. Der Faktor *Zeit* hat heute im globalem Wettbewerb die ausschlaggebende Bedeutung für den Erfolg eines Unternehmens. Marktveränderungen erfordern schnelle und kostengünstige Reaktionen. Typische Anwendungen des TBM-Gedankens finden sich auch in Just-in-Time-Systemen.

Es zeigte sich in der Vergangenheit, daß nicht nur amerikanische Unternehmen das vorwiegend in Japan bekannte Kaizen-Prinzip erfolgreich übernehmen konnten, sondern daß die Grundidee – entsprechend angepaßt – auch in deutschen Unternehmen vergleichbare Erfolge gebracht hat.

In Deutschland wurde das Prinzip des Kaizen auf den kontinuierlichen Verbesserungsprozeß (KVP) übertragen. Kaizen und KVP verfolgen im wesentlichen die gleichen Ziele. Ziel aller Kaizen/KVP-

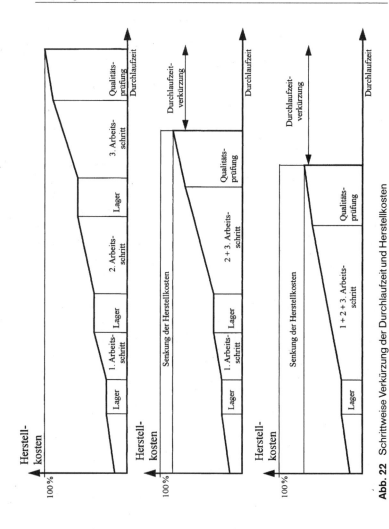

Abb. 22 Schrittweise Verkürzung der Durchlaufzeit und Herstellkosten

Maßnahmen ist es, die Faktoren *Zeit, Kosten* und *Qualität* in tech-nisch-betriebswirtschaftlicher Hinsicht zu optimieren.[88]

Die Übertragung japanischer Managementmethoden auf deutsche Unternehmen ist gelungen, wie zahlreiche Erfolgsmeldungen bewei-sen. So hat beispielsweise die *VW AG* durch die Einführung eines kontinuierlichen Verbesserungsprozesses signifikante Leistungsstei-gerungen erreicht: Wie *Rainer Thiede*, Projektleiter des KVP, berich-tete, erreichte *VW* durch Produktionsablaufoptimierung in der Ferti-gung Qualitätsverbesserungen bis zu 100 Prozent, Produktivitätsstei-gerungen bis zu 200 Prozent und Durchlaufzeiterhöhungen bis zu 73 Prozent.[89]

Eng verbunden mit der Kaizen-Philosophie ist in Japan das Bild der Schildkröte. Sie ist in Japan ein Symbol für langsame, aber kontinu-ierliche Fortbewegung. Bei *Mitutoyo*, einem japanischen Hersteller von Meßwerkzeugen, hängt z. B. neben jeder Maschinengruppe das Foto einer Schildkröte. Auf ihrem Panzer wird täglich, für alle sicht-bar, jeder Null-Fehler-Tag des Monats mit einem grünen Pin markiert. Tage mit Fehlern werden mit roten Pins versehen. Dadurch werden Prozesse im Unternehmen nicht nur zunehmend beherrscht, es steigt auch permanent ihr Standardniveau.[90] Letztendlich verwirklicht Kai-zen einen permanenten „Learning-by-doing"-Prozeß in kleinen und deshalb durchführbaren Schritten.

Stellen Sie sich einmal die Frage, ob und wie die Kaizen-Philo-sophie in Ihrem Unternehmen eingeführt werden könnte. Welche Hindernisse bestehen? Welcher Erfolg wäre zu erwarten?

Total Quality Management

„Baue Qualität in den Prozeß."

Als Motor für das sogenannte Total Quality Management (TQM) wird heute das japanische Kaizen angesehen, welches alle Elemente (eines Prozesses) hinterfragt und Verbesserungsmaßnahmen einleitet nach der bereits bekannten Devise **„Wer aufhört, besser zu werden, hat aufgehört, gut zu sein."** Die Grundprinzipien des TQM wurden bereits in den 30er Jahren in den USA formuliert, aber erst Jahrzehnte später in Japan perfektioniert und in die Praxis umgesetzt. Heute gilt der inzwischen aus Japan (re-)importierte Ansatz sowohl in den USA als auch in Europa, insbesondere in Deutschland, als eines der bedeutendsten Managementkonzepte. Immer mehr der großen Industrie- und Dienstleistungsunternehmen folgen dem allgemeinen Trend und generieren zur Zeit mittels TQM einen Prozeß der ständigen Verbesserung von innerbetrieblichen Abläufen und außerbetrieblichen Marktleistungen.

Total Quality Management fördert eine kundenorientierte Qualitätsphilosophie, um in einer ganzheitlichen Konzeption alle Wertschöpfungsphasen auf die Erfüllung der Kundenerwartungen in Bezug auf die Qualität der Produkte bzw. Dienstleistungen auszurichten.

Total Quality Management ist ein langfristiges, integriertes Konzept, um die Qualität von Produkten und Dienstleistungen einer Unternehmung in den Bereichen Entwicklung, Konstruktion, Fertigung und Kundendienst durch die Mitwirkung aller Mitarbeiter zu günstigsten Kosten zu gewährleisten und kontinuierlich zu verbessern, um eine optimale Bedürfnisbefriedigung der Konsumenten zu ermöglichen.[91] Qualitätsschwüre dürfen hierbei keine bloßen Lippenbekenntnisse sein. Das Bemühen um Qualität hat dabei generell eine gesamtunternehmerische Bedeutung. Diese zentrale Verantwortung läßt sich nicht delegieren.[92]

„Total quality management is a systematic learning process that achieves a culture of customer focus and quality through continuous business improvement."

TQM kann aber nur im makroökonomischen Umfeld erreicht werden. So sagt *Louis Schweitzer* von *Renault*: „Eine Firma, sogar eine große wie *Renault*, kann nicht in der Isolation an Qualität arbeiten. Wir bauen Autos, aber wir verwenden auch die Produkte und Dienstleistungen von anderen, speziell europäischen Firmen. Wenn sie sich nicht um totale Qualität bemühen, tragen unsere Produkte die Spuren ihrer mangelhaften Qualität. Unsere Lieferanten sind aber auch die Lieferanten unserer Konkurrenten. Und wenn diese eine andere Strategie haben als wir, dann wird die Effizienz unserer Lieferanten sinken."

Die Kerngedanken des Total Quality Management können nach *Stadelmann/Lux* in diesem Kontext in sechs Punkten formuliert werden:

▶ **Kundenorientierung**: Das Unternehmen und somit alle Wertschöpfungsprozesse sind auf den Kunden ausgerichtet.

▶ **Zero-Defects**: Fehler im innovativen Bereich werden als Lernquelle angesehen; bei Routinetätigkeiten wird versucht, Fehler gemäß dem Null-Fehler-Prinzip zu vermeiden.

▶ **Kaizen**: Ständige Verbesserung der Prozesse.

▶ **Eigenverantwortung**: Verantwortlichkeit aller für Qualität, u. a. durch das Prinzip des internen Kunden.

▶ **Kernkompetenzen**: Ausbau traditioneller Stärken und Erfolgspositionen des Unternehmens.

▶ **Prozeßführung**: TQM muß von der Geschäftsleitung initiiert und geführt werden.

Der wesentliche Vorteil dieser Management-Philosophie liegt darin, daß das Potential aller Mitarbeiter genutzt wird und sie selbst für die Qualität ihrer Arbeit verantwortlich sind. Gerade japanische Firmen, die TQM in den letzten Jahren konsequent umsetzten, verbuchten eine Vielzahl wirtschaftlicher Erfolge. Doch auch westliche Firmen, wie z. B. *Motorola, Xerox* oder *IBM* machten sich TQM als strategische Philosophie zunutze. Sie erzielten zum Teil erhebliche Produktivitätsverbesserungen und Qualitätssteigerungen. Da TQM eine Abkehr von tayloristisch zergliederten Arbeitsprozessen und die Ablösung traditioneller Endkontrollen durch kontinuierliches Kontrollieren des Prozeßablaufes propagiert, wirkte sich TQM auch positiv auf Motivation und Leistung der Mitarbeiter aus.

Diesen positiven Aspekten stehen jedoch auch Nachteile, so *Stadelmann/Lux*, gegenüber. Total Quality Management propagiert die ständige Verbesserung bzw. den Fortschritt in kleinen Schritten, vernachlässigt aber die Verbesserung der zugrunde liegenden Strukturen. Mit anderen Worten: die Prozeßorientierung wird nur halbherzig, z. B. in Form von Teambildung, vorgenommen und nicht so weit geführt, wie es vor allem durch den Reengineering-Ansatz postuliert wird. Das alte, von *A. Smith* begründete und von *F. W. Taylor* perfektionierte Prinzip der Arbeitsteilung hat heute bereits seine Bedeutung zugunsten des Prinzips der Prozeßorientierung verloren. Es aufrecht zu erhalten wäre fatal.

Methoden und Werkzeuge des TQM wie Quality Awards, ISO-9000-Zertifizierung und CAQ-Systeme unterstützen die Unternehmen bei der Realisierung eines unternehmensweit einheitlichen Qualitätsmanagements. Der „Triumphzug" des TQM wird begleitet und zugleich gefördert durch die Auslobung von öffentlich wirksamen Qualitätspreisen, wie den *Deming Award* (Japan), den *Malcom Baldrige National Quality Award* (USA) oder in Europa den *European Quality Award*. Daß es sich beim *Baldrige National Quality Award* nicht um irgendeinen Industriepreis handelt, sondern diesem enormes Prestige beigemessen wird, ist schon daraus ersichtlich, daß er durch den Präsidenten der Vereinigten Staaten persönlich überreicht wird. Er wurde im Jahre 1988 erstmalig vergeben. Im Jahre 1990 wurden bereits über 180000 Bewerbungsrichtlinien verteilt.

Der European Quality Award wurde erstmalig 1992 vergeben, und inzwischen gibt es ähnliche Preise in allen großen Industrieländern der Welt – nur nicht in Deutschland. In Deutschland wird zertifiziert. Im Gegensatz zur Praxis in Deutschland und anderen Teilen Europas ist bei den exzellenten US-Unternehmen keine Zertifizierungseuphorie festzustellen. Sie haben festgestellt, daß die Gleichung „Zertifikat = implementiertes TQM" nicht aufgeht und zertifizieren sich vielfach nur, um mit Kunden aus Europa im Geschäft zu bleiben.

Zunehmend gilt heute weltweit in den Unternehmen die Prämisse: **Qualität steht vor Gewinn**. Denn der ökonomische Erfolg stellt sich von selbst ein, wenn der Kunde von der Qualität eines Produktes überzeugt ist. Ganz ähnlich geht auch die Hotelkette *Ritz-Carlton* davon aus, daß hohe Mitarbeiterzufriedenheit zu hoher Kundenzufriedenheit führt, dies wiederum zu „zufriedenen und glücklichen Hoteleigentümern". Bei *Federal Express* spricht man explizit von der „Mitarbeiter-Service-Gewinn-Philosophie": „Sorge für unsere Mitarbeiter; die wiederum werden den einwandfreien Service erbringen, den unsere Kunden nachfragen. Unsere Kunden werden uns dann mit der Rendite belohnen, die zur Sicherung unserer Zukunft notwendig ist. Mitarbeiter-Service-Gewinn, diese drei Worte sind die entscheidende Grundlage von Federal Express".[93] *Bill Levine (IBM)* sagt in diesem Kontext treffend: „Qualität muß eingebaut, nicht hinzugefügt werden."

In vielen Unternehmen wird heute zudem das Ziel der konsequenten Minimierung der Produktionsfolgekosten in den Vordergrund der Bemühungen gestellt.

Betrachten wir hierzu einmal das Lieferanten-Hersteller-Spannungsfeld. Offensichtlich ist aus Herstellersicht nicht das billigste Bauteil auf lange Sicht das preiswerteste – das mag auf der Hand liegen, verdient aber ausdrückliche Beachtung. Sind die durch Qualitätsmängel verursachten Kosten erst einmal abgerechnet – Kosten aufgrund von Ausfallzeiten, Nachbesserungen, Ausschuß, Garantiearbeiten, Rechtskosten und ähnlichem –, können sich die billigsten Teile leicht als die kostspieligsten erweisen. Heute zählt nicht primär der niedrigste Angebotspreis, sondern Qualität. **Nichts ist teurer als schlechte Qualität.**[94]

Ein Rat: Führen Sie frühzeitig in Ihrem Unternehmen ein „**Leadership Through Quality**"-Programm ein. Der TQM-Ansatz ist nach wie vor von hoher Bedeutung und findet sich in vielen Managementkonzept-Entwicklungen wieder. Durch Qualitätszirkel und ISO 9000-Zertifizierungen wird TQM häufig institutionalisiert, wobei – trotz aller Kritik an der ISO-Norm – festzuhalten ist, daß in ihr als Kern das TQM-Konzept enthalten ist.

Veränderungsprozesse sind allerdings weder kurzfristig realisierbar noch ohne Konflikte und Widerstände durchzusetzen. So sagt *Horst Schultze*, der charismatische Chairman von *Ritz-Carlton*: „Es gibt drei Widerstandsgruppen gegen Total Quality Management: Topmanagement, Mittelmanagement und unteres Management".[95]

Das Ziel aller TQM-Bestreben kann am besten durch die nachfolgenden Visionen exzellenter Unternehmen subsummiert werden. Sie waren die Gewinner des Malcolm Baldrige National Quality Award in den Jahren 1994 bzw. 1992.

„Hundertprozentige Kundenzufriedenheit durch Qualität."
GTE Directories, Gewinner 1994

„Hundertprozentig zufriedengestellte Kunden,
die den Ritz Carlton Hotels treu bleiben und
sie weiterempfehlen."
Ritz Carlton, Gewinner 1992

In diesem Sinne sagt *D. Kearns* von *Xerox*: „Qualität ist ein Rennen ohne Zieleinlauf." Stellen Sie sich nun doch einmal die Frage, wie Sie die Qualität Ihrer Arbeit im direkten Umfeld produktspezifisch zum Vorteil des Unternehmens steigern können.

Business (Process) Reengineering

> „Nach der sanften japanischen Lean-Küche
> jetzt die amerikanische Radikalkur?"

Business Reengineering (man spricht auch vom Business Redesign) ist zweifellos ein hochaktuelles Schlagwort, sicherlich auch ein Modetrend, es ist jedoch keine neue Wunderwaffe und kein Instrumentenkasten. Als *"the hottest management concept since the quality movement"* und *„the greatest impact on organizational theory since Fredrik W. Taylor"* wurde das Reengineering angekündigt. Imposante Erfolgsmeldungen aus der Praxis führten zu einer euphorischen Propagierung vor allem in populärwissenschaftlichen Publikationen. Gleichzeitig mit der Ernüchterung, daß *„Reengineering auch ein Hammer sein kann, der nicht immer den Nagel trifft"*, kommt es gegenwärtig zu einer fundierten wissenschaftlichen Diskussion und Weiterentwicklung des Reengineering.[96]

„Was ist nun Business Reengineering und was bringt es den Unternehmen?", eine in der Vergangenheit allzu häufig gestellte Frage, die hier ihre Beantwortung finden soll. Ganz allgemein kann Business Reengineering als Instrument zur Strukturoptimierung im bzw. von Unternehmen angesehen werden. **Business Reengineering bedeutet für die Unternehmen Umbau statt Anbau.** Business Reengineering fordert dabei im Zuge des Umbaus neue Denkweisen und schafft neue Strukturen. Den Ausgangspunkt für die Umstrukturierung bildet eine klare Definition der eigentlichen (neuen oder alten) Kerngeschäfte und eine Konzentration der Kräfte auf die kritischen Erfolgsfaktoren. In einem ersten Schritt müssen die gewachsenen Strukturen in den Unternehmen analysiert und in einem zweiten Schritt sodann optimiert werden. In diesem Zusammenhang lautet die Grundhypothese des Reengineering: Große Änderungen haben eine große Wirkung, und kleine Änderungen haben eine kleine Wirkung im Sinne des angestrebten Wandels. Gemäß dieser Philosophie gilt somit: Je fundamentaler, radikaler und dramatischer der Wandel ist, desto nachhaltiger wird auch seine Wirkung bei der Schaffung von Wettbewerbsvorteilen einerseits und Steigerung des Kundennutzens andererseits sein.[97]

Ein nachhaltiger betrieblicher Wandel erfordert immer eine erhebliche Veränderung der Menschen. Ohne solche Veränderungen bei den Kenntnissen und Fähigkeiten der Menschen und bei ihrem Verhalten im Arbeitsprozeß werden veränderte Technologien, Abläufe und Strukturen kaum langfristige Vorteile bringen. Es kommt entschieden auf die Menschen an, wenn es um die Leistung der Organisation geht – sie liefern Ideen zum gewinnbringenden Wandel.[98]

Im Business Reengineering werden die Manager aufgefordert, den „way to do business" völlig neu zu überdenken. Wirf weg, was nicht funktioniert, und fang noch mal von vorne an heißt die Botschaft. Unternehmen und Manager müssen sich fragen: **„Warum machen wir das überhaupt?"** oder **„Weshalb machen wir das überhaupt, was wir derzeit machen?"**.

Die Grundidee des Business Reengineering besteht darin, Unternehmen nicht mehr *vertikal* nach Funktionen, sondern *horizontal* nach Prozessen zu strukturieren. Ziel ist es dabei, durchgängige Prozesse ohne Schnittstellen vom Lieferanten bis zum Kunden zu gestalten, um eine „kundenorientierte Rundumbearbeitung" zu erreichen.[99]

Im Gegensatz zum Business Process Reengineering, welches sich auf die ganzheitliche Neugestaltung eines einzelnen produktiven Prozesses, beispielsweise der Auftragsabwicklung oder der Kundenbetreuung bezieht und daher einigermaßen überschaubar ist, widmet sich das Business Reengineering der Neuordnung des gesamten Unternehmens aus Sicht des informationsorientierten Managements.[100] Das Business Process Reengineering setzt somit bei einzelnen Prozeßabläufen an und ist Auslöser für deren Reformierung. Dabei wird neben der Ablauforganisation gleichermaßen die Aufbauorganisation betrachtet. Ebenso sind Arbeitsweisen, Wertesysteme und die Formen der Zusammenarbeit zu bewerten. Im Rahmen eines Business Process Reengineering geht es somit um die operative Planung von Neugestaltungen produktiver Prozesse. Hierbei wird der eigentlich betrachtete Prozeß strukturiert analysiert und unter Berücksichtigung des Umfeldes weiterentwickelt. Eine gänzlich isolierte Betrachtung einzelner Prozesse ist in der Regel jedoch nicht möglich. Die bereits oben genannten Unternehmensbereiche Auftragsabwicklung und Kundenbetreuung sind zum Beispiel nicht losgelöst von der Produktion oder dem Vertrieb neu zu gestalten. Da das Umfeld beim Business Process Reengineering eine nicht unbedeutende Rolle spielt, gelangt man schnell zu einem – vielleicht auch ungewollten – Business Reengineering. Beim Business Reengineering geht es letztlich um die optimierende Koordination aller im Unternehmen ablaufenden Prozesse. Ziel von Prozeßänderungen ist dabei die Erhaltung bzw. Schaffung von signifikanten Wettbewerbsvorteilen, wobei das Business Reengineering oft weniger angelehnt an ein starres Konzept erfolgt, sondern die Methode als solche eher als Philosophie, wenn nicht gar als Vision anzusehen ist.

Im Business Reengineering werden somit die Prozesse als wichtigste kompetitive Faktoren eines Unternehmens betrachtet. Statt „process follows structure" heißt es nun „structure follows process".

Im Rahmen des Business Reengineering wird heute z. B. die Abkehr von der auf Papier aufbauenden Organisationskultur vieler Unternehmen propagiert oder die Schaffung dynamischer **virtueller Unternehmen** angeregt. Dies ist eine logische Konsequenz aus der heute möglichen weltweiten Vernetzung von Unternehmen. Aus dieser Entwicklung schließt *K. W. Otten*, daß sich durch das konsequente Business Reengineering auf breiter Ebene die Formen der Erwerbstätigkeit langsam verändern. Für einen wachsenden Prozentsatz der Tätigen wird eine jährlich schwankende Teilzeitbeschäftigung bei mehreren Arbeitgebern anstelle einer festen Anstellung mit einer x-Stundenwoche treten. Diese Entwicklung entspricht der Gedankenwelt der virtuellen Unternehmen ebenso wie dem Wunsch nach mehr persönlichen Freiräumen sowie der Möglichkeit der Home- bzw. Telearbeit. Hieraus resultiert bereits heute in Einzelfällen die Freiheit der Wahl des Arbeitsortes für Team-Mitarbeiter. *K. W. Otten* konstatiert in diesem Kontext: „Business Reengineering ist, um einen anderen Modebegriff zu gebrauchen, eine Komponente einer Unternehmenskultur, die für das erfolgreiche Management des strukturellen Wandels den Rahmen bildet, die befruchtende Infrastruktur schafft und als treibende Kraft dem Wandel die Richtung weist."

Auslöser für einen solchen Veränderungsprozeß ist heute die permanente Weiterentwicklung der Technik, wobei im Vordergrund die Informationstechnik zu sehen ist.

Evolutionäre Entwicklungen ziehen hierbei in Unternehmen Anpassungen nach sich, revolutionäre Neuerungen und Innovationen verlangen hingegen Neugestaltungen.

Es bleibt die Frage nach einer Systematik zur Einführung bzw. Neugestaltung von Prozessen und Arbeitsabläufen im Sinne eines Business Reengineering, da hierbei vielfach Infrastruktur und Kultur eines Unternehmens, ausgelöst von evolutionierenden oder gar revolutionierenden Anforderungen der Wirtschaft, betroffen sind. Auch hier gilt die Erkenntnis: Änderungen müssen von unten getragen werden.

Für Unternehmen ist das regelmäßige Überdenken ihrer Strukturen lebenswichtig, für viele eine Chance zur Verbesserung der Wettbewerbsvorteile, aber nur für wenige gänzlich ohne Bedeutung. Zu erkennen, daß Dritte neue Wege eingeschlagen haben, ist für das weitere Wachsen oder Bestehen eines Unternehmens oder nur eines Teilbereiches Grund genug, sich frühzeitig mit innovativen Konzepten auseinanderzusetzen. Veränderungsprozesse berühren in den seltensten Fällen nur einen Bereich eines Betriebes. Vor dem Reengineering gilt es, z. B. das Unternehmen zunächst als Ganzes zu erfassen und sich nach einer Beurteilung der Teilbereiche/Teilfunktionen ausgehend von der ermittelten IST-Struktur auf eine gemeinsam getragene Zielrichtung (SOLL-Stuktur) zu verständigen.

Graphisch läßt sich ein solcher Prozeß mit Hilfe des Reengineering-Kilatgraphs wie nebenstehend darstellen.[101]

Weitere Unterstützung findet man heute in Reengineering-Projekten durch entsprechende Software-Tools. Zusammengefaßt besitzen sie folgende Funktionen, wobei die an sie gerichteten funktionalen Anforderungen ungewöhnlich hoch sind:

• Geschäftsprozeßanalyse
• Prozeß-Flowchart

- Geschäftsprozeßsimulation
- Projektmanagement
- Personalplanung
- Unternehmensweite/-übergreifende Dokumentation von Verbesserungsmaßnahmen
- Prozeßkostenrechnung
- Stellen-/Funktionsbewertung
- Durchlaufzeitenerhebung.

Ein solches Reengineering-Tool muß somit für die einzelnen Prozesse Flowcharts, Analysen, Kosten und Optimierungsmaßnahmen einschließlich Projekt- und Personalplanung darstellen und auch integrierte Schnittstellen zu CASE und Informationssystemen aufweisen. Ein solche Software muß somit zwingend eine dem immensen Anspruch des Reengineering ebenbürtige Funktionalität besitzen. Dennoch: Tools alleine können die mit dem „Human Factor" einhergehenden Probleme nicht lösen.

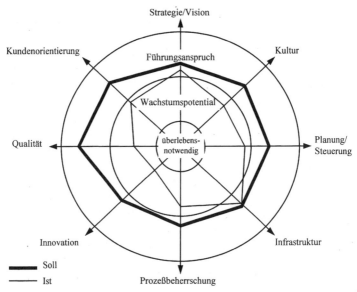

Abb. 23 Reengineering-Kilatgraph

126

▶ **Die Leitsätze von Business Reengineering:**

Nicht Reorganisation vorhandener Abteilungen und Optimierung überkommener Abläufe, sondern die

• **völlige Neugestaltung der erfolgskritischen Geschäftsprozesse des Unternehmens**

und nicht die Automatisierung überkommener Abläufe, sondern die

• **Ablösung alter organisatorischer Abläufe (und Programmsysteme) durch völlig neu konzipierte integrierte Arbeitsweisen**

stehen im Mittelpunkt eines erfolgreichen Business Reengineering. Hier stellt sich spätestens die Frage: Ist Business Reengineering etwas gänzlich Neues oder wurde Altes neu verpackt? Die Antwort lautet bei *Osterloh/Frost* „sowohl als auch". *The Economist* schreibt hierzu treffend: „Business Reengineering ist ein Management Mongrel", d. h. eine Mischung aus bekannten Ansätzen und neuen Ideen mit japanischen und amerikanischen Elementen. Eine Meinung, der man sich unbedenklich anschließen kann.

Die nebenstehende Tabelle stellt die grundlegenden Differenzierungsmerkmale von Kaizen und Reengineering einmal vergleichend gegenüber, bevor nachfolgend die Erfolgsfaktoren des Business Reengineering zusammengefaßt werden.[102]

Die generellen Erfolgsfaktoren des Business Reengineering sind:[103]

• Initiative und Unterstützung durch die Unternehmensführung,
• Manager als Initiatoren des Wandels und als Vorbilder,
• Genaue und herausfordernde Zielvorgaben,
• Kommunikation und Dialog mit Mitarbeitern/Team-Ansatz,
• Eingehen auf die Bedürfnisse und die Motivation der Mitarbeiter,
• Anbindung an die Produkt- und Marktstrategie/Kundenorientierung,
• Kultureller Wandel/Veränderungsmanagement sowie
• die Anpassung der Anreizsysteme.

Denkt man nun an die praktische Umsetzung des Business Reen-
gineering-Gedankens, dann sind nach *Schmidt/Treichler* folgende
Phasen/Schritte zu durchlaufen:

(1) Identifikation von Kernprozessen

- Bestimmung der Erwartungen von Kunden an die Leistungen des
  Unternehmens
- Welches ist die vom Kunden gewünschte Wertschöpfung?
- Über welche Kernkompetenzen verfügt unser Unternehmen?
- Welche Haupttätigkeiten tragen zu der vom Kunden gewünschten
  Wertschöpfung bei?
- Welche Haupttätigkeiten tragen unseren unternehmerischen Fähig-
  keiten Rechnung?

(2) Vergleich zwischen gegebenen Prozessen und definierten Kernprozessen

- Wo ergibt sich Handlungsbedarf?
- Bildung von Qualitätsstandards
- Übereinstimmung zwischen Kernkompetenzen und existierenden
  Prozessen?
- Soll/Ist-Vergleich und Definition meßbarer Zielvorgaben
- Optimierung/Neugestaltung von Prozessen

(3) Steuerung der Kernprozesse

- Laufende Revision der Meßgrößen
- Überprüfung und Weiterentwicklung der Kernkompetenzen und
  Qualitätsstandards

Wenn ein Business-Reengineering-Prozeß praktisch Gestalt an-
nimmt und letztendlich zum Erfolg führen soll, so könnte dies in
mehreren Schritten, angelehnt an das obige Beispiel, erfolgen. Voraussetzung für die strategische Ausrichtung des Business Reengineering ist in jedem konkreten Fall jedoch das Erkennen und Verstehen
der strategisch relevanten Kernprozesse des Unternehmens.

In diesem Kontext nennen *Hall/Rosenthal/Wade* **fünf Hebel für
ein erfolgreiches Reengineering**:[104]

Differenzierungs-merkmale	Kaizen	Reengineering
Art des Wandels	Wandel 1. Ordnung	Wandel 2. Ordnung
Stärke des Wandels	inkremental, in kleinen Schritten	radikal, Quantensprünge
Verbesserungsobjekt	Subprozesse, funktionale Prozesse	Unternehmensprozesse, Megaprozesse
Verbesserungsfaktor	0,01 bis 0,2	0,2 bis?
Zielerreichung	langfristig	kurz- bis mittelfristig
Ausgangspunkt	bestehende Prozesse	„grüne Wiese"
Ideengenerierung	deduktiv	induktiv
Umsetzungsteam	sämtliche Prozeß-beteiligte	wenige Mitarbeiter und Berater
Mitarbeiterpartizipation	gesamter Umsetzungsprozeß	nach Implementierung
Initiativenursprung	Bottom-up, Middle-both-ways	Top-Down
Umsetzungsorganisation	permanente Team-organisation	Projektorganisation
Fortschrittsmessung	prozeßorientierte Indizes	ergebnisorientierte Indizes
Methoden	Werkzeuge, Instrumente	Prinzipien
Technologiefocus	bestehende Technologien	neue Technologien
Informationstechnologie	Modellierungstool	Träger des Wandels

Tabelle 4: Differenzierungsmerkmale zwischen Kaizen und Reengineering
Quelle: Scholz/Müffelmann

- Setzen Sie Ihren Umstrukturierungsmaßnahmen ein anspruchsvolles Ziel.
- Achten Sie darauf, daß der Chef dem Projekt 20 bis 50 Prozent seiner Zeit widmet.
- Führen Sie eine eingehende Untersuchung durch über Kundenbedürfnisse, geschäftliche Ansatzmöglichkeiten und Markttrends.

- Bestimmen Sie einen zusätzlichen Topmanager, der für die Durchführung der Neugestaltung verantwortlich ist.
- Führen Sie ein aufschlußreiches Pilotvorhaben durch.

▶ **...und vier Wege in die Erfolgslosigkeit:**

- Einsatz durchschnittlicher Leute.
- Als einzigen Maßstab Planvorgaben.
- Dem Status quo verpflichtet bleiben.
- Schlechte Informationspolitik.

Outsourcing

„Wer stehen bleibt, wird von anderen überholt."

Nach mehrjähriger Verspätung folgt nun auch der deutsche Markt dem amerikanischen Trend, die Informationsverarbeitung oder andere Geschäftsfelder, die nicht zu den Kernkompetenzen zählen, aus strategischen Überlegungen auszugliedern. Hierbei ist der Trend zu beobachten, daß zunächst ausschließlich monetäre Beweggründe das Outsourcing motivierten, wohingegen in neuerer Zeit Strategieüberlegungen zunehmend eine entscheidendere Rolle spielen.[105]

Eng verbunden mit dem Begriff des „Outsourcing" sind die seit Jahren unter den Stichworten „make-or-buy" oder „verlängerte Werkbank" hinreichend diskutierten Methoden.

In den letzten Jahren erlangte die „Make-or-buy-Strategie" im Umfeld der Outsourcing-Manie – betrachtet man die Historie etwas genauer – einmal wieder erhöhte Aufmerksamkeit.

Beurteilt man heute professionelle Outsourcing-Anbieter, dann ist festzustellen, daß diese häufig über günstigerere Kostenstrukturen als die das Outsourcing in Anspruch nehmenden *Unternehmen* verfügen. Ein Pionier auf dem Gebiet des Outsourcing war *General Motors. GM* gliederte frühzeitig Rechenzentren und mit ihnen fast den gesamten Informationsverarbeitungsbereich aus. Dieser Bereich ist auch heute noch in unseren Unternehmen einer der ersten, wenn Outsourcing-Gedanken ins Spiel gebracht werden. Die Zeiten, in denen DV-Manager stolz ihr Rechenzentrum vorführten, sind längst Vergangenheit. Viele Argumente sprechen für den Fremdbezug von DV-Leistungen (wie wir später sehen, auch neuerdings einige gewichtige dagegen). Die Anwendungsentwicklung oder die gesamte Finanzbuchhaltung sind zwei Beispiele, die in der Vergangenheit zunehmend von externen Spezialisten übernommen werden konnten. Durch Fremdvergabe ließen sich in diesen Feldern vielfach Einsparungen belegen.

Dennoch ist die Ausgliederung bisher in fixe Prozesse integrierter Unternehmensbestandteile ein umfangreiches und nicht zu unterschätzendes Unterfangen. Deshalb empfiehlt es sich, diesen Prozeß in überschaubare Teilprozesse zu gliedern, über die dann separat zu entscheiden ist. Oftmals ist hiermit auch die Wahl verschiedener Outsourcing-Partner für unterschiedliche Teilbereiche verbunden. Hiermit werden die Risiken der Partnerwahl, da man die anstehenden Aufgaben auf mehrere Köpfe verteilt, gesenkt, gleichzeitig erzeugt man jedoch Mehrarbeit im organisatorischen Sektor. Ein ausgewogener Mittelweg ist zu finden, der gleichzeitig Risiken und organisatorische Mehrarbeit minimiert.

Sehr sorgfältig sind somit die Partitionierung und die Auswahl des Outsourcing-Partners vorzunehmen. Bei letzterem gehört die wirtschaftliche Stabilität neben seiner Fachkompetenz zu den wichtigsten Auswahlkriterien. Frühzeitig sollte auch der Aspekt der Rückübertragung der ausgegliederten Funktionen oder Unternehmensteile diskutiert werden. Hierzu ist schon im Ausgliederungsvertrag ein entsprechender Passus zu formulieren. Dieser muß so beschaffen sein, daß es dem Unternehmen möglich ist, das Geschäft entweder wieder selbst zu übernehmen oder es einem anderen externen Dienstleister zu übertragen. Letztendlich führt nur große Sorgfalt bei der Auswahl des Partners zu einem funktionierenden Miteinander.

Risikoaspekte bei der Auswahl von Outsourcing-Partnern sind
- der Verlust von Kernkompetenzen,
- die langfristig vorauszusetzende Stabilität des Partners,
- die Formulierung der Rückübertragungsmöglichkeiten und
- die zu erhoffende zeitlose Loyalität des Partners.

Diese Risiken sind von vornherein zu mindern, indem mehrere potentielle Outsourcing-Partner in einen Entscheidungsprozeß involviert werden. Dabei ist von seiten der Unternehmensführung jedoch zu beachten, daß die im Hause betroffenen Mitarbeiter zunächst am Entscheidungsprozeß nicht beteiligt sein sollten, da ein Beteiligtsein unnötige Unruhe in die Belegschaft tragen kann.

Oftmals ist es angebracht, dem Outsourcing-Partner anzubieten, eigene Mitarbeiter (im Rahmen einer Übergangszeit) zu übernehmen und damit die Vergabe fester Aufgabenvolumina zu verknüpfen. Dies schafft eine nahezu nahtlose Weiterführung der mit dem Outsourcing verbundenen Aufgaben. Die Übernahme und Weiterbeschäftigung von Mitarbeitern ist häufig fester Vertragsbestandteil.

Entsprechend der in den letzten Jahren herrschenden Outsourcing-Hysterie hat sich in kürzester Zeit ein neuer Markt für betriebliche Leistungen gebildet. Zu ihm zählen neben den klassischen DV-Dienstleistern Unternehmen, die sich dem Catering, dem Gebäude-Management oder der Logistik widmen.

Dennoch, der Widerstand gegen Outsourcing-Aktivitäten ist groß und vorprogrammmiert, denn betroffene Mitarbeiter, Leistungsbezieher, Arbeitnehmervertreter und Führungskräfte müssen Arbeitsplätze, Einflußmöglichkeiten, Bequemlichkeiten, Kostenverschiebebahnhöfe, Abschiebeplätze für überzählige Mitarbeiter und sonstige Nützlichkeiten zu Recht gefährdet sehen. Gerade diese Verlustquellen bieten ja Ansatzpunkte zur Ergebnisverbesserung.[106] Man hört somit aus verschiedensten Reihen auch unsachliche Gründe, die gegen ein Outsourcing sprechen, z. B.:[107]

- „Wir haben immer alles selber gemacht."
- „Die möglichen Auslagerungen stellen für uns keine Kernfähigkeiten dar. Wir verlagern trotzdem nicht, da die notwendigen Installationen bei uns vorhanden sind."
- „Outsourcing bedeutet einen Verlust von unternehmerischem Handlungsspielraum."
- „Der Zulieferer bevorzugt in Boom-Situationen andere Abnehmer."
- „Ein Zulieferer kann unseren vom Markt diktierten Veränderungen hinsichtlich Volumen, Technologie und Kosten nicht folgen."

Outsourcing hat sicherlich auch seine natürlichen Grenzen, die man nicht übersehen sollte. Überspitzt formuliert sind dies z. B. die Hochsicherheitsbereiche von Kernkraftwerken oder Chemieunternehmen. In diesen wird man ebenso ungern wie in dem Tresorbereich einer Bank externe Dienstleister arbeiten lassen wollen.

Seit geraumer Zeit stellt sich die Frage, ob Outsourcing sogar ein Eigentor für die Dienstleister ist. Hierzu ein Urteil des Europäischen Gerichtshofes.[108]

> Der Europäische Gerichtshof (EuGH, Akt. C 392/92) hat ein Urteil gefällt, das dem Outsourcing-Boom den Boden unter den Füßen wegziehen kann. Überträgt ein Unternehmen im Rahmen eines Outsourcings die Verantwortung für früher selbst wahrgenommene Tätigkeiten auf einen externen Dienstleister, finden – unabhängig vom Übergang der Betriebsmittel – die Grundsätze für den Übergang von Unternehmen, Betrieben oder Betriebsteilen Anwendung (vgl. auch § 613a BGB). Das bedeutet nicht zuletzt auch, daß der Auftragnehmer einen besonderen Kündigungsschutz für übernommene Mitarbeiter ins Kalkül ziehen muß. Zum Beispiel bei einem Reinigungsunternehmen ist der Arbeitsvertrag einer bisher eingestellten Raumpflegerin mit allen Rechten und Pflichten zu übernehmen. Wenn also alle Rechte und Pflichten der bestehenden Arbeitsverhältnisse an den Dienstleister übergehen, muß die Wirtschaftlichkeit von Outsourcing öfter in Frage gestellt werden.

Seit geraumer Zeit läßt sich in deutschen Landen (vielleicht auch aufgrund des Urteils) eine zunehmende Abkehr vom Outsourcing beobachten. Statt weiter auszulagern, holen viele Firmen Aktivitäten wieder zurück ins Haus. Man spricht vom **Insourcing**.[109] Hierbei wird, ganz allgemein, dem Trend zu immer schlankeren Produktionsprozessen mit permanentem Personalabbau bewußt entgegengesteuert.

Jahrelang propagierte Managementlehren werden damit momentan auf den Kopf gestellt. Ziel von *Hans-Christian Maergner*, Leiter des *Volkswagen*-Werks in Kassel, ist es, mit einer solchen Strategie seine 16500 Kasseler Arbeitsplätze zu sichern. Er sagt: „Wir sind fest entschlossen, unsere Kernbereiche Getriebebau, Preßwerk, Rohbau und Abgasanlagenfertigung, Aggregataufbereitung und Gießerei weiter auszubauen". Beachtlich ist, daß diese Entwicklung hierzulande nicht nur bei *VW*, sondern nun auch bei der *Mercedes-Benz AG* in Stuttgart zu beobachten ist. Dort läßt ein Unternehmenssprecher verlauten, daß das Insourcing Ausdruck einer erfolgreich abgeschlossenen Restrukturierung ist. Der Trend ist somit eindeutig: Die Automobilhersteller trachten danach, ihre wieder fit gemachten Werke auszulasten. Hinzu kommt, so die *WirtschaftsWoche*, daß die Angst um den Arbeitsplatz und die Hoffnung, ihn durch Insourcing doch noch zu retten, viele Mitarbeiter motiviert, die erneute Restrukturierung nicht nur mitzutragen, sondern selbst mitzugestalten. Im *Mercedes*-Werk Sindelfingen beispielsweise sollte ursprünglich die Näherei für die Herstellung der Autositze ausgelagert werden. Doch die Mitarbeiter reorganisierten ihren Aufgabenbereich so effizient, daß sie die Angebote externer Lieferanten ausstachen. Die Näherei blieb erhalten und arbeitet somit weiterhin unter dem *Mercedes*-Stern.

Wie eingangs dieses Abschnittes dargelegt, betrachteten viele Unternehmen in der Vergangenheit ihre EDV-Abteilung als eines der ersten Outsourcing-Objekte. Das ist heute vielfach nicht mehr so. Die EDV wird zunehmend wieder als Kernkompetenz angesehen. „Angesichts von zwei Millionen neuen Nutzern im Monat wird die Datenautobahn zu einem kritischen Faktor", erklärt *Norman-Data*-Berater *Becker*. Damit rückt das EDV-Know-how wieder ins Zentrum des Interesses vieler Unternehmen.

Man sieht, die Karten werden wieder neu gemischt. Doch mit einem solchen permanentem Wechsel werden die Unternehmen wohl auch in der Zukunft leben müssen. Die Grundidee des Auslagerns bleibt jedoch unbestritten richtig. Für ein Unternehmen ist es kostengünstiger und strategisch vorteilhaft, wenn es sich auf seine Kerngeschäfte konzentriert und die anderen Aufgabenbereiche an spezialisierte Zulieferer abgibt. Manche Funktion, die das Management gestern noch als Nebensache ansah und deshalb auslagerte, hat sich mittlerweile zum Teil des Kerngeschäfts gewandelt. Neben der EDV gilt dies zusehends für die Logistik.

Was tun? Weiter outsourcen oder insourcen? Eine Frage, die nicht pauschal beantwortet werden kann, aber zum Nachdenken auffordert. In der Praxis machen beide Wege Sinn, man muß nur die passende Argumentation bereithalten. Von einer allzu raschen Umkehr in der Art: „Outsourcing folgt Insourcing" und „Insourcing folgt Outsourcing" wird aber ausdrücklich gewarnt. Hierbei gehen sicherlich Kompetenzen verloren, Mitarbeiter werden zusehends demotiviert. Abschließend ein sehr schönes Beispiel zum Outsourcing, welches bei *J. B. Quinn* zu finden war und von *R. B. Reich* stammt:[110]

> „Wenn ein Amerikaner einen Pontiac Le Mans von General Motors kauft, ist dies eine internationale Transaktion. GM erhält für den Wagen 20000 Dollar. Davon gehen ungefähr 6000 Dollar – für Arbeit und Montage – nach Korea. 3500 Dollar gehen nach Japan, das hochentwickelte Teile wie Motoren und Elektronik liefert. 1500 Dollar gehen nach Deutschland für Styling und Konstruktion. Taiwan und Singapur erhalten für Kleinteile 800 Dollar, England bekommt 500 Dollar für Marketing. 100 Dollar finden den Weg nach Barbados oder Irland für die Datenverarbeitung. Den Rest – weniger als 8000 Dollar – erhalten Strategen in Detroit, Anwälte und Banker in New York, Lobbyisten in Washington, Beschäftigte bei Kranken- und anderen Versicherungen überall in den USA und die Aktionäre von GM."

Das Beispiel zeigt, daß wohl erst die Idee des Outsourcing die „Besten der Besten" zu erfolgreichen Kooperationspartnern machte.

Target Costing

> „Was darf ein Produkt kosten?"

Target Costing oder auf deutsch Zielkostenmanagement ist die konsequente Ausrichtung des gesamten Unternehmens an den monetären Markt- und Kundenwünschen. Es ist originär ein japanisches Verfahren, durch welches eine konsequente Marktausrichtung in die Unternehmung hineingetragen wird nach dem „Market into Company"-Prinzip. Bei der Anwendung des Verfahrens „Market into Company" werden die Strukturen der internen Unternehmensorganisation in dem Umfang angepaßt, wie der Kunde bereit ist, sie zu bezahlen; Kunden beeinflussen damit direkt Wertschöpfungsprozesse in Unternehmen.[111]

Target Costing soll in erster Linie Unternehmen unterstützen, bei der Produktentwicklung frühzeitig vom Kunden akzeptierte Preise ins Kalkül und somit in den F&E-Prozeß einzubeziehen, die auf wettbewerbsintensiven Märkten kurzen Produktlebenszyklen und einem hohem Preisdruck ausgeliefert sind. Das Verfahren als solches ist dabei völlig verschieden vom Standardvorgehen in den USA und in Europa. So meinte *Steven Hronec* von *Andersen Consulting*: „Amerikanische Firmen entwickeln ein Produkt, indem sie es über die Wand von einer Abteilung in die andere werfen, vom Marketing zum Engineering und so weiter. Am Ende der Designphase, wenn etwa 85 Prozent der Produktkosten eingebaut sind, werden die Details zu den Kostenrechnern weitergegeben, die ihnen sagen, was das Produkt kosten wird."

Bevor wir nun die Prinzipien des Target Costing im einzelnen diskutieren, wollen wir uns kurz dem Problem der „Quadratur des Kreises" widmen, um dadurch später einen transparenteren Einstieg in die Welt des Target Costing zu finden.

Nach *A. Töpfer* und *H. Mehdorn* werden Unternehmen in der Zukunft nur dann erfolgreich bestehen können, wenn es ihnen gelingt, gleichzeitig **besser**, **schneller** und **schlanker** zu werden. Wie Abbildung 24 zeigt, läuft dieses auf die „Quadratur des Kreises" hinaus. Bei deutlich reduzierten Durchlaufzeiten im Vergleich zu maßgeblichen Wettbewerbern soll man nicht nur die Qualität halten, sondern aus Kundensicht sogar noch steigern und gleichzeitig die Kosten reduzieren, um so ein positives Unternehmensergebnis zu sichern. Für nicht wenige Unternehmen erscheint diese „Quadratur des Kreises" unmöglich. Hier soll der Frage nachgegangen werden, inwieweit Target Costing einen entscheidenden Beitrag zum angestrebten Ziel beisteuern kann.

Target Costing oder Zielkostenmanagement ist die konsequente Ausrichtung des gesamten Unternehmens an den Markt- und Kundenwünschen. Dies bedeutet schnell und rechtzeitig die vom Markt erlaubten Kosten erreichen.[112] Im Wettbewerb mit Konkurrenten geht es jedoch nicht ausschließlich um Kosten. Es geht auch nicht um Zeit, Qualität oder Kosten. Target Costing bedeutet vielmehr die primäre Ausrichtung am Faktor „Kosten", der jedoch nur durch die gleich-

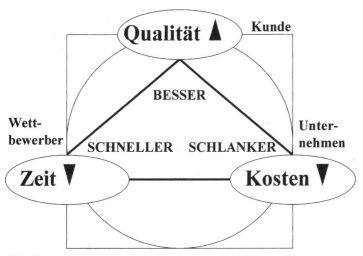

Abb. 24 Die Quadratur des Kreises

zeitige Beachtung der Faktoren „Zeit" und „Qualität" zielorientiert gesteuert werden kann.

Betrachtet man erfolgreiche Unternehmen, so stellt man fest, daß sie meist bei zwei der drei Faktoren „Qualität", „Zeit" bzw. „Kosten" über dem Branchendurchschnitt liegen, während sie bei einem sogar exzellent sind.

Hieraus folgt direkt: Um die drei entscheidenden Faktoren „Qualität", „Zeit" und „Kosten" zielorientiert zu optimieren, ist die frühzeitige aufeinander abgestimmte Beeinflussung aller drei Faktoren unabdingbar.

Marktorientiertes Kostenmanagement beginnt dabei nicht erst beim Produktionsstart, wenn wesentliche Kostenblöcke bereits definiert sind, sondern schon vor Aufnahme des Entwicklungsprozesses für ein neues Produkt. Bereits hier setzt Target Costing an. Startpunkt des Target Costing sind die Kundenwünsche. Sie legen nicht nur die Funktionen eines neuen Produktes, z. B. einer Mikrowelle mit eingebautem Grill, sondern auch die von ihnen akzeptierte Preisobergrenze bei einem von ihnen vorgegebenen Qualitätsniveau fest. D.h. der

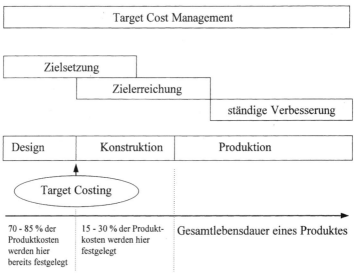

Abb. 25 Target Cost Management

Kunde definiert den Standard, die gewünschte Qualität und nennt einen Preis, den er für das Produkt zu zahlen bereit ist. Die konkreten Vorstellungen der Kunden werden dabei in der Regel im Rahmen einer Marktstudie erhoben. Erst nach dieser Definition beginnt der eigentliche Produktionsprozeß.

Beim Target Costing wird demnach mit Hilfe von Kundenwünschen und Mitteln der modernen Marktforschung zunächst ein Marktpreis ermittelt, der später eine verbindliche Richtschnur für die Produktentwickler darstellt. Diese explizite Berücksichtigung (potentieller) Marktpreise unterscheidet Target Costing vom Konzept des „Design-to-Cost", bei dem der Entwicklungsabteilung keine Marktpreise, sondern lediglich Kostenziele vorgegeben werden.

Üblicherweise liegen die vom Markt erlaubten Kosten deutlich unterhalb der Kosten, die das Unternehmen bei gegebener Technologie und Fertigungsweise erreichen kann. Der Unternehmer bzw. die Entwicklungsabteilung ist nun gezwungen, einen tragfähigen **Kon-**

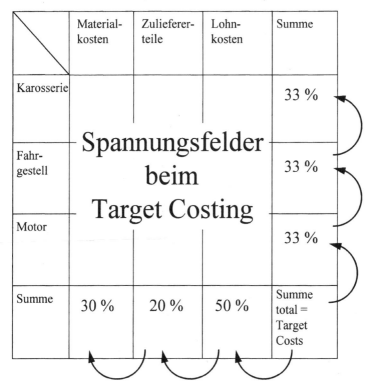

Abb. 26 Dekomposition der Target Costs

sens zwischen Kundenwünschen und Kosten zu finden (Achtung: „Kunden entwickeln neues Selbstbewußtsein. Sie wollen mehr für weniger.“). Hierbei erfolgt üblicherweise eine Aufspaltung der ermittelten Zielkosten auf Hauptbaugruppen- und Komponentenebene. Es wird versucht, die vom Kunden vorgegebenen Zielkosten des Gesamtproduktes zu erreichen, indem die Zielkosten für Hauptbaugruppen, Komponenten/Teile und Prozesse analysiert und gegebenenfalls korrigiert werden. **Die hohe Schule des Target Costing ist die Zielkostenspaltung.** Dabei gilt es, das vom Kunden vorgegebene Preis- und Qualitätsniveau nicht zu mißachten und die Grenzkosten für einzelne Hauptbaugruppen (beim Auto z. B. für die Hauptbaugruppen „Karosserie", „Fahrgestell" und „Motor") zu definieren. Das Einhalten des gewünschten Qualitätsniveaus stellt hierbei den Benchmark dar, an dem der Erfolg des Target Costing zu messen ist. Solange die geschätzten Kosten über den als maximal zulässig erachteten Kosten liegen, muß versucht werden, diese durch Maßnahmen der Produkt-Wertgestaltung bzw. des „Value Engineering" an die erlaubten Kosten anzugleichen. Durch die hier beschriebene Vorgehensweise kommt man – so die Verfechter des Ansatzes – der „Quadratur des Kreises" recht nahe.

Oben wurde bereits erneut der Begriff Benchmark im Rahmen der Qualitätsüberprüfung aufgegriffen. Die Projekterfahrung zeigt noch mehr. Vor dem Einstieg in ein potentiell erfolgreiches Target Costing steht oftmals ein Benchmarking-Projekt, um die Kosten und die Qualität der Mitbewerber zu eruieren.

Target Costing bewegt sich immer im Spannungsfeld zwischen Preisen und Preisaufteilungsmöglichkeiten, zwischen Markt und Unternehmen.

Im Zuge der immer größer werdenden global geführten Konkurrenzkämpfe avancieren auf der einen Seite die Kosten immer mehr zu dem entscheidenden Wettbewerbsfaktor, wobei die zu erzielende Unternehmensrendite die konkurrierende Zielgröße darstellt.[113] Markt- und Unternehmensrestriktionen prallen aufeinander – mit Hilfe des Target Costing soll der Konsens zwischen den Vorstellungen der Verbraucher und den zwingend überlebensnotwendigen Unternehmensrenditen geschaffen werden. Ein nicht immer leichtes Unterfangen.

Die beim Target Costing zu erstellende Zielkostenvorgabe wird in der Praxis primär determiniert durch zwei nicht quantifizierbare qualitative Größen. Es sind die **Marktbedürfnisse der Kunden** zum einen und zum anderen die **Zielsetzung des Unternehmens** (z. B. die angestrebte Kostenführerschaft) aufeinander abzustimmen. Anhand dieser beiden qualitativen Merkmale muß beim Target Costing eine quantifizierbare Zielkostenvorgabe erstellt werden. Dabei führt ein oftmals undurchsichtiges Procedere in aller Regel zu einer von der Mehrheit der Entscheidungsträger getragenen monetären Zielgröße.

Abb. 27 Target Costing im Spannungsfeld von Markt und Unternehmen

Sich ihr anzunähern gilt es in den nachfolgenden (hoffentlich kostensenkenden) Schritten. Wichtig ist hierbei, daß die vorgegebenen Targets als ein absolutes und nicht veränderbares Fixum anzusehen sind. Aufgeweicht wird diese Prämisse allerdings durch mögliche Vorgabeänderungen von Entscheidungsträgern an höchster Stelle, wenn signifikante Marktanpassungen dies erforderlich erscheinen lassen. Ansonsten sind die zu erreichenden monetären Zielvorgaben fix. Es gilt, sie noch **vor** der Marktreife des Produktes, d. h. **während** der Entwicklung zu erlangen.

Überschreitet ein neues Produkt in seiner Entwicklung das gesteckte Kostenziel, so sollte dies zum Projektabbruch führen, soweit nicht sichergestellt ist, daß durch unmittelbares Nachbessern das Kostenniveau marktadäquat gestaltet werden kann. Generell gilt beim Target Costing: **Kein Produkt darf eine Produktionsfreigabe erhalten, wenn die Zielkosten nicht erreicht worden sind.**

Die Ausführungen haben gezeigt, daß nicht mehr die auf der Basis von vorhandenen Unternehmensstrukturen und -technologien ermittelten Kosten, sondern der am Markt erzielbare Preis der bestimmende Faktor für ein Produkt ist. Positiver Nebeneffekt des Target Costing ist, daß nicht nur Technologien, sondern auch im Unternehmen bestehende Strukturen und Abläufe kritisch hinterfragt werden. Grundsätzliches Ziel ist die Minimierung des Kostengefüges unter Berücksichtigung aller potentiellen Determinanten. Entscheidend für einen Erfolg eines Target Costing-Prozesses ist und bleibt die marktorientierte Zielkostenbestimmung. Man kann sich zu Beginn des Target Costing-Prozesses gar nicht nah genug am Markt orientieren.

Die Systematik des Target Costing hat bis heute immer mehr an Bedeutung gewonnen. Die Erkenntnis, daß die entscheidende Kostenbeeinflussung nur in den frühen Phasen der Produktentwicklung sinnvoll erscheint, hat sich allerdings erst allmählich in den deutschen Unternehmen etabliert. Target Costing-Ansätze finden sich in deutschen Unternehmen erst seit ca. vier Jahren, wohingegen japanische Häuser dieses Prinzip bereits seit über 13 Jahren nutzen.[114]

In japanischen Unternehmen baut Kostenmanagement seit Jahren auf den Prinzipien des Target Costing und Kaizen auf. Während der Produktentwicklung dominiert das Target Costing, auf japanisch Genka Kikaku, mit dem Produktionsstart steht das Konzept des Kaizen im Vordergrund. Während Target Costing – wie dargestellt – von einer Philosophie der Marktorientierung und der frühzeitigen Kostenbeeinflussung getragen wird, ist Basis der Kaizen-Philosophie die kontinuierliche Verbesserung der Unternehmensprozesse und des Materialeinsatzes. Aus beiden Ansätzen resultiert eine ständige Kostenreduktion.[115] **In Japan dominiert somit nicht die Kostenrechnung, das Kostenmanagement beherrscht die Praxis.** Diese Tatsache illustriert die Autorengemeinschaft *Horváth/Seidenschwarz/Sommerfeld* recht anschaulich an folgendem Beispiel:

„Die dem japanischen Kostenmanagement zugrunde liegende Philosophie zeigte sich besonders deutlich bei *Mitutoyo*, einem der weltweit führenden Unternehmen für Meßtechnik. Kennen Sie den Zusammenhang zwischen Dinosauriern und Mäusen einerseits sowie Kostenmanagement und Wettbewerbsvorteilen andererseits? Der Direktor von *Mitutoyo* erklärte uns diesen anhand der Gründe des Aussterbens der Dinosaurier: Es waren kleine Mäuse, die die Saurier langsam aber sicher vom Schwanz her auffraßen und damit ausrotteten, da die Saurier infolge ihrer Größe einen Mäusebiß in den Schwanz erst nach acht Sekunden bemerken konnten. Die Moral aus dieser Geschichte für *Mitutoyo* und viele andere japanische Unternehmen lautet: Nicht zentrale Steuerung mit langen Entscheidungswegen und komplexen Abläufen, sondern kleine Einheiten, einfachste Arbeitsabläufe und sich selbst steuernde Mitarbeiter führen zum Erfolg. Nicht Komplexität beherrschen, sondern Komplexität vermeiden ist die Maxime, denn erst dadurch wird die wichtigste und oftmals noch weitgehend ungenutzte Ressource im Unternehmen voll einsetzbar, der Mensch. Auch bei *Toyota* beschäftigt kein Werk mehr als 2000 Fabrikarbeiter und *Ito-Yokado*, die führende Supermarktkette in Japan überläßt die komplette Disposition dem einzelnen Mitarbeiter vor Ort."[116]

Herkömmliche Großorganisationen sind nicht notwendigerweise Dinosaurier und zum Aussterben verurteilt. Aber sie haben gewaltige Gemeinkostenblöcke und eine Unzahl unproduktiver Beschäftigter. Hier jeweils nur eine Ebene zu beseitigen, wird nicht ausreichen, um innovativen Gründerunternehmen oder stromlinienförmigen Japanern Paroli zu bieten.[117] Geschwindigkeitsoptimierungen sind heute eine ganz zentrale Managementaufgabe. Schneller werden ist die zentrale Herausforderung für Unternehmen in Deutschland.

Nun jedoch schnellstens zurück zum Traget Costing. Man sieht: **Einfache Strukturen und motivierte Mitarbeiter sind die entscheidenden Trümpfe des japanischen Kostenmanagements.** Besonders hilfreich ist hierbei, daß im allgemeinen keine erbsenjonglierenden Betriebswirte und in Elfenbeintürmen hausende Ingenieure sich feindlich gegenüberstehen.

Faßt man die Erkenntnisse der japanischen Managementmethoden einmal zusammen, so gilt es, Unternehmensprozesse zu vereinfachen, die Ziele in allen Bereichen für alle Mitarbeiter zu visualisieren und damit transparent zu gestalten, generell mehr nicht-finanzielle Zielgrößen zu verwenden und als Führungskraft öfter den Schreibtisch zu verlassen (Management by Walk-around).

Insgesamt ergeben sich z. B. Stückkostenvorteile von etwa 30% wie im Automobilbau. In der Automobilbranche konnte z. B. *Toyota* mit dem Modell „Lexus" vor allem im US-amerikanischen Markt für Luxuslimousinen aufgrund eines um bis zu 40% niedrigeren Verkaufspreises Marktanteile hinzugewinnen zu Lasten der 7er-Modell-reihe von *BMW* und der S-Klasse von *Mercedes*.

Verinnerlichen Sie sich die Erkenntnisse des japanischen Kosten-managements, auch wenn sie heute noch keinen direkten japanischen Wettbewerber haben. Es kann sein, daß ein japanisches Unternehmen Ihrer Sparte in den USA bereits Marktführer ist. Der Weg von dort nach Europa ist kurz. Denken sie immer an folgendes: „Die Japaner brauchen von allem nur die Hälfte, die Hälfte der Zeit, des finanziellen Aufwands und der Mitarbeiter quer durch alle Funktionen im Be-trieb." Hier stellt sich nun für die deutschen Unternehmer die alles entscheidende Frage: Wer ist überlebensfähig? Überlebensfähig ist nur, wer imstande ist, technischen Innovationen mit entsprechenden, auf den Wettbewerb ausgerichteten Veränderungen zu begegnen. In-novative Unternehmen zeichnen sich aus durch

- ständige Beobachtung des Wettbewerbs und der Wettbewerber,
- schnelle Verarbeitung von Kundenanregungen – d. h. Marktorien-tierung,
- prozeßinhärente Kosten- und Rentabilitätsüberlegungen,
- kleine selbständig agierende Einheiten,
- zentrale Denkansätze, Grundprinzipien, Leitlinien und Visionen,
- frühe Delegation von Aufgaben, Verantwortung und Kompetenzen,
- flache hierarchische Strukturen und kleine Stäbe,
- den Mitarbeiter als zentralen wertschöpfenden Innovationsfaktor,
- Gruppenarbeits- bzw. Teamkonzepte,
- prozeßorientiertes Denken,
- zielorientierte Unternehmensführung,
- Qualitätsbewußtsein,
- keine Verschwendung,
- höchste Produktivität,
- ständige Verbesserung und
- partnerschaftliches Verhältnis zu Kunden, Lieferanten und Mitar-beitern.

Überlebensfähig ist man somit nicht, wenn nur ein Teil der genann-ten Prinzipien bzw. Methoden, wie z. B. das Target Costing, im Unter-nehmen initiiert wird. Durch das alleinige Formulieren eines Leit-satzes hat man das gesteckte Ziel noch nicht erreicht. Denken Sie ganzheitlich. Verknüpfen Sie Ansätze. Seien Sie innovativ. Schaffen Sie die neuen Methoden. Setzen Sie Standards. Denken Sie immer daran, daß nicht die Großen die Kleinen fressen, sondern die Schnellen die Langsamen.

Allzu gerne erinnern sich heute europäische und amerikanische Firmen an die 60er und 70er Jahre, in denen Heerscharen von Mitarbeitern japanischer Firmen ihre Häuser besuchten und dabei jedes Detail per Fotokamera festhielten. Heute sind die Vorzeichen jedoch umgekehrt. Wir sind diejenigen, die heute reisen müssen. Man muß sich selbst eingestehen, daß man damals nur ein müdes Lächeln als Ausdruck des eigenen Unverständnisses für solche Verhaltensweisen übrig hatte. Heute verbieten es lediglich die japanischen Höflichkeitsformen, daß dort nicht über uns gelacht wird. Heerscharen von europäischen und amerikanischen Managern, vom Controller bis zum Produktionschef, bevölkern heute die japanischen Produktionsstätten.

Wie wichtig effizient gestaltetes Target Costing ist, mag auch die vor zwanzig Jahren veröffentlichte *British-Aerospace*-Studie über die

Branche	Prozent
Fahrzeugbau	100,0
Elektrotechnik	88,5
Maschinenbau	83,2
Feinmechanik/Optik	75,0
Textil/Bekleidung	66,7
NE-Metall-Industrie	53,5
Öl/Gummi/Glas	36,4
Chemie/Pharma	31,3
Nahrungsmittel	28,6
Stahl	23,1
Papier und Zellstoff	0,0
Sonstige	33,3

Tabelle 5: Einsatz des Target Costing in der japanischen Industrie 1992
Quelle: Untersuchung von Kobayashi, Tani u. a.

80/20-Regel belegen, die gerne auch als Standardwissen tituliert wird. Sie besagt, daß 80% der Herstellkosten eines Produktes während der ersten 20% des Konstruktionsprozesses festgelegt werden. Und genau da setzt Target Costing an.

Die Verbreitung des Target Costing-Prinzips in japanischen Unternehmen faßt nachfolgende Tabelle zusammen:

Merken Sie sich: Beim Target Costing sind die Preise kein Abfallprodukt aus der üblichen Standardkostenrechnung nach der Formel „Stückkosten plus Gewinnaufschlag", sondern Resultat einer Kundenbefragung mit dem Ziel, einen beiderseits tragfähigen Preis, der allerdings vom Kunden diktiert wird und den es vom Unternehmen zu erreichen gilt, mit vom Kunden vorgegebener Qualität und gewünschtem Nutzen in Einklang zu bringen. Wer überleben will, muß Qualität, Kosten und Zeit zugleich beherrschen. Es gilt die Frage: „Was darf ein Produkt kosten?" und nicht „Was wird es kosten?". Es heißt in diesem Kontext ebenso nicht mehr: „Structure follows strategy – Accounting follows structure", sondern „Target Costing changes structures".[118]

Target Costing versus „Kosten-plus-Gewinnaufschlag-Modell" ist die einfache Formel, die heute Entscheidungsträgern zu präsentieren ist. Bei der Entscheidung zugunsten einer der beiden Alternativen können die nachfolgenden Ausführungen helfen.

Daß Target Costing eigentlich ureigenes deutsches Gedankengut ist, zeigen die folgenden Sätze, die einem Artikel von *K.-P. Franz* entnommen wurden.[119]

Die Entwicklung des Volkswagen in den dreißiger Jahren stand unter der Voraussetzung, daß das Auto zu einem Preis angeboten werden sollte, der 990 Reichsmark nicht überschritt. Diese Information entstammt einer persönlichen Auskunft von Herrn Prof. Dr. h.c. Ferdinand Porsche, der als Grund für dieses Preislimit und die damit verbundene Begrenzung der Kosten unter anderem die Knappheit an Devisen anführt, die für die Bezahlung der einzusetzenden ausländischen Güter und Lizenzen benötigt wurden. Um die Preisvorgabe einhalten zu können, wurden alternative technische Möglichkeiten unter Kostengesichtspunkten gegeneinander abgewogen. So wurde der Volkswagen letztlich nicht mit hydraulischen Bremsen, sondern mit Seilzugbremsen ausgestattet, weil dies eine Kosteneinsparung von ca. 25 Reichsmark mit sich brachte.

Die von K.-P. Franz geschilderten Zusammenhänge stellen einen frühen Anwendungsfall modernen produktbezogenen Kostenmanagements dar, der insofern bemerkenswert ist, als sich in ihm die heute so aktuelle Marktorientierung der Produktentwicklung und die dadurch induzierten Maßnahmen zur frühzeitigen Senkung der Kosten findet. Offensichtlich war das Projekt von großem Erfolg gekrönt, denn der *VW*-Käfer wurde serienreif entwickelt und war jahrzehntelang in millionenfacher Auflage auf den Straßen der Welt zu finden. Vielleicht hat die Vorgehensweise, die zulässigen Kosten aus dem erwünschten Preis abzuleiten, mit zu diesem Erfolg beigetragen.

In den deutschen Unternehmen wird Target Costing derzeit, so *W. Seidenschwarz*, heiß diskutiert. An vielen Stellen wurden Projekte gestartet. Die daraus entstehenden Produkte werden gerne „Finanzauto" oder „Japaner" genannt. Insofern ist es heute noch zu früh, den Stand des Target Costing in Deutschland umfassend zu diskutieren. Selbst japanische Autoren wundern sich über die geringe Resonanz des Target Costing im westlichen Ausland. So schreibt z. B. *Y. Kato* noch im Jahre 1993: „It may be interesting to ask why there have been very few articles written in the West...."

Target Costing läßt sich abschließend ganz allgemein auf folgende Frage reduzieren: „Wie muß ein Unternehmen und ein Produkt strukturiert werden, damit es langfristig mit einem (gegebenen) Marktpreis Gewinn erzielen kann".[120]

Die Kunden von heute wollen beste Technik, aber nicht mehr dafür bezahlen. Hochwertige Produkte und Dienstleistungen müssen somit so erbracht werden, daß sie für den Kunden bezahlbar und für die Unternehmen gewinnbringend sind. Deshalb ist Target Costing zum beiderseitigen Vorteil. Target Costing ist eine in Japan erwiesenermaßen vielfach erfolgreich eingesetzte Managementtechnik im Sinne eines marktorientierten Zielkostenmanagements. Machen wir uns die dort gesammelten Erkenntnisse zunutze. *R. Chase* schreibt in diesem Kontext: „Target Costing will be a frontline weapon. In this war no prisioners will be taken; it will be a fight to the corporate death."

Merken Sie sich folgenden Satz, der die Prinzipien des Target Costing auf die wesentlichen Aspekte beschränkt: „Festlegung eines vom Markt/Kunden getragenen Zielpreises und retrograde Kalkulation des Produktes."[121]

Eines sollte noch gesagt werden. Nach dem mit dem Target Costing verbundenen Cost-Cutting sollte sich ein intensives Customerizing, die organisatorische Ausrichtung aller Unternehmensaktivitäten auf die Belange des Kunden, zwingend anschließen. Nur so stellt sich letztlich der gewünschte Erfolg ein.

Time-Based Competition

„Kurzum: Seien Sie schneller als Ihre Konkurrenten."

Der Urheber des Time-Based Competition oder zu deutsch der „Zeitwettbewerb-Philosophie" ist *Georg Stalk jr.* von der *Boston Consulting Group*.[122] Nach dieser Philosophie besteht die künftige Herausforderung für erfolgreiche Unternehmensführung darin, den **höchsten Wert zu niedrigsten Kosten in kürzester Zeit** zu schaffen. Die Zeit als der dominierende Wettbewerbsfaktor bezieht sich dabei auf folgende vier Bereiche:
- Verkürzung der Prozeßdauer,
- Einhaltung von Terminen,
- Neugestaltung bestehender Prozesse und die
- Entwicklung neuer Produkte und Prozesse.

Hierbei gelten für Zeitwettbewerber ganz allgemein fünf Grundsätze:

(1) **Zeitorientierung**
Der Faktor Zeit ist zu quantifizieren.

(2) **Quantensprungorientierung**
Erfolg durch Quantensprünge statt durch marginale Verbesserungen.

(3) **Prozeßorientierung**
Das Denken in Prozessen ermöglicht Optimierungen und Erkennen von Schnittstellen.

(4) **Wertorientierung**
Abbau nicht wertschöpfender Tätigkeiten.

(5) **Teamorientierung**
Überwindung der Schnittstellenproblematik durch Teams.

Time-Based Competition-Ansätze wurden in der Praxis bereits in etlichen Unternehmen erfolgreich implementiert. So erhöhte der Pharmakonzern *Merck* seinen Jahresumsatz um 500 Mio. Dollar, weil die Entwicklungszeit für Medikamente drastisch reduziert werden konnte. Ein weiteres Beispiel ist *Toyota*, das 1995 ein Pilotprojekt startete: Bereits wenige Wochen nach der Bestellung wird das nach individuellem Kundenwunsch gefertigte Auto geliefert. Hierzu schreibt die *WirtschaftsWoche* v. 2. 11. 1995: Ein Klick mit der „Maus", schon färben sich die Türen rot. Ein weiterer Klick und die Sitze werden grün. Vier- oder Zweitürer? Mit einem Tastendruck eingeben. Nach wenigen Minuten leuchtet der Wagen auf dem Computerschirm auf. Vorderansicht, Rückansicht – alles kein Problem bei der Autoerstellung online. „Alles O.K.?" fragt der Verkäufer und bestätigt die Bestellung per Knopfdruck.

Um solche ehrgeizigen Ziele zu erreichen kennt Time-Based Competition – so *Stadelmann/Lux* – zwei grundsätzlich verschiedene Vorgehensweisen, um die für einen Arbeitsgang benötigte Zeit zu minimieren.

Einerseits werden die Organisation und die gesamte Leistungserstellung auf die zentrale Leistungskette konzentriert, die aus all den Tätigkeiten besteht, die unmittelbar Wert für den Kunden schaffen.

Andererseits wird kontinuierlich ein verbesserter Leistungsprozeß angestrebt, wobei man sich nicht nur auf die identifizierbaren Engpässe konzentriert.

Durch die bereits erzielten Erfolge kann Time-Based Competition als ein erfolgversprechender Ansatz angesehen werden, um in die Spitzenklasse einer Branche vorzudringen. Für dessen Realisierung müssen jedoch unternehmenskulturelle Barrieren, wie z. B. der bürokratische Aufbau der Organisation oder die große Anzahl von Hierarchieebenen, überwunden werden.

Kanban

„Eine Fabrik ist keine Maschine und der Mensch darin kein Störfaktor!"

Kanban ist ein von *Taichi Oho*, Vice President von *Toyoto Motor*, erdachtes Produktionssteuerungsverfahren, welches zu Beginn der 50er Jahre entwickelt wurde. Als man diese Methode bei Toyota erstmalig anwandte, sprach man dort von der „Supermarkt-Idee". Das Wesentliche an der Supermarkt-Methode ist sicherzustellen, daß die erforderliche Menge an Produktionsmitteln ständig am Ort des Produktionsprozesses vorhanden ist, damit der Mitarbeiter an seinem Arbeitsplatz das vorfindet, was er braucht. Ziel der Idee ist es, Leerlauf- oder Wartezeiten zu minimieren, wozu eine angemessene Menge an Produktionsmitteln in seiner direkten Umgebung vorgehalten wird und nur so oft wie nötig jeweils mit den Mengen ergänzt wird, die er gerade benötigt. Das ist eine Denkweise, die mit der Just-in-Time-Methode vergleichbar ist. Sie unterscheidet sich jedoch grundsätzlich vom Just-in-Time dadurch, daß der Mitarbeiter selbst vorgibt, welche Mengen eines Produktionsmittels wann und in welcher Qualität von ihm benötigt werden. Er erzeugt somit einen Sog in der Wertschöpfungskette des Unternehmens.

Die Grundidee des Kanban-Prinzips basiert somit darauf, daß eine Teileart bzw. ein Produktionsmittel immer dann gefertigt und geliefert wird, wenn der Grundbestand durch Verbrauch auf einen bestimmten Level abgesunken ist. **Motto: „Produziere heute das, was gestern verbraucht wurde."** Das Prinzip gleicht somit wirklich dem gebräuchlichen Bestellmuster von Supermärkten, die eine Warenpalette bereithalten und eine Warenart erst nachbestellen, wenn durch den Verkauf eine kritische Bestandsgrenze erreicht ist.[123] Der tatsächliche Warenverbrauch determiniert in einem Kanban-gesteuerten Unternehmen somit die Bestellpolitik. Auf eine Fertigung übertragen heißt dies, daß weiterverarbeitende, in der Wertschöpfungskette nachgelagerte Fertigungsstellen einen entsprechenden Materialbedarf vorgelagerten Stellen frühzeitig signalisieren und diese ihn schnellstens erfüllen müssen. Damit diese Form der Auftragssteuerung nicht zu Verzögerungen führt, muß in einem funktionierenden Kanban-System stets die zügige Bereitstellung der benötigten Materialien gewährleistet sein. Dadurch stellt Kanban eine Möglichkeit zur Realisierung der Just-in-Time-Produktion dar. Eine zweite Variante des Kanban ist die sog. Synchronfertigung. Sie arbeitet nach dem Motto: **„Produziere heute das, was morgen gebraucht wird."**

Die Funktionsweise eines Kanban-System kann, möchte man es weiter hinterfragen, am sichersten im Vergleich mit traditionellen Produktionssystemen beschrieben werden. Normalerweise plant eine zentrale Instanz nach dem Push-Prinzip („Bring-Prinzip"[124]) den Materialfluß in der Fertigung unter Berücksichtigung

• des Fertigungsflusses,

• der Arbeitsschrittreihenfolgen,

• der voraussichtlichen Kapazitäten und Engpässe,

• der zur Verfügung stehenden bzw. beschaffbaren Rohstoffe und Teile sowie

• der erwarteten Absatzmengen.

Wer was wann wie macht, wird von zentraler Stelle vorgegeben. Die so erstellten Fertigprodukte bzw. deren Weg durch die Produktion sind extern determiniert.

Beim Kanban-System dagegen ist die Zentralinstanz lediglich für den Auftragsimpuls in der Endmontage verantwortlich. Nach *Lakes* pflanzt sich dann der Auftragsimpuls selbständig fort. Die zur Auftragsbearbeitung erforderlichen Materialmengen müssen von den liefernden Stellen angefordert bzw. abgeholt werden. Dadurch pflanzt sich der Steuerungsimpuls zur Auftragsbearbeitung dem physischen Materialfluß entgegengerichtet durch das Netz von Produktionsstellen bis zum Rohstofflager fort. Es entstehen selbststeuernde Kanban-Regelkreise, die den Materialfluß synchronisieren.

Durch das im Kanban-System inhärent verankerte selbständige Anfordern von Produktionsmitteln seitens der verbrauchenden und damit nachgeschalteten Fertigungsstelle innerhalb der Wertschöpfungskette des Unternehmens kommt es innerhalb der Produktionsprozesses zu einer Reduzierung der Durchlaufzeiten und dadurch kürzeren Lieferzeiten, zu Qualitätsverbesserungen und zu einer i.d.R. signifikanten Vereinfachung der Produktionssteuerung.

Kanban-System

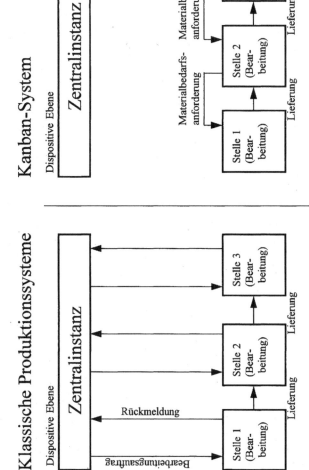

Abb. 28 Das Kanban-Prinzip

Man sieht, an die Mitarbeiter stellt das Kanban-System hohe Anforderungen, insbesondere bezüglich ihrer Einsatzflexibilität und Motivation. Ein hohes Ausbildungsniveau der Belegschaft ist eine Grundprämisse für den Erfolg. Das Kanban-Prinzip baut auf mitdenkenden und hochmotivierten Mitarbeitern auf. Es propagiert die selbständige Produktionsplanung und -kontrolle seitens der Belegschaft. Nicht unproblematisch gestaltet sich die Implementierung des Systems in europäischen Unternehmen, von denen eine Vielzahl noch tayloristisch geführt werden. Mitarbeiter, die bis dato z. B. auf Weisung fertigten, können nicht von heute auf morgen umdenken und Produktionsschritte eigenständig planen. Den größten Praxisfall hierzu liefert die Deutsche Geschichte. Ein Umdenken von einer zentralistisch geführten Planwirtschaft zu marktwirtschaftlichem Verhalten kann nicht per Dekret verordnet werden. Eine solche Invertierung bisher gültiger bzw. praktizierter Denk- oder Arbeitsweisen benötigt Zeit. Als oberstes Prinzip gilt beim Kanban die Holpflicht. Bringschulden gibt es nicht, sieht man von der Verpflichtung vorgelagerter Instanzen ab, schnellstmöglich die geforderten Teile zu liefern.

Ein sehr schönes Beispiel des dem Kanban ureigenen Pull-Prinzips formulierte *Karmarkar*. Es wird deshalb in aller Ausführlichkeit wiedergegeben:[125]

„Bestellt ein Kunde im Schnellimbiß einen Hamburger, dann nimmt die Bedienung das Gewünschte vom Wärmeregal. Sinkt die Zahl der vorbereiteten Hamburger unter ein Mindestmaß, werden in der Küche neue Hackfleischklopse zubereitet. Und verknappt sich dort das Grundmaterial, ordert der Geschäftsführer Fleisch und Brötchen nach. Erst der Kunde löst den Bedarfsnachfragefluß aus; seine Bestellung „zieht" eine Nachfragekette nach sich – **Pull**.

Anders im Feinschmeckerlokal, wo ein Push-System regiert. Der Geschäftsführer hier schätzt zu Anfang jeder Woche ab, für wieviel Gäste er wohl Steaks und Hummer brauchen wird. Grob überschlägt er, auf welche Zahl an Mahlzeiten er vorbereitet sein sollte und was er dazu alles benötigt. Danach kauft er ein. Anders ausgedrückt: Der Manager bildet sich eine bestimmte Vorstellung von der kommenden Produktion und bevorratet entsprechend Material in voraussichtlich erforderlicher Menge; er gibt den Anstoß – **Push**."

Hieraus ist ersichtlich: Nicht überall ist Kanban einsetzbar. Gewisse Fertigungsverfahren oder Organisationsformen sprechen sogar gegen das Prinzip. *Toyota* soll zum Beispiel – so wird berichtet – in der Lage sein, sich bis zu 100% erhöhten Leistungsanforderungen anpassen zu können, und zwar zu 25% durch Normalüberstunden, zu 25% durch Sonderüberstunden und zu 50% durch den Einsatz von Zeitpersonal. Dieses Beispiel mag die Transfer-Problematik verdeutlichen. Anwendungsprobleme resultieren nicht nur aus den relativ unflexiblen Arbeitszeitregelungen, sie sind vor allem auch begründet in der andersartigen kulturellen Konstellation.

Weitere Voraussetzungen zum erfolgreichen Einsatz von Kanban sind ein geringes und standardisiertes Produktions-Sortiment mit leicht überschaubarem Variantenspektrum und eine nicht allzu sehr schwankende Bedarfsintensität. Gegebenenfalls sind Maßnahmen zur Normung der Teile und Glättung der Bedarfsintensität vorzusehen. Zudem ist ein flußorientiertes Layout wesentlicher Schritte einmalig von dispositiver Seite vorzugeben.

In Europa gibt es heute trotz der genannten Restriktionen einige hundert Firmen, die das Kanban-Prinzip erprobt oder in einer meist modifizierten, den individuellen betrieblichen Belangen angepaßten Form anwenden. Dabei wurde z. B. erkannt, daß es nicht zwingend notwendig ist, einen ganzen Fertigungsprozeß zu „kanbanisieren". Unter Umständen ist es sinnvoll, nur die Montage nach diesem Prinzip zu gestalten und die gesamte Vorfabrikation inkl. Rohmaterialzulieferung nach traditionellem Muster oder einer klassischen Materialbedarfsplanung abzuwickeln. Man sieht: Eine strikte Trennung zwischen Pull- und Push-Systmen existiert nicht. Oft ist ein Methodenmix die ideale Lösung. Wenn Pull-Systeme zum Beispiel natürliche Anreize zur Verminderung der Durchflußzeiten bieten, was sollte den Manager von einem Programm abhalten, das solche Incentives auch in den Kontext eines Push-Systems einfügt? Die mit der klassischen Materialbedarfsplanung einhergehende Computerisierung erlaubt das ohnehin.

Eines muß man wissen: Wundermittel gibt es keine, auch nicht für die Schwierigkeiten im Fertigungsmanagement. Ein einziger Ansatz wird in der Regel nicht allen Situationen gerecht. Manager müssen schon eigene Lösungen entwickeln und verfeinern.

Just in Time, Just in Hong Kong, Just in Production

„Das Ziel: Minimierung der Beschaffungslogistikkosten."

Interessant ist die Aussage, daß Just-in-Time in Japan funktioniert, weil sich die Zulieferer „auf dem Firmengelände" befinden, eine Idee, die in Amerika zu den sogenannten „Satellitenlägern bzw. -werken" führte. Zulieferfirmen errichten in der Nähe des zu beliefernden Kunden Läger zur Aufnahme anzuliefernder Bauteile, sog. Satellitenläger. Man sieht hieran, daß Just-in-Time nur dann funktioniert, wenn ein enger Zusammenhang zwischen Lieferant und Abnehmer besteht. Dieser drückt sich auch in der Entfernung zwischen Montagewerk und Zulieferer aus. Ein kleines Land bzw. eine Insel wie Japan verbucht hier folglich Vorteile.

Just-in-time bedeutet faktisch das Produzieren auf Abruf. Es findet sich auch der Begriff „fertigungssynchrone Anlieferung". Hierbei stehen zwei Zielrichtungen im Vordergrund: (1) Erhöhung der Flexibilität und (2) Senkung der Warenvorräte in der Fertigung und in den Lagern.[126] Eine Spielart des Just-in-Time, sagen wir kurz Jit, wurde bereits dargestellt, daß Kanban-Prinzip.

Nach *E. Soom* ist es offensichtlich, daß die Reaktionszeit der Unternehmen auf Kundenwünsche noch signifikant verringert werden muß. Parallel hierzu rücken die spezifischen Kundenwünsche immer mehr in den Vordergrund. Was tun? Reagieren! Aus heutiger Sicht muß hierzu jedoch gesagt werden: Wer bis jetzt die Prinzipien des Just-in-time nicht umgesetzt hat, dürfte sich schon heute nicht mehr auf den Märkten dieser Welt tummeln.

Ausschlaggebend für eine Einführung der Jit-Production waren drei bereits diskutierte Beweggründe:

(1) Die Produktlebenszyklen werden immer kürzer. War noch vor 1970 die Lebensdauer einer Produktes 10, 20 und mehr Jahre lang, so sank sie in der Zwischenzeit je nach Branche auf 2–3 Jahre.

(2) Die vom Kunden vorgegebenen Lieferzeiten werden immer kürzer.

(3) Die Variantenvielfalt auf Produktebene nimmt laufend zu.

Hieraus ergibt sich folgendes Problem: Der Kunde will aus einer Vielzahl verschiedener Varianten selektieren können und die gewählte möglichst zügig geliefert bekommen. Dieser Wunsch entspricht jedoch nicht der Zielsetzung der Unternehmen nach Senkung der Warenvorräte, die oftmals 50 Prozent des gebundenen Umlaufvermögens ausmachen. Hohe Lagerbestände bei kurzen Produktlebenszyklen erhöhen zudem das Risiko, daß zuviel oder das Falsche beschafft und auf Lager produziert wird. Aus diesem Dilemma erwuchs in den 80er Jahren die Jit-Philosophie. Jit- oder Just-in-time-Production heißt:

(1) Produktion auf Abruf

(2) Kleine Losgrößen und kurze Durchlaufzeiten

(3) Geringe Lagerbestände

(4) Zurück zum Einfachen

(5) Zurück zu dezentralen Lösungen.

Heute hat sich bestätigt, daß Jit eine mögliche Vorgehensweise ist, um flexibler auf Kundenwünsche reagieren zu können, gleichzeitig die Warenvorräte zu senken und trotzdem eine hohe Lieferbereitschaft zu besitzen.

Die Devise der Jit-Production lautet: Zu jeder Zeit auf allen Stufen der Beschaffung, der Fertigung und der Distribution immer nur gerade so viel und nur dann etwas zu beschaffen, zu produzieren und zu verteilen, was unbedingt notwendig ist.

Typisch für das Jit-Prinzip ist die Abkehr von der Werkstattfertigung mit einzelnen Bearbeitungsstellen und Zwischenlägern und ein Übergang zur Fließfertigung und im Extremfall zur Komplettfertigung ganzer Endprodukte an einer Stelle.

Der Gedanke der Just-in-time-Production, sei es in Form der Synchronfertigung („Produziere heute das, was morgen gebraucht wird"), sei in Form von Kanban („Produziere heute das, was gestern verbraucht wurde") ist sicherlich keine Universalmethode, die allen traditionellen Produktionsweisen gewachsen ist. Dies demonstriert die Vergangenheit und zeigen z. B. eindrucksvoll die Erfahrungen im

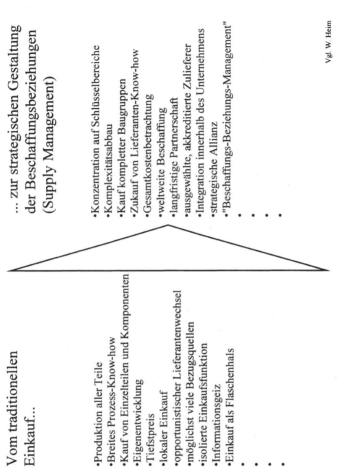

Vom traditionellen Einkauf...

- Produktion aller Teile
- Breites Prozess-Know-how
- Kauf von Einzelteilen und Komponenten
- Eigenentwicklung
- Tiefstpreis
- lokaler Einkauf
- opportunistischer Lieferantenwechsel
- möglichst viele Bezugsquellen
- isolierte Einkaufsfunktion
- Informationsgeiz
- Einkauf als Flaschenhals

• • • • •

... zur strategischen Gestaltung der Beschaffungsbeziehungen (Supply Management)

- Konzentration auf Schlüsselbereiche
- Komplexitätsabbau
- Kauf kompletter Baugruppen
- Zukauf von Lieferanten-Know-how
- Gesamtkostenbetrachtung
- weltweite Beschaffung
- langfristige Partnerschaft
- ausgewählte, akkreditierte Zulieferer
- Integration innerhalb des Unternehmens
- strategische Allianz
- "Beschaffungs-Beziehungs-Management"

• • • •

Vgl. W. Heim

Abb. 29 Veränderung der Beschaffungsfunktion bei Herstellern

Großmaschinenbau oder die gewonnenen Erkenntnisse bei ungünstiger Auftragsstruktur. Dennoch können Grundelemente bzw. -philosophien immer übernommen werden. Man denke z. B. daran, die Komplettbearbeitung zu fördern oder generell die Arbeit im Unternehmen fließen zu lassen. Auch auf die Frage „Anwendung ja/nein?" gibt es keine eindeutige Antwort. Eine Jit-Organisation schafft i.d.R. geringe Bestände, braucht wenig Puffer und ermöglicht kürzeste Materialdurchlaufzeiten.

Perfektes Jit erleben wir dann, wenn z. B. Zulieferern angeboten wird, auf dem Werksgelände des Abnehmers präsent zu sein. Dies geht heute sogar soweit, daß die Zulieferer nicht nur Läger, sondern Produktionsstätten auf dem Werksgelände des Abnehmers unterhalten. Z.B. produziert der Autositzhersteller *Recaro* auf dem *Mercedes-Benz*-Werksgelände.

Die Beschaffungsfunktion, das zeigten schon die vorherigen Ausführungen, hat sich in den letzten Jahren grundlegend gewandelt. Einen Überblick gibt die nachfolgende Grafik.[127]

Diese Veränderungen bzw. die Neudefinition der Beschaffungsfunktion der Hersteller führt beim Zulieferer zu weitreichenden Konsequenzen, z. B. zur Erweiterung der Qualitätsbegriffes. Die Zulieferer waren in jüngster Vergangenheit bzw. sind heute noch gefordert (das Wort „gezwungen" könnte auch statt „gefordert" in diesem Satz stehen), ihre Prozesse und Produkte anhand von spezifischen ISO-Standards zertifizieren zu lassen. Aufgrund der Entwicklung hin zum Baugruppenlieferanten ergeben sich für Zuliefererfirmen aus der Aufteilung der Verantwortung weitere Probleme in Streit- und Haftungsfällen aufgrund der neuen Produkthaftpflichtregelungen. Mit Just-in-Time-Vereinbarungen verbunden sind darüber hinaus Verpflichtungen zur Schaffung von Datenverbünden à la Edifact zur Bestellabwicklung. Aus diesen Entwicklungslinien hat *W. Heim* die folgenden Entwicklungsstrategien für Zulieferer im Rahmen einer Jit-Einbindung formuliert:

Denken Sie daran: Statt einer Vielzahl durchschnittlicher Lieferanten suchen Hersteller heute wenige Toplieferanten mit Zukunftspotential (Trend zum *Single Sourcing*). Für jedes Endprodukt, für jede Produktgruppe werden ein (maximal zwei) Lieferanten gesucht, um

Leistungs- umfang Kompetenz des Zulieferers	Erzeugung/ Herstellung vordefinierter Produkte und Verfahren	Erbringung von Problemlösungs- und Entwicklungs- beiträgen	
Know-how schwergewichtig auf der Produktionsebene	Teilefertiger/ Lohnfertiger	Fertigungspartner mit Verfahrens- kompetenz	**I.** Strategie: Vom Teilefertiger zum Fertigungs- partner
Know-how sowohl auf der Produktions- als auch auf der Produktebene	Entwicklungspartner mit Produktkompetenz	Wertschöpfungs- partner mit Produkt- und Verfahrens- kompetenz	**II.** Strategie: Vom Teilefertiger zum Entwicklungs- partner **III.** Strategie: Vom Teilefertiger zum Wertschöpfungs- partner

Abb. 30 Entwicklungsstrategien für Zulieferer

das dahinter stehende Produkt auf Weltklasseniveau zu bringen. Es wurde bereits viel gesiebt, es wird in der Zukunft noch viel mehr gesiebt werden. Schauen Sie zu, daß der Prozeß des Aussiebens an Ihnen vorübergeht. Werden Sie nicht nur Fertigungs- sondern Entwicklungs- oder Wertschöpfungspartner.

Viele Zulieferer, gerade im Umfeld der Automobilhersteller, befinden sich heute, so *J. M. Juran*, in folgender Zwangslage: „Die Autokonzerne ziehen die Schrauben so sehr an, daß es fast unmöglich wird, mit Lieferungen an sie noch Gewinne zu machen. So müssen die Lieferanten mit Ersatzteilen auf dem Anschlußmarkt auf ihre Kosten kommen. Daraus erwächst unmittelbar seitens der Zulieferer ein Interesse an mangelhafter Qualität, welches konträr zu der von den Automobilherstellern geforderten hohen Qualität ist, eine üble Sache."

Ganz anders ging *Nissan* vor, als dieses Unternehmen Probleme bei seinen Zulieferern in Großbritannien sah.

> Nissans britische Tochtergesellschaft machte aus ihren schlechtesten Zulieferern ihre besten, indem sie ihnen dabei half, die Schlüsselprozesse zu verbessern.

Dieses Bemühen von *Nissan* entspricht vom Grundgedanken her dem vertikalen japanischen Keiretsu, bei dem Unternehmen ihre Beziehungen durch gegenseitige Finanzbeteiligungen zementieren. Anders als beim Keiretsu kann im Rahmen gegenseitiger Prozeßverbesserungen jedes Unternehmen aus dem Verbund ausscheiden, wenn es ihm nicht gelingt, seine Leistung zu steigern oder es sich weigert, seine Situation offen darzulegen. *Nissans* Haltung, den Versagern unter den Zulieferern zu helfen, sich zu verbessern statt sie zu verstoßen, führte somit zu einer dauerhaften Lieferantenbindung, sofern diese sich zu ständigen Verbesserungen bereitfinden. Wichtig ist hierbei aus Sicht von *Nissan*, dauerhaft „Spielführer" zu bleiben und dafür zu sorgen, daß alle beteiligten Firmen an einem Strang ziehen.

Im Rahmen der Einbindung von Zulieferen in firmeninterne Entwicklungsteams spricht man heute vom **produktbezogenen Co-Design**, eine sich zunehmend erfolgskritische auswirkende Hersteller-

Lieferanten-Bindung, die bereits in der Entwicklungsphase eines Produktes einsetzt. Für Deutschland gilt, daß diese Form der Kooperation noch in den Anfängen steckt, organisatorische Änderungen diesbezüglich in den nächsten Jahren jedoch vielerorts zu erwarten sind. Hierzu gehört auch die besagte konsequente Reduktion der Anzahl der Zulieferer.

Unterm Strich funktioniert eine Jit-Kooperation nur dann, wenn sie auf Dauer angelegt ist, wenn Hersteller und Zulieferer Vorteile daraus ziehen und sich bei aller Abhängigkeit gegenseitig respektieren. Die Kooperation muß der Gewinnsicherung dienen – auf beiden Seiten. Eine solche Partnerschaft der Gegenseitigkeit aufzubauen, zu pflegen und damit wettbewerbsfähig zu halten, ist kein Kinderspiel.[128]

Nach *Burt* entscheiden heute fünf Kernfragen darüber, ob das Beziehungsgeflecht zwischen Hersteller und Zulieferer (aus Herstellersicht) funktioniert und eine dauerhafte, auf gegenseitigem Vertrauen aufgebaute Beziehung ermöglicht:

(1) Hat sich das Unternehmen mit ausreichendem Gespür darauf vorbereitet, seine Lieferanten bedachtsam auszuwählen?

(2) Sieht sein Entwicklungsteam die Mitwirkung von Zulieferern vor?

(3) Geben die ausgesuchten Lieferanten Qualitätsansprüchen klaren Vorrang?

(4) Sind die Gewinne der Zulieferer angemessen?

(5) Werden die Beziehungen zu den Lieferanten so gestaltet, daß diese ihre Fähigkeiten langfristig steigern können?

Obgleich sich manche Antworten auf mehr als eine Frage beziehen können, sollten diese einzeln nacheinander untersucht werden.

Abschließend noch ein paar Sätze zur Überschrift des Abschnittes. Sie lautete: „Just in Time, Just in Hong Kong, Just in Production". Jit wurde diskutiert. Es geht heute sogar so weit, daß der Zulieferer in Hong Kong integriert werden kann in Jit-Prozesse dank der modernen Kommunikationswege. Just in Production ist der Fachausdruck für die „Ehe" zwischen *Recaro* und *Mercedes-Benz*. Eine solche Beziehung kann durchaus als Ehe bezeichnet werden, da die Kooperation so eng ist, daß die Trauformel „..bis das der Tod uns scheidet" zwischen beiden Partner als Grundlage der Geschäftsbeziehung gelten sollte.

Top-down/Bottom-up

> „Fortschritt – schrittweise."

Top-down- oder Bottom-up-Strategien sind sicherlich eine Frage der Sichtweise bzw. des Standpunktes. Als typisches Beispiel hierzu kann zunächst das bereits diskutierte Target Costing dienen.[129] Das traditionelle Vorgehen zur Ermittlung des Verkaufspreises eines Produktes oder einer Dienstleistung ist durch die Bottom-up-Philosophie geprägt. Man addiert die analytisch ermittelten Material- oder Leistungsmengen, bewertet diese mit Kosten- und Zuschlagssätzen und erhält so die Selbstkosten des Produkts/der Dienstleistung. Damit ist die Basis für den Verkaufspreis gegeben. Falls der Markt diesen Preis nicht akzeptiert, wird über verkaufspreissenkende Maßnahmen nachgedacht und in einem iterativen Prozeß eine tragfähige Größe determiniert.

Traditionelle Beschaffung	Moderne Beschaffung
Kunde/Lieferant als autonome Marktteilnehmer	miteinander agierende Partner
kurzfristige Orientierung	langfristige Orientierung
viele Bezugsquellen	wenige Lieferanten
preisorientierte Einkaufsentscheidung	differenzierte/langfristige Lieferantenauswahl
Qualität „muß stimmen"	gemeinsam entwickelte Leistungskriterien
Einbeziehung nach Produktplanung/0-Serie	Einbeziehung bereits bei Produktplanung
Meist bezogen auf fertige Produkte/Dienste	Bezug zu Design, Materialeigenschaften, Verfahren

Tabelle 6: Wandel des Beschaffungswesens

Anders geht man – wie diskutiert – beim Target Costing vor. Hier ist der Markt der Ausgangspunkt und mit ihm der tragfähige Marktpreis. Von ihm ausgehend wird Top-down kalkuliert.

Dies ist jedoch nur eine Sichtweise, um über Top-down oder Bottom-up diskutieren zu können. Eine weitere öffnet uns z. B. Business Reengineering. Hierbei stellt sich die Frage nach dem Vorgehen bei der Implementierung der mit einem Business Reengineering verbundenen Schritte. Aus allgemeiner Sicht beginnt der Umbau an der Unternehmensspitze und pflanzt sich dann Top-down – über alle verbleibenden Hierarchieebenen – fort. Hierbei schließt die beim Business Reengineering vorzufindende Radikalität des Wandels eine Umkehrung bzw. eine Umstrukturierung von der Basis zur Spitze im Unternehmen von vornhinein aufgrund der mit dem Verfahren verbundenen Philosophie weitgehend aus. Entscheidendes Merkmal für das Top-down-Vorgehen ist die Trennung einerseits von Instanzen, die mit der Planung und Einführung des Reengineering befaßt sind, und andererseits von Betroffenen, die „Prozeßarbeit" verrichten sollen.[130]

Eine ganz andere Sichtweise eröffnet wiederum Kaizen. Dieser Prozeß der kontinuierlichen Verbesserung wird von den Mitarbeitern getragen. Sie sind es, die die Ideen generieren, in der Regel im Team beurteilen und ggf. nach oben zur Begutachtung weiterreichen. Kaizen basiert somit auf einer von den Mitarbeitern getragenen Bottom-up-Philosophie.

Total Quality Maintenance

„Quality first, not profit!"

Total Quality Maintenance ist ein Konzept zur effizienten Instandhaltung von Maschinen, das von allen Mitarbeitern gelebt und nicht nur vom Instandsetzungspersonal ausgeführt wird. Es gliedert sich in folgende fünf Schritte:

▶ **Schritt 1: Seiri (Ordnung schaffen)**
Trenne Notwendiges von nicht Notwendigem und entferne alles nicht Notwendige.

▶ **Schritt 2: Seiton (jeden Gegenstand am richtigen Ort aufbewahren)**
Gegenstände müssen so aufbewahrt werden, daß sie bei Bedarf griffbereit sind.

▶ **Schritt 3: Seiso (Sauberkeit)**
Halte den Arbeitsplatz sauber.

▶ **Schritt 4: Seiketsu (persönlicher Ordnungssinn)**
Mache die Sauberkeit und Ordnung zur Gewohnheit, in dem Du damit bei Dir selbst beginnst.

▶ **Schritt 5: Shitsuke (Disziplin)**
Halte an Deinem Arbeitsplatz die Vorschriften ein.

Im *Mercedes-Benz*-Werk Untertürkheim wurde eine vergleichbare Methode, die 5A-Kampagne, im Rahmen eines KVP-Programms angewendet. Bei Mercedes bedeuten die 5 A:

• **Aussortieren** unnötiger Dinge,

• **Aufräumen**,

• **Arbeitsplatz** sauber halten,

• **Anordnungen** zur Regel machen und

• **alle Punkte** einhalten und ständig verbessern.

Im Rahmen des KVP-Programms von *Mercedes-Benz* bilden somit die Verrichtungen Aussortieren und Aufräumen die Grundlage jedes Verbesserungsprozesses.[131] Wesentliches Teilziel der 5A-Kampagne ist das Vermeiden von Verschwendung, wie sie in der Folge von Wartezeiten, Überproduktion, Handling, Produktfehlern oder Transport häufig eintritt.

Poka-Yokes

> „Kontrolle ist gut, Vertrauen ist besser."

Schwachstelle vieler Methoden, so z. B. beim TQM, ist der Mensch. Um auch hier vor Fehlern gefeit zu sein, haben die Japaner Vorkehrungen entwickelt, wie Menschen besser in Prozesse eingebunden und mit ihnen verwoben werden können. Sie nennen diese ebenso einfachen wie wohlüberlegten Kunstkniffe Poka-Yokes (japanisch: „dumme Fehler vorhersehen und daher vermeiden).[132] Das sind dann entweder Warnsignale oder Regelmechanismen, die nach Möglichkeit verhindern, daß menschliche Unzulänglichkeiten (Ungeschick, Nachlässigkeit, Unerfahrenheit, Überforderung und dergleichen) den Produktionsfluß verzögern oder gänzlich lahmlegen. Ziel der Poka-Yokes ist es, Prozesse gegen von Menschen ausgelöste Pannen abzusichern.

Der Grundgedanke eines Schutzes vor Pannen, die auf menschliches Versagen zurückgehen, ist zu verhindern, daß Fehler, wenn sie nicht völlig zu vermeiden sind, zu größeren Folgeschäden führen. Das Kernkonzept der Poka-Yokes stammt von dem mittlerweile verstorbenen *Shigeo Shingo*, in Japan als „Herr Verbesserung" wohlbekannt. Zentral für *Shingos* Ansatz sind genaue Überprüfungen der Prozesse und das Einbringen von Poka-Yokes (automatische Verfahrenstricks oder Methoden) an Schwachstellen. Eingebracht werden sog. Warn-Poka-Yokes und Steuer-Poka-Yokes. Der Unterschied beider ist folgender: Warn-Poka-Yokes zeigen lediglich an, daß ein Fehler eingetreten ist, während Steuer-Poka-Yokes z. B. einen Maschinisten veranlassen, den Fehler zu beheben, bevor er seine Arbeit fortsetzt. Zu erwähnen sind in diesem Kontext z. B. die üblichen Grenzbelastungsschalter, die anzeigen, wenn ein bestimmtes Maschinenteil schlecht paßt. Warn-Poka-Yokes sind etwa Licher, die mit solchen Schaltern verbunden sind, um den Maschinisten auf eine solche Fehlanpassung aufmerksam zu machen. Ein Steuer-Poka-Yoke wäre die direkte Verbindung des Schalters zur Stromquelle der Maschine, um diese automatisch abzuschalten. *Shingo* stellte fest, daß die Maschinen bei *Toyota Motors* im Durchschnitt mit 12 Poka-Yokes ausgestattet sind.

Neben diesen Poka-Yokes in typischen maschinenorientierten Prozeßabläufen existieren eine Reihe von Service-Poka-Yokes für Dienstleistungsunternehmen, die ein TQM für selbige unterstützen. Probleme bereitet hier die Qualitätssicherung vermehrt, da Menschen und Dienstleistungen inhärent verknüpft sind und zu sehr individuellen Fehlern neigen. Hier helfen Poka-Yokes. Es gibt laut *Chase/Stewart* heute bereits zahlreiche Beispiele für Service-Poka-Yokes, die entweder vorgeschlagen wurden oder schon seit einiger Zeit angewandt werden. *Theodore Levitt* gab z. B. als erster die Anregung, Methoden der Fertigung auf die Erbringung von Dienstleistungen anzuwenden. *Levitt* verwies auf *McDonalds*, jenes Fast-Food-Unternehmen, das bereits in den 60er Jahren äußerst erfolgreich war, und schlug vor, Maschinen und gewitzte Kniffe einzusetzen, um einen gleichmäßig guten Service zu erreichen. Man denke z. B. an die *McDonalds*-Schippe für Pommes Frites.

Poka-Yokes können einen Kontroll-, Prüf-, Informations- bzw. Meßcharakter haben. Typischer Einsatzort für Poka-Yokes sind Krankenhäuser. Alle chirurgischen Instrumente für eine bestimmte Operation liegen auf einem Tablett, in Vertiefungen für jedes einzelne Instrument. Dadurch fällt sofort auf, wenn der Chirurg vor dem Vernähen der Schnittwunde nicht alle Instrumente zurückgelegt hat. Ein anderes Beispiel: Auf dem Arzneiwagen befinden sich die Medikamante für jeden Patienten in der korrekten Dosierung vorverpackt, ehe sie auf den Wagen gelangen. Sollte die Krankenschwester nach ihrer Runde noch Medikamente übrig behalten, muß unbedingt ein Arzt verständigt werden, der den Vorgang kontrolliert.

Auch in Hotels finden sich zahlreiche Poka-Yokes, die den Umgang mit dem Gast betreffen. Ein Beispiel: Sobald der Portier den eintreffenden Gast begrüßt und sein Gepäck hineinträgt, erkundigt er sich, ob das sein erster Besuch im Hotel sei. Antwortet der Gast, er sei hier schon einmal gewesen, so zupft sich der Portier kurz am Ohr, und der Angestellte am Empfang begrüßt den Gast mit einem herzlichen „Schön, Sie wiederzusehen".

Darüber hinaus verwenden viele Hotels folgendes Poka-Yoke. Sie bringen kleine Papierstreifen an den Handtüchern an, so daß das Personal benutzte Handtücher leicht identifizieren und austauschen kann.

In einem koreanischen Vergnügungspark benutzt man ein noch stärker auf Verhaltenssteuerung abzielendes Poka-Yoke: Die Hosentaschen neuer Mitarbeiter werden zugenäht um sicherzugehen, daß die sich korrekt aufführen und nicht die Hände in den Taschen vergraben.

Zu den Poka-Yoke-Kniffen und -Verfahrensweisen, die Kunden vor Fehlern warnen und ihr Verhalten steuern gehören nach *Chase/ Stewart* zum Beispiel: Ketten, an denen entlang sich Warteschlangen bilden sollen; besondere Schließvorrichtungen an den Toilettentüren mancher Flugzeuge, bei denen mit einer Drehbewegung das Licht eingeschaltet (und damit auch das Besetztzeichen aktiviert) werden muß, Querbalken an manchen Karussells in bestimmter Höhe, die sicherstellen sollen, daß keine Person von übergroßem oder zu kleinem Körpermaß einsteigt; Drehkreuze; Gestelle neben den Flugabfertigungsschaltern, an denen die Passagiere abmessen können, ob ihr Handgepäck nicht die zulässige Größe überschreitet; die neuen Kuvertgößenmesser der Post; Warntöne am Geldautomaten, die dem Kunden signalisieren, seine Karte wieder zu entnehmen und dergleichen mehr.

Ein weiteres Beispiel für eine billige Technik der Pannenabsicherung liefert das Cove Restaurant in Deerfield Beach (Florida) mit seinen 300 Sitzplätzen. Dort dauerte es oft bis zu 45 Minuten, bis ein Tisch frei wurde. Daher werden an wartende Gäste kleine Empfänger ausgegeben, so daß sie sich die Wartezeit draußen vertreiben können, ohne sich sorgen zu müssen, nicht der Reihe nach einen Tisch zu bekommen.

Ein anderes Beispiel: Ein Zahnarzt in einer Einkaufspassage gibt Eltern ähnliche Geräte an die Hand, so daß sie einkaufen gehen können, während ihre Kinder behandelt werden.

Diese Liste an Beispielen ließe sich noch weiter fortführen. Doch sollten Führungskräfte in der Lage sein, selbst anhand der gelieferten Ideen weitere zu entwickeln und über spezielle Praktiken nachzudenken. Ziel der Poka-Yokes ist die Qualitätssicherung beim Service, d. h. während der Dienstleistungserbringung. Dabei ist zugegebenermaßen die Ausgestaltung der Poka-Yokes teilweise eine Kunst, teilweise eine Wissenschaft für sich. Der hier von *Chase/Stewart* übernommene Bezugsrahmen, der zu einer systematischen Entwicklung von Poka-Yokes beitragen soll, ist ein bescheidener, betont praxisorientierter Ansatz, um sofortige Verbesserungen im Service zu ermöglichen.

Fraktale Fabrik

> „Der erfolgreiche Unternehmer beschäftigt sich
> mit den Wünschen seiner Kunden,
> der erfolglose mit seinen eigenen."

Nach *Scholl/Niemand/Bätz* stellt die fraktale Fabrik einen Ansatz dar, der aktuelle Managementschlagworte in einen Gesamtzusammenhang einordnet. Ihre Charakteristika sind – in Anlehnung an Organismen – Selbstorganisation, Dynamik und Selbstähnlichkeit.[133]

Der Ansatz der fraktalen Fabrik stellt eine Abkehr von der deterministischen Weltanschauung dar. Ziel der fraktalen Fabrik ist die Beherrschung und nicht die Reduktion der Komplexität im Unternehmen. Nachempfunden werden dazu Fähigkeiten, die Organismen zueigen sind, nämlich Selbstorganisation, Dynamik und Selbstähnlichkeit. Genau diese vielen Organismen eigenen Fähigkeiten wünschen sich Unternehmen: ein System, das sich effektiv bei äußeren Störeinflüssen eigenständig den neuen Gegebenheiten anpaßt und auch bei arg veränderten Rahmenbedingungen konkurrenzfähig bleibt.

Die angesprochenen Eigenschaften werden durch sog. Fraktale bestimmt, ein Ausdruck, der in der Chaos-Theorie seinen Ursprung hat. Ein Fraktal ist ein Teilsystem der fraktalen Fabrik – eine Fabrik in der Fabrik, ein Unternehmen im Unternehmen, das allen Mitarbeitern im Unternehmen die Möglichkeit und den Gestaltungsspielraum zu unternehmerischem Denken und Handeln gewährt. Fraktale sind nach *Scholl/Niemand/Bätz* Organisationseinheiten, die

- in der Regel Aufgaben eigenständig bewältigen können,
- deren Beziehungen zu anderen Fraktalen den Charakter von Dienstleistungen haben,
- die in der Lage sind, ihre Ziele selbst zu finden und mit übergeordneten Fraktalen abzustimmen,
- die ihre betrieblichen Abläufe selbst planen und
- die in der Regel nach dem Prinzip der Teamarbeit konzipiert sind.

Hieraus lassen sich die selbstähnlichen Hierarchieebenen einer fraktalen Fabrik wie in Abb. 31 darstellen.

Deutlich sieht man an der Abbildung, daß Fraktale unterer Ordnung jeweils Fraktalen höherer Ordnung Bottom-up zugeordnet werden. Ein Fraktal höherer Ordnung leistet alles, was ein Untergeordnetes nicht erbringen kann nach dem Subsidiaritätsprinzip. Dies bedeutet vice versa, daß die Fraktale höherer Ordnung keine Aufgaben erbringen, die Fraktale tieferer Ordnung erbringen können. Damit ist sichergestellt, daß Macht und Entscheidungskompetenz vor Ort liegen und die Beziehungen zwischen den Fraktalen vom Miteinander geprägt sind.

Im Konzept der fraktalen Fabrik gibt die Unternehmensführung Macht und Kompetenzen ab, der Mitarbeiter erhält entsprechende Freiräume, aber zwangsläufig auch mehr Verantwortung und Risiko.

Die einzelnen Fraktale besitzen im Sinne der fraktalen Fabrik die Möglichkeit zur **Selbstorganisation,** d. h. zur **Selbstregulation, Selbstbestimmung** und **Selbstverwaltung.** Mit der Selbstorganisation eng gekoppelt ist dabei der Hang/Zwang zur **Selbstoptimierung.** Ziel der Selbstorganisation muß es sein, die Stärken der Fraktale mit den Anforderungen der von den Fraktalen zu lösenden Aufgaben in Einklang zu bringen.

Nahezu zwangsläufig läßt sich aus der Selbstorganisation die inhärente Dynamik ableiten. Eine fraktale Fabrik befindet sich ständig in Bewegung. Fraktale können adaptiv auf Umgebungseinflüsse gezielt reagieren. Wir haben es somit mit keiner starren Organisationsstruktur, sondern einem lebenden Organismus zu tun, der lern- und anpassungsfähig ist. In diesem Kontext sind als weitere Charakteristika einer fraktalen Fabrik die Dezentralisierung, Prozeßorientierung und Mitarbeiterorientierung zu nennen. Sie sind spezifische Eigenschaften. Als letzte wesentliche Eigenschaft einer fraktalen Fabrik ist die Selbstähnlichkeit hervorzuheben. Sie wurde bereits an der Darstellung der Hierarchieebenen einer fraktalen Fabrik deutlich. Die einzelnen Hierarchieebenen sind selbstähnlich, da sie bei allen Vergrößerungen oder Verkleinerungen in sich selbst übergehen. Auf jeder Ebene findet sich die gleiche Grundstruktur. Jedes Fraktal ist in sich geschlossen eine kleine fraktale Fabrik. Dabei wird gefordert, daß

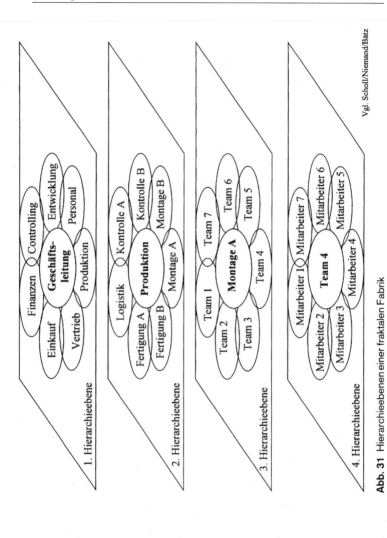

Abb. 31 Hierarchieebenen einer fraktalen Fabrik

Vgl. Scholl/Niemand/Bätz

die Fraktale ähnlich sind, jedoch nie zwingend gleich. Sie sind in Abhängigkeit von der Aufgabe anders strukturiert oder besitzen z. B. unterschiedliche Dimensionen von Aufgabenfeldern oder Kopfzahlen der ihnen zugeordneten Mitarbeiter.

Interessant ist dabei, daß laut *Scholl/Niemand/Bätz* die Fraktale einen sogenannten Ziel-Vererbungsmechanismus besitzen, d. h. jedes Fraktal definiert seine Ziele zunächst selbst, stimmt sie aber mit den Zielen übergeordneter Fraktale ab. Dies sorgt für eine Harmonisierung des Ganzen und eine Einbeziehung sämtlicher Mitarbeiter in den Zielfindungsprozeß.

Das Selbstorganisationspotential der Fraktale, gekoppelt mit deren inhärenter Dynamik führt in Produktionsprozessen zu signifikant kurzen Reaktionszeiten.

Ein Beispiel in Deutschland für eine fraktale Fabrik ist die *TRW Repa GmbH*, eine Tochter der *TRW Inc.*, Cleveland, USA. Sie stellt in sieben europäischen Werken mit 2900 Personen, davon 1700 in Deutschland Rückhaltesysteme für Kraftfahrzeuge her. Bereits 1988 wurde dort, obwohl es keinen wirtschaftlichen Anlaß gab, mit der Umstrukturierung begonnen, da

- die **Hektik** in der Produktion immer größer wurde,
- die **Lagerbestände** unkontrolliert stiegen,
- der **Reifegrad** nachließ und
- das *Betriebsklima* litt sowie Führung und Motivation mehr und mehr zum Problem wurden.

Aus heutiger Sicht kann die Umstrukturierung als abgeschlossen und erfolgreich angesehen werden. Vielleicht wäre dieses Haus ein interessanter Benchmarking-Partner für Sie.

„Ein Fraktal ist eine selbständig agierende Unternehmenseinheit. Fraktale organisieren und optimieren sich selbst; den Zielen des Unternehmens folgen sie wiederspruchsfrei. Das Fraktale Unternehmen ist ein offenes System, das durch dynamische Organisationsstrukturen einen vitalen Organismus bildet. Alle Vorgaben und Abläufe werden durch Zielvereinbarungen zwischen Mitarbeitern und Kunden geregelt."[134]

Virtuelle Unternehmen

„Nur noch das tun, was man besser kann!"

Das Attribut virtuell tauchte in den 50er Jahren zunächst als Begriff in der Computerwissenschaft auf. Virtuelle Computer machten durch ihre hohen Rechengeschwindigkeiten ihre Benutzer glauben, daß sie als einzige Zugriff auf die Systemressourcen hätten, während tatsächlich mehrere Anwender sequentiell bedient wurden. Mit dem Wort virtuell verbanden sich jetzt auch Anpassungsfähigkeit und Interaktion, losgelöst von zeitlichen und örtlichen Beschränkungen. Heute spricht man von der virtuellen Realität aus dem Computer. Doch, wie sieht nun die virtuelle Unternehmung aus?[135]

Virtuelle Unternehmen sind geschäftsorientierte Partnerschaften auf Zeit, bei denen Lieferanten, Kunden und Produzenten aktiv und synergetisch einen Bedarf zum gemeinsamen Vorteil aller Beteiligten abdecken. Dabei können alle Partner gleichzeitig an verschiedenen virtuellen Unternehmen beteiligt sein. Beispiele hierfür sind *„Nike"* oder der österreichische Brausemixer *„Red Bull"*, die fast nichts anderes sind als die Marke selbst. Sie streichen Jobs und geben Produktion und Vertrieb ab. Sie sind *nur* eine Idee. „Ich habe keine Fabrik, kein Lager, keinen Lastwagen", sagt *Red Bull*-Gründer *Dietrich Mateschitz:* „Ich bin das Marketing und die Kreativzentrale." Virtuelle Unternehmen überzeugten in der Vergangenheit wiederholt (Fehlschläge gibt es naturgemäß bei allem Neuen auch), da viele Topmanager davon überzeugt sind, daß Bürokratie nichts taugt und Flexibilität gut ist.

Eine virtuelle Unternehmung basiert auf einem Netzwerk von Betrieben, die sich rasch zusammenschließen, um eine sich bietende **Wettbewerbschance** zu nutzen. Eine Virtuelle Unternehmung ist eine **„Best-of-everything-Organization"**, d. h. ein Spitzenunternehmen auf Zeit.[136]

Die virtuelle Unternehmung schöpft ihre Kraft aus der Konzentration auf die Kernkompetenzen. Konzentration der Kräfte, das bedeutet nach *G. G. Vogt* Spezialisierung auf die Stärken. Nur noch die Produkte oder Dienste werden selbst bereitgestellt, die man erwiesenermaßen effizienter und besser liefern kann als andere Anbieter. Für alle Randgeschäfte werden Kooperationspartner gesucht, die auf den jeweiligen Gebieten strategische Vorteile besitzen. Alle Funktionen, die nicht zu den Kernkompetenzen gehören, nehmen in einem virtuellen Unternehmen somit die Kooperationspartner wahr. Doch Achtung: alle Unternehmen, die sich eilends in Allianzen stürzen, statt ihre eigenen Fähigkeiten zu verstärken und zu schützen, setzen dabei leicht ihre Zukunft aufs Spiel.[137] Was macht den Vorteil eines virtuellen Unternehmens aus? Im Kern sind es Anreiz und Reaktionsfähigkeit. Wodurch werden virtuelle Unternehmen befähigt, erfolgreich zu operieren?

Erst die neuen Technologien wie Mobile Computing, Video Conferencing, Multi-Media ermöglichen m.E. solche neuen Formen der Zusammenarbeit, zu denen auch Telekooperation, Mobile Business oder andere zukunftsweisende Unternehmensstrukturen, wie es die Form des virtuellen Unternehmens ist, zählen.

Beim virtuellen Unternehmen bleiben als zentrale Funktionen nur die **Vision**, **Gesamtstrategie** und **Netzwerkkoordination**. Strukturelles Hauptmerkmal der virtuellen Unternehmung ist die Auflösung der organisatorischen Grenzen. Damit der Zusammenhalt trotzdem gewährleistet ist, bleibt ein fester Unternehmenskern bestehen. Dies ist der Grundgedanke virtuellen Arbeitens. *IBM* lieferte in der Vergangenheit das bis dato faszinierendste Beispiel für den Erfolg/Mißerfolg virtueller Vorgehensweisen.[138] Als *IBM* 1981 den ersten PC lancierte, hatte sich das Unternehmen bei allen wesentlichen Komponenten für die externe Beschaffung am Markt entschieden. Den Mikroprozessor (den 8088) lieferte *Intel*, und das Betriebssystem (aus dem dann *MS-DOS* wurde) kam in Lizenz von einer damals noch unerfahrenen Softwarefirma namens *Microsoft*. Der *IBM*-PC hatte eine offene Struktur, basierte auf weit verbreiteten Standards und Komponenten. Schon 1985 löste er die *Apple*-PC's als Marktführer ab. Dennoch, mit der Zeit wurde auch die Kehrseite von *IBM*'s dezentraler Vorgehensweise sichtbar. *IBM* half Firmen wie *Intel* oder *Microsoft* zu weltweiter Bedeutung und geriet durch diese selbst in Bedrängnis. Sie sind ebenbürtige Konzerne. *IBM* war Steigbügelhalter beim Markteintritt. *IBM* ist aus heutiger Sicht wenig vom Wettbewerbsvorteil aus den

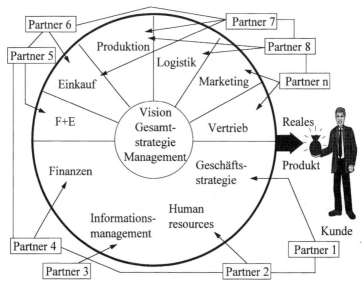

Abb. 32 Virtuelle Unternehmen

Anfangsjahren geblieben. Andere Hersteller verwenden heute ebenso *Intel*-Prozessoren oder vertreiben die *Microsoft*-Palette. Es kam sogar noch härter. Als *IBM* sein *OS/2*-Betriebssystem einführte, antwortete Microsoft mit *Windows*. Obwohl *IBM* mit 12 Prozent an *Intel* beteiligt war, konnte *Compaq* den ersten auf dem Microprozessor 80386 basierenden PC vorstellen. Heute ist das PC-Geschäft nach Insiderberichten für *IBM* nur noch schwach profitabel. Der größte Teil der mit der PC-Architektur erzielten Gewinne fließt inzwischen an die Lieferanten des Mikroprozessors (*Intel*) und des Betriebssystems (*Microsoft*). Der kumulierte Marktwert dieser Lieferanten übertrifft den von *IBM* heute bei weitem. Hieraus folgt der von allen zukünftig virtuell operierenden Unternehmern zu akzeptierende Grundsatz, daß miteinander zusammenhängende Entwicklungsarbeiten im eigenen Hause geschehen müssen, um die Früchte langfristiger Investitionen in Forschung und Entwicklung dauerhaft ernten zu können.

Trotz offensichtlicher Problemkreise nimmt die Anzahl virtueller Unternehmen in der Wirtschaft ständig zu, vornehmlich wohl deshalb, weil Dienstleistungen und nicht Fertigungsaktivitäten zunehmend die größten Quellen der Wertschöpfung in fortgeschrittenen Unternehmen sind. Schon jetzt enthält nach *J. B. Quinn* ein normales Industrieprodukt zu mehr als zwei Dritteln Dienstleistungen wie Forschung und Entwicklung, Design, Marketing und Logistik, die vom Potential dezentrale Funktionen darstellen können.[139]

Alle Bereiche der Wertschöpfungskette, aber auch die horizontalen Funktionen können prinzipiell an Partner ausgegliedert werden. Das Produkt wird virtuell hergestellt und erst beim Kunden unter dem Markennamen zur Realität. Produkte sind dabei nichts anderes als die physischen Hüllen der eingeflossenen Dienstleistungen.

Virtuelle Unternehmen sind bereits heute aus der Informationsgesellschaft nicht mehr wegzudenken. Sie sehen sich i. allg. als „Wissens-Holdinggesellschaften". *Roland Berger* meint in diesem Kontext: „In der Informationsgesellschaft werden die Grenzen zwischen Berufs- und Privatleben, zwischen Arbeitszeit und Freizeit, zwischen Abhängigkeit und Selbständigkeit zusehends verschwimmen."[140] Der Grund: Viele Computer-Werktätige werden nicht mehr täglich ins Büro fahren müssen, sondern können über die heute bereits existierenden Netze mit ihrem Büro kommunizieren und von dort arbeiten – in großer Zahl als Selbständige. Dies hat einige Vorzüge. Der Home-Worker kann seine Zeit freier einteilen, ist motivierter und muß keine Pflichtstunden im Büro oder in der Fabrik absitzen. Ebenso spart er An- und Abfahrtszeiten, ein in Ballungszentren nicht zu unterschätzender Zeitgewinn resultiert hieraus für ihn und seine Firma. Damit nicht genug. Dank dieser Arbeitsform haben zunehmend Frauen die Möglichkeit, Beruf und Familie in Einklang zu bringen. Kühn postuliert der Wiesbadener Consultant *Gerhard Staab*: „Das klassische Unternehmen als Organisationsform, wo sich Mitarbeiter zu festen Zeiten an einem Ort sammeln müssen, hat ausgedient."[141] So kraß sieht der Verfasser diesen Sachverhalt nicht, da nur einige Berufssparten die hundertprozentige Voraussetzung zur Telearbeit erfüllen. Dennoch eröffnen sich Potentiale. *Wolfgang Schönfeld*, Vorsitzender der Geschäftsführung der *CNI Communi-*

cations Network International in Eschborn meint hierzu: „Die Telearbeit macht aus der Wohnung eine Art modernen Bauernhof – wo wie ehedem am selben Ort gelebt, gearbeitet und sich vergnügt wird."

Die Spielregeln im Virtual Office der Zukunft sind denkbar einfach. Mache deine Arbeit, egal, ob im Grünen oder im Medienzimmer des Penthouse, aber gib sie pünktlich ab und sei immer während der Kernarbeitszeiten erreichbar.[142]

In den USA gibt es bereits die ersten „Virtual Corporations", die ohne eigene Bürogebäude nur als Rechtsgebilde im Netzwerk bestehen. Die New Yorker Werbeagentur *Chiat/Day* in der Maidan Lane ist das erste weltweite Büro für elektronische Arbeitsnomaden. Wenn die Kreativen morgens ins Büro kommen, holen sie sich beim Pförtner einen Laptop und ein Handy ab. Danach sucht sich jeder sein Arbeitsplätzchen für den Tag. Da vollgestopfte Büros mit alten Zeitungen und verstaubten Akten nur teure Mieten kosten, sind fest zugewiesene Büros mit persönlichen Gegenständen out. Da ohnehin ständig ein Drittel der Mitarbeiter abwesend ist, entweder bei Kunden, im Urlaub oder krank, läßt sich ein Drittel der Arbeitsfläche einsparen.

Angesichts der hohen Standortkosten deutscher Unternehmen ist das virtuelle Unternehmen eine Chance für den Standort Deutschland. So sagt *Lotus* Geschäftsführer *Gerhard Rumpff:* „Das virtuelle Büro, in dem sich örtlich verteilte Spezialisten zusammenfinden können, um schnellstmöglich die beste Lösung für den Kunden zu entwickeln, ist die Zukunft des Standorts Deutschland".[143]

Virtuelle Unternehmen gestatten sogar ein Arbeiten rund um die Welt. Wenn die *SAP*-Mitarbeiter abends um sechs Uhr aufhören, an bestimmten Projekten zu arbeiten, werden die Daten in das *SAP*-Forschungszentrum in Kalifornien überspielt. Dort beginnt dann gerade der Arbeitstag. Und einige Stunden später jagen die Daten nach Tokio und von dort nach Waldorf zurück. Weltweites Kooperieren und Arbeiten an einem Projekt ist somit in virtueller Umgebung möglich. Hierbei ist zu befürchten, daß einzelne unserer Mitmenschen zum Homo electronicus mutieren. Bitte Vorsicht! Man sieht jedoch: Globalisierung und zeitzonenüberschreitende Teamarbeit resultieren in immer längeren Arbeitstagen, vor allem dann, wenn die

Arbeit via eMail und Telecomputing immer stärker in die Privatsphäre eindringt.

Ein virtuelles Unternehmen kann auch wie folgt geschaffen werden: Man sourct konsequent alle nicht zum Kern gehörenden Kompetenzen aus, statt Bottom-up der in diesem Fall klassische Top-Down-Ansatz zum virtuellen Unternehmen. Als Konsequenz des Outsourcing hin zum virtuellen Unternehmen wird die eigene Organisation schlanker und wendiger, ganz im Sinne der Lean Organization.

Dennoch ist die virtuelle Unternehmung nicht das Allheilmittel für alle und alles. Einmal eingefahrene Strukturen lassen sich nicht von heute auf morgen in eine virtuelle Firma transformieren. Zudem stellt das nach Kooperation und Selbständigkeit strebende weitläufige Beziehungsnetz einer virtuellen Firma hohe persönliche Anforderungen an die Menschen in der virtuellen Firma. Statt arbeiten für die Unternehmung heißt es nun arbeiten mit der Unternehmung. Der Abschied vom Arbeitertum, der hohe Grad an Selbständigkeit und Eigenverantwortung in der virtuellen Unternehmung ist dabei nicht jedermanns Sache.[144] Auch für Führungskräfte beginnen neue Zeiten. Denn mit „Führung an der langen Leine" kommt nicht jeder zurecht. *A. Kerstan*, Leiter der *IBM*-Geschäftsstelle Banken/Südwest weiß, daß so manche Führungskraft Probleme mit der virtuellen Organisation hat: „Wer bisher autoritär geführt hat, wird das für Tele-Arbeit nötige Vertrauen in seine Mitarbeiter nicht aufbringen." Ebenso fehlt vielen die Hierarchie. Ein Netz von Mitarbeitern im virtuellen Umfeld ist nun mal nicht hierarchisch. Viele Führungskräfte verbinden mit der Einführung von virtuellen Unternehmen Kompetenzverluste, da Hierarchien abgeflacht werden. Dem ist nicht so, wenn es frühzeitig gilt, die Aufgaben der Führungskräfte und ihre Führungsstile neu zu definieren. Prof. *W. Glaser* vom Psychologischen Institut der Universität Tübingen meint hierzu: „Durch Tele-Arbeit wird der Führungsstil optimiert".[145] An anderer Stelle wurde gesagt: „Der Chef wird zum Animateur, der seine selbständigen Mitarbeiter nur noch ab und an motivieren muß". Wem es gelingt, mobile Mitarbeiter in virtuellen Organisationen auch außerhalb des Unternehmens zu führen und zu motivieren, der gewinnt. Diese Fähigkeiten sprechen zudem eindeu-

Verbundformen	Attribute der Verbundform im Unterschied zum virtuellen Unternehmen
Strategische Allianz	• weniger tiefe Verbindung • kaum Virtualisierung der Leistungserstellung • vorwiegend von Großbetrieben gegründet
Konzert	• Beherrschungsvertrag
Kartell	• Ziel der Wettbewerbsbeschränkung
Konsortium	• Existenz von formalem Beiwerk
Franchising	• Auf Dauer angelegt • Unterordnungsverhältnis
Joint Venture	• Erforderung der Neugründung
Keiretsu	• Feste Mitgliedschaft der Partner

Tabelle 7: Unterschiede von virtuellen Unternehmen zu anderen Verbundformen

tig für die Qualität der Führungskraft. Neben der neuen Organisationsform müssen sich somit dem Neuen aufgeschlossene Führungskräfte finden. Hierarchisch denkende Führungskräfte im virtuellen Gewand sind nicht gefragt. Niemand wird in der Zukunft mehr nach der Anzahl seiner Mitarbeiter bewertet.

Für die Mitarbeiter in virtuellen Unternehmen („virtual employee") wird die Identifikation mit dem geschaffenen Produkt (und nicht mit dem Unternehmen) oberstes Gebot. Dies kann zu Problemen führen, u. a. zu einem „Not-Invented-Here"-Gefühl.

Denken Sie jedoch immer daran, daß virtuelle Unternehmen schon allein deshalb strategischen Gefahren ausgesetzt sind, weil sie sich auf Partner, Lieferanten und andere Außenstehende verlassen müssen.

Statt „virtuellem Unternehmen" findet sich in diesem Zusammenhang neuerdings auch der Begriff „Brandnet Company". Man merke sich aber: Je virtueller ein Unternehmen, um so wichtiger ist die Marke und die Kultur.

Abschließend bleibt festzuhalten, daß die virtuellen Unternehmen keine völlig neue Entwicklung darstellen. Man spürt vielfach die Verwandtschaft zu anderen Kooperationsformen. Tab. 7 zeigt eine Abgrenzung nach *Mertens/Faisst*.

Lernende Organisation

„Die Informationsgesellschaft ist keineswegs eine informierte Gesellschaft."

Die Lernende Organisation ist eine organisatorische Gestaltungsphilosophie, deren Kernelemente im theoretischen Feld verhaltenswissenschaftlicher Aspekte angesiedelt sind.[146] Für ihren herausragendsten Vertreter, *P. M. Senge*, ist das Lernen eine qualitative Steigerung des Wissensstands, die eine Verbesserung der Fähigkeit, effektiv zu handeln, mit sich bringt. *P. M. Senge* unterscheidet fünf „Disziplinen" oder Grundanforderungen, deren erfolgreiche Erfüllung und Umsetzung das Wissen und den Erfahrungsschatz der einzelnen Organisationsmitglieder verfügbar machen können.

Die fünf Grundanforderungen von *P. M. Senge* an eine Lernende Organsiation sind nach *Stadelmann/Lux:*

(1) Das **systemische Denken** betont den Ganzheitsaspekt sowie Interdependenzen der Handlungen einzelner Organisationsmitglieder oder bestimmter Abteilungen.

(2) Die **persönliche Perfektion** hat zwei Implikationen: Individuen müssen ständig klären, was für sie wichtig ist und sich kontinuierlich bemühen, die Realität möglichst objektiv zu erkennen. Persönliche Perfektion wird nicht als Zustand verstanden, sondern als lebenslanger Prozeß.

(3) **Mentale Modelle** beziehen sich auf diejenigen Faktoren, welche die Menschen gewöhnlich als selbstverständliche erachten (z. B. alltägliches Konversationsverhalten, besonders wenn komplexe, konfliktbeladene Themen anzugehen sind). Diese Disziplin kann eigene Verhaltensmuster so weit verändern, daß solche Diskussionen zu echtem Lernen führen.

(4) **Gemeinsame Visionen** beziehen sich auf diejenigen Visionen, denen sich alle Mitarbeiter verpflichtet fühlen, da sie ihre persönlichen Zielsetzungen widerspiegeln. Eine gemeinsame Vision ist der erste Schritt von einer Atmosphäre des Mißtrauens zur effektiven Zusammenarbeit.

(5) Das **organisatorische Lernen** oder das Lernen der gesamten Organisation (die von *P. M. Senge* als zentral erachtete „fünfte

Disziplin") und die damit verbundenen Nutzenpotentiale sind nur erreichbar, wenn die einzelnen Organisationsmitglieder auf individuelles Lernen ausgerichtet sind.

In diesem Kontext sagt *J. Hormann*, Zukunftsforscher und Managementtrainer: „Unternehmen, die sich als lernender Organismus verstehen, haben flache Hierarchien, sie übertragen gleichermaßen Verantwortung und Rechte auf die Beschäftigten zur weitgehenden Selbststeuerung. Von Mitarbeitern positiv aufgenommen wird eine absolute Durchlässigkeit von Informationen, die bisher meist von der Führung geheimgehalten wurden."[147] Ergänzend hierzu wird an anderer Stelle gefordert, daß alle Betroffenen, also Mitarbeiter, Kunden, Lieferanten, Eigentümer etc. an der Festlegung unternehmenspolitischer Maßnahmen und Strategien im lernenden Unternehmen beteiligt werden müssen.

In einem lernenden Unternehmen müssen zudem einige grundlegende Einstellungen vorhanden sein, wenn es einen automatischen Entwicklungsprozeß durchlaufen soll. Dazu zählen

(1) der offene Informationsaustausch,

(2) ein etabliertes Lernklima und

(3) der positive Umgang mit Fehlern.

Isoliert voneinander und in einen anderen Kontext eingebettet wurden diese Punkte bereits mehrfach gefordert, so daß die Erläuterung der damit verbundenen Ziele hier unterbleiben kann. Wichtig ist jedoch, daß man ein lernendes Unternehmen nicht mit „brachialer Gewalt aus dem Boden stampfen kann". Lernen ist immer mit einer gewissen Unruhe verbunden, wobei ein lernendes Unternehmen stets ein unvollendetes ist. Es ist ein Lern- und Entwicklungszentrum, das sich stets in vorwärtsgerichteter Bewegung befindet.

Von Menschen in lernenden Unternehmen werden zudem besondere Fähigkeiten verlangt. Exemplarisch sind dies: Kreativität, Intuition, Vision, Gestaltungskraft, Imagination, Reflexion und nicht zuletzt Lernbegabung.[148]

Aus heutiger Sicht stellt man sich bereits die Frage, warum die seit vielen Jahren in den USA verbreitete Idee der lernenden Organisation (des lernenden Unternehmens) in Deutschland bisher kaum zufriedenstellend aufgegriffen und umgesetzt worden ist. *W. Burgheim* mutmaßt gar, daß der Grund darin liegt, daß *P. M. Senges* wegweisendes Buch „The Fifth Discipline: The Art and Practice of the Learning Organization", 1990 in New York erschienen, erst 1997 auf Deutsch herausgekommen ist. Weitere Fragen, die er a. a. O. aufführt, sind:

- Ist es die Skepsis auf seiten der Unternehmen, nur einem repassierten alten Hut zu begegnen?
- Konnte die Vision von einem lernenden Unternehmen bislang nicht hinreichend genug konkretisiert werden?
- Ist nicht zu bezweifeln, daß sich überhaupt kollektiv lernen läßt, da Lernen doch ein individueller und im Inneren des einzelnen sich abspielender Vorgang ist?
- Liegt nicht ein Mißverständnis vor, da ja alle tagtäglich im Betrieb dazulernen und so gesehen das lernende Unternehmen eigentlich schon ein Faktum ist?

Diese Fragen sollten uns jedoch nicht entmutigen. Verwerfen Sie nicht allzu frühzeitig die Idee vom lernenden Unternehmen. Denken Sie dabei vielleicht einmal an die einschlägige Definition von Bildung. Nicht derjenige ist gebildet, der über ein gehäuftes Wissen verfügt, sondern „wer im ständigen Bemühen lebt, sich selbst und die Welt zu verstehen und gemäß diesem Verständnis zu handeln" (Deutscher Bildungsrat). Lernen (in einer Organisation) sollte somit als fortwährendes Entdecken, Forschen, Probieren, Kombinieren, Reflektieren, Bessermachen und Einüben ohne zeitlichen Druck verstanden werden. Bedenken Sie: Wirkliches Lernen läßt sich nicht aufoktroyieren. Nach *W. Burgheim* sind im lernenden Unternehmen Führungskräfte zugleich Forscher, die das Unternehmen zu erkunden suchen, sie sind Gestalter ablauforientierter und sozialer Prozesse. Insbesondere aber sind sie Lernhelfer, wenn alle das Unternehmen stets aufs neue durchdenken.

Das lernende Unternehmen zu schaffen bedeutet, in einen kreativen Gestaltungsprozeß einzutreten. Die lernende Organisation

- entwickelt geistige Kräfte, die Kopf, Herz und Hand aller Mitglieder beeinflussen und verwandeln; sie fördert die Bereitschaft zum Lernen ebenso wie die Fähigkeiten dazu, wobei die Entwicklung der Mitarbeiter und ihr Bedürfnis nach Selbstverwirklichung Unterstützung findet; und sie

- bildet Lerngemeinschaften, Netzwerke und Microwelten zum gemeinsamen Wahrnehmen, Verstehen und Erforschen.

Das sind, bei relativ geringen Kosten und bei wenig Risiko, beste Voraussetzungen für hohe Leistungsbereitschaft und Innovation. Unternehmen als lebendig lernende Organisationen sind innovativ, gewinnträchtig und menschlich zugleich.[149]

Der Beirat

„Warum erst hier?" ist sicherlich eine berechtigte Frage. Das Modell „Beirat" – ein gewiß sehr einfach zu gestaltendes – trat erst in jüngster Vergangenheit wieder aus dem Schatten anderer Methoden heraus. Aus diesem Grunde wurde es in dieser Abhandlung – ohne eigentlich eine Wertung durch die Reihenfolge der Plazierung vornehmen zu wollen – genau hier diskutiert, um nachdrücklich auf seine Bedeutung aufmerksam zu machen. Spät wurde erkannt, daß das Modell als wertvolle Orientierungshilfe in schwieriger werdenden Märkten angesehen werden kann, insbesondere bei anstehenden strategischen Entscheidungen.[150] Firmenbeiräte sind interessant für Unternehmen, da sie ungebunden bei großen Entscheidungen zugezogen werden können. Dies grenzt sie eindeutig von Bankern oder den eigenen Leitenden ab, da diese oftmals in einem Interessenskonflikt stehen. Denken Sie z. B. an die eigenen Leitenden, die man zu Rationalisierungsvorhaben befragt oder den Banker, der von einer Unternehmenskrise zu früh erfährt.

Ein Beirat sollte ein uneigennütziger Partner auf Zeit sein, wobei aufgrund von Jahreshonoraren für Beiräte zwischen 20000 und 50000 DM vielfach nicht mehr von Uneigennutz gesprochen werden kann. Dies gefährdet zunehmend das Modell „Beirat", da der Lebensstandard von der Vergütung inhärent abhängt.

Im Beirat gilt es Personen zusammenzufassen zum Nutzen des Unternehmens. Wirtschaftsprüfer, Banker oder Anwalt des Unternehmens gehören sicherlich nicht zum engeren Kreis beim Aufbau eines Beirates, da diese dem Betrieb ohnehin als Berater zur Verfügung stehen.

Der Beirat sollte über branchenspezifische Fachkompetenz verfügen. Ideal sind somit für die Besetzung eines Beirates Unternehmer, die in der gleichen oder einer ähnlichen Branche tätig sind, ohne allerdings direkter Wettbewerber zu sein. Mit diesem sollte man in der Lage sein, Strategien zu erarbeiten und Zukunftsziele zu definieren. Über die Strategieentwicklung hinaus können folgende Aufgaben an Beiratsmitglieder gegeben werden:

- Der Beirat ist Konfliktlöser und vermittelt z. B. zwischen verschiedenen Generationen oder Unternehmen und Zulieferern in kritischen Situationen.
- Ein Beirat dient als Mittel gegen Betriebsblindheit und ist somit ein wichtiger Fehlerdetektor.
- Ein Beirat sollte kritischer Erfolgskontrolleur sein.
- Ein Berat könnte z. B. im Todesfall des Unternehmers den neuen Geschäftsführer wählen.
- Als Gesellschafterausschuß könnte ein Beirat z. B. die Interessen verschiedener Gruppen kanalisieren.

Sie sehen, ein Beirat ist mehr als ein ständig zustimmend nickendes Gremium. Mit ihm müssen Probleme kompetent diskutiert und gelöst werden können.

Das Shareholder-Value-Konzept

Kein Schlagwort wird heute in Hauptversammlungen von Aktiengesellschaften seitens der Aktionäre häufiger aufgegriffen als „Shareholder-Value". Hauptversammlungen sind geprägt von einer verstärkten Rentabilitätsorientierung seitens der Unternehmenseigner bzw. Kapitalgeber. Mit Recht fragen Aktionäre nach dem Wert bzw. der Wertentwicklung ihres Unternehmens bzw. ihres in Aktien verbrieften Kapitals. Unterwürfig widmen sich die Vorstände nun einer Shareholder-Value-Optimierung. Doch was ist dies? Was sind Indikatoren für eine konsequente Ausrichtung eines Unternehmens nach Shareholder-Value-Gesichtspunkten? Diese Fragen – insbesondere die letzte Frage – beantwortet *R. J. Schätzle* wie folgt:[151]

„Indikatoren für eine konsequente Shareholder-Value-Orientierung sind:

- vergütungstechnische, direkte Beteiligung des Managements an der Wertentwicklung der Gesellschaft bzw. deren Aktien,
- interne Steuerungssysteme mit konkreten Aussagen bezüglich der Shareholder-Value-Definition und deren Zielwerten,
- Kommunikation über das unternehmensspezifische Shareholder-Value-Konzept zu wesentlichen und potentiellen Interessengruppen (stakeholders)."

Eine wesentliche Forderung der Shareholder-Value-Sympathisanten ist es somit, die Gesamt-Vergütungssysteme der Unternehmen, insbesondere der Manager, neu zu gestalten. *Eckard Pfeiffer*, CEO von *Compaq* bezog z. B. im Jahre 1995 ein Grundgehalt von 3,6 Mio. US-$ zzgl. Aktienoptionen im Wert von 12,5 Mio. US-$, während sein Kollege *Louis Gerstner*, CEO von *IBM*, Aktienoptionen im Wert von 8,5 Mio. US-$ bei einem Grundgehalt von 4,8 Mio US-$ erhielt.

Uneinig ist man sich heute seitens der wissenschaftlichen Seite noch, wie der Shareholder-Value letzendlich gemessen wird bzw. was konkret darunter zu verstehen ist. Gesprochen wird vielfach von einem Mischmasch aus Formeln oder Kennzahlen, die u. a. die Eigenkapital-Rendite oder den „einfachen" Gesamtertrag je Aktionär – was immer das auch ist – irgendwie gewichtet beinhalten. Abschließend formalisiert wurde er bis dato nicht. Auch Vorstände äußern sich zu diesem Thema zuweilen lapidar. Zu hören ist vielfach: „...die Interessen unserer Aktionäre und die Wertsteigerung unserer Gesellschaft und deren Aktienkurse ist für uns nichts Neues, sondern seit jeher oberstes Ziel unserer Geschäftstätigkeit."[152] Dennoch ist das Ziel des Shareholder-Value-Ansatzes eindeutig zu definieren: Es gilt die Verantwortlichen am Erfolg/Mißerfolg ihres Unternehmens partizipieren zu lassen. Eine „Vergütung gemessen am Erfolg" und damit an der Wertentwicklung des Unternehmens ist die Kernforderung der Stakeholder, der am Unternehmen beteiligten Interessengruppen, primär somit der Aktionäre. Eine Zuwendung zu diesem Konzept bzw. eine Beschleunigung der Zuwendung zu diesem Konzept ist somit letztendlich eng an die Interessen und Wünsche der Aktionäre gekoppelt. Niemand wird sich ihrem Begehren nach einer Anpassung hin zum

Shareholder-Value-Ansatz, wie auch immer definiert, dauerhaft erwehren können.

Um die Shareholder-Value-Analyse zu systematisieren wird nachfolgend auf einen Ansatz von *G. M. Becker* zurückgegriffen.[153] Er sieht den S(hareholder)-V(alue)-A(nalysis)-Ansatz (SVA-Ansatz) als Instrument der Bewertung und der strategischen Planung, wobei die Grundannahme bzw. Zielsetzung ist, den Marktwert des Unternehmens nachhaltig zu steigern und hieran die Manager bzw. Mitarbeiter partizipieren zu lassen.

▶ **Methodik**

(1) Aufteilung des Gesamtunternehmens in strategische Geschäftsfelder.

(2) Bestimmung der SOLL-Renditen der Geschäftsfelder

(3) Ermittlung der IST-Betriebsergebisse der Geschäftsfelder

(4) SOLL-IST-Vergleich

(5) Zusammenführung auf Gesamtunternehmensebene

Eine solche Vorgehensweise gelingt jedoch nur, wenn einige Randbedingungen gegeben sind bzw. geschaffen werden können. Dazu zählen primär:

• eine divisionale Organisationsstruktur (meist nach Produktsparten),

• ein aussagefähiges internes Rechnungswesen nach Geschäftsfeldern und

• eine aussagefähige kalkulatorische Kostenrechnung.

Gekoppelt mit Prognoseinstrumentarien zur Ermittlung zukünftiger IST-Ergebnisse ist der SVA-Ansatz eine probate Managementmethode. Üblicherweise können jedoch nur die zukünftigen Ergebnisse für wenige Jahre mit relativer Genauigkeit prognostiziert werden.

Die SVA-Methodik setzt sich in Großunternehmen mit der Möglichkeit der bereichs- bzw. spartenweisen Trennung von Geschäftsfeldern bzw. -einheiten zunehmend durch und wird z. Zt. vielfach zu einem Instrument des operativen Controllings weiterentwickelt. Der wesentliche Unterschied gegenüber früheren operativen Controllingsystemen besteht darin, daß hier Unternehmen bzw. Ergebnisse nach

- Geschäftsfeldern,
- Unterabteilungen,
- Produkten und
- einzelnen Geschäften

aufgegliedert werden können. Dies alles erfordert natürlich eine leistungsfähige Soft- und Hardware-Plattform. Heute existieren bereits Anwendungen, die Auswirkungen der verschiedensten Strategien und Strategiekombinationen auf den Wert eines Unternehmens simulieren (What-if-Analyse) und deren Risikograd messen, somit fundierte Sensitivitätsanalysen ermöglichen.

▶ **Definition**

Zielsetzung des SVA-Managements ist es, den Wert eines Unternehmens nachhaltig zu steigern, was eine systematische Rentabilitätsorientierung bewirkt.

Daraus ergibt sich, daß die Geschäftsfelder, deren Ergebnisse gut sind, gezielt auszubauen sind, während Geschäftseinheiten mit unzureichenden Betriebsergebnissen zu restrukturieren bzw. zu liquidieren sind.

Nun zur Kritik am Ansatz. *G. M. Becker* sagt, daß die Gegner der SVA-Methode häufig dahingehend argumentieren, daß das Konzept – getreu dem Namen – einseitig die Interessen der Anteilseigner/ Aktionäre bevorzugt, während die Interessen der Kunden, sonstigen Gläubiger und Mitarbeiter vernachlässigt werden. Darüber hinaus führt *G. M. Becker* – in bezug auf Banken, was wohl zu verallgemeinern ist – an, daß überzogene „Lean-Konzepte" zur Wertvernichtung führen. Eine anvisierte Rentabilitätssteigerung kann seiner Auffassung nach nur durch Qualifikation und Managementmethoden erreicht werden, die denen der Konkurrenten überlegen sind.

Der Wettbewerbsvorteil

„KEF = Konkrete Erfolgs-Faktoren/Kosten, Erträge und Führung."

Ein zentrales Anliegen der Unternehmen in einer Marktwirtschaft ist der Aufbau von Wettbewerbsvorteilen gegenüber der Konkurrenz. Obwohl Überlegungen zum Thema „Wettbewerbsvorteile" daher nicht eben rar sind, ist noch kein allgemeiner Konsens über ihre Definition, Operationalisierung oder ihre Planung erzielt worden.[154] Für die langfristige Sicherung der Wettbewerbsfähigkeit ist es heute z. B. mitentscheidend, wie erfolgreich die anderswo auf der Welt entwickelten Organisations- und Produktionskonzepte auf westliche Betriebe übertragen werden können bzw. noch bestehende Wettbewerbsvorteile dauerhaft zu sichern sind.

Die Einführung einer prozeßorientierten Organisation bzw. eines prozeßorientierten Managements mögen dabei wichtige Voraussetzungen sein. Eine weitere ist sicherlich das effiziente Nutzen der Ressource Mitarbeiter. Was letztlich aber wirkliche Wettbewerbsvorteile gegenüber Mitbewerbern sind, determiniert der Kunde. Sein Kaufverhalten weist bei bzw. zwischen Unternehmen auf deren spezifische Wettbewerbsvorteile hin. Es genügt folglich nicht, eine im absoluten Sinne gute Leistung zu erbringen, sondern es kommt entscheidend darauf an, gezielt besser zu sein als die Konkurrenz, d. h. Wettbewerbsvorteile zu schaffen und zu verteidigen, die der Kunde auch als solche wahrnimmt.

Wollte man den Begriff „Wettbewerbsvorteil" charakterisieren, so müßte er folgenden drei Bedingungen genügen: Er muß sich auf ein für den Kunden wichtiges Leistungsmerkmal beziehen (Prinzip der Wichtigkeit), er darf nicht unmittelbar von der Konkurrenz aufholbar sein (Prinzip der Einmaligkeit) und er muß vor allem eine bestimmte Dauerhaftigkeit aufweisen (Prinzip der Dauerhaftigkeit). Die zentrale Frage lautet in diesem Zusammenhang: „Warum sollten Kunden bei einem Unternehmen kaufen bzw. diesem treu bleiben, wenn nicht bei zumindest einem wichtigen Merkmal eine bessere Leistung geboten wird?". Sie sehen die Nähe zu den Kernkompetenzen, die es aufzubauen gilt und die zum Anfang des Kapitels bereits diskutiert wurden.

Hieraus abgeleitet folgt die Prämisse: **Wettbewerbsvorteile schaffen durch Konzentration auf die Kernkompetenzen,** ein von vielen japanischen Firmen gelebtes Prinzip. Folgt man diesem Prinzip, dann läßt sich ein Wettbewerbsvorteil nach *Faix/Görgen* durch vier Elemente bezeichnen: Die „Quellen" oder Grundlagen für den Wettbewerbsvorteil, den situativen Vorteil selbst, die resultierenden Marktergebnisse und die Reinvestition in die Grundlagen des Vorteils. Aus letzterem Punkt ist eindeutig ersichtlich, daß ein Wettbewerbsvorteil nicht aufgrund einer einmaligen Investition entsteht. Er bedarf langfristiger Sicherung (eventuell des Patentschutzes) und kontinuierlichem Aufbau. Vorstoßende Unternehmen können sich dabei nur eine begrenzte Zeitspanne auf einem **Innovationsvorsprung** ausruhen.

Für einige Anbieter der Automobilbranche seien deren strategische Wettbewerbsvorteile einmal nachfolgend herausgestellt:

- Qualität und Image stehen für *Mercedes-Benz,*
- Sportlichkeit und Technologie sprechen für *BMW,*
- den TDI-Motor und die vollverzinkte Karosserie verbindet man mit *Audi,*
- jeder erwartet bei *VW:* „der läuft und läuft und läuft" bzw. „Wir fahren Golf",
- bei *Ferrari* und *Porsche* sind es die PS und das Prestige,
- bei *Rolls Royce* ist es sicherlich das Erhabene und
- bei *Hyundai, Daiwoo, Mitsubishi* u. a. Südostasiaten spielt der Preis eine Rolle.

Betrachtet man Unternehmen, dann können generell zwei Strategien verfolgt werden, um besagte Wettbewerbsvorteile zu erlangen. Dies wären nach *M. Porter* die strategischen Stoßrichtungen „**Kostenführerschaft**" und „**Differenzierung**". Unternehmen müssen zwischen diesen beiden Strategierichtungen zur Erlangung von Wettbewerbsvorteilen wählen. Tun sie es nicht, sitzen sie zwischen zwei Stühlen und gehen aufgrund ihrer Ziellosigkeit im immer härter werdenden Wettbewerb um Marktanteile unter.

Als dritte Strategie ergänzt *Porter* die „**Konzentration auf Nischen**". Wir lassen sie bei nachfolgender Betrachtung außen vor, da sich die in dieser Klasse zu findenden Unternehmen durch starke Spezialisierung in einem oft nahezu konkurrenzlosen Umfeld einen

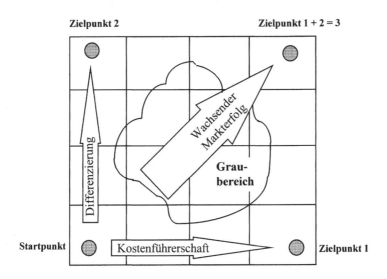

Zielpunkt 2   **Zielpunkt 1 + 2 = 3**

Wachsender Markterfolg

Differenzierung

Grau-
bereich

Startpunkt   Kostenführerschaft   **Zielpunkt 1**

Vgl. Eversheim/Böhlke/Martini/Schmitz

Abb. 33 Kostenführerschaft, Differenzierung oder Konzentration auf Nischen

Markt aufgebaut haben, der von Dritten in der Regel nicht beansprucht wird.

Die beiden wesentlichen Basistypen bei den Wettbewerbsvorteilen, nämlich Kostenführerschaft und Differenzierung sind dabei geprägt durch „niedrige Kosten bzw. Preise" und „Differenzierung von den Mitbewerbern", z. B. durch Produktqualität, Lieferservice oder Kundendienst. Beide Strategien verfolgen das Ziel, daß die Abnehmer das betrachtete Produkt infolge eines höheren Abnehmerwertes dem der Konkurrenten vorziehen. Dabei machen einmal der Preis und zum anderen der mit dem Produkt gelieferte Mehrwert („Das Produkt oder die Dienstleistung soll innerhalb der Branche einzigartig sein."), z. B. durch entsprechende Servicequalität oder Aftersales-Strategien hervorgerufen, den Kaufanreiz aus. Wichtig ist nur: Als Unternehmer müssen Sie sich in der Regel für eine der beiden Strategien entscheiden. Stellen Sie sich die Frage: Wollen Sie *Aldi, Schlecker, Tengel-*

mann Konkurrenz machen oder ein Delikatessengeschäft sein? Der dazwischen liegende Grau-Bereich ist sicherlich attraktiv, doch der Fall, daß eine Produktidee gleichermaßen die Käuferschicht eines Delikatessengeschäfts und von *Aldi* anspricht ist selten, d. h. entweder Sekt oder Selters, *Porsche* oder *VW*. Der *Swatch*-Effekt – jeder fühlt sich vom Produkt angesprochen – tritt nicht allzu häufig auf! Widmen Sie sich zunächst dem Massengeschäft über den Preis (Zielpunkt 1) oder dem Individualgeschäft über höheren Service (Zielpunkt 2). Haben Sie dort Erfolge erzielt, dann ändern Sie die Zielrichtung hin zum Zielpunkt 3 (Vgl. Abb. 33).

Sicherlich richtig ist, daß die Grenzen zwischen beiden Strategien zunehmend miteinander verwaschen sind bzw. ineinander übergehen. Qualität und niedriger Preis im Sinne der Marke „Gut und Billig" fordert heute die werte Kundschaft. Damit sind Sie als Anbieter wieder in der Situation, Kreise zu quadrieren.

Nach Sicht einiger Autoren, so z. B. *Gaitanides* und *Westphal*, führt die strikte und gradlinige Verfolgung einer der beiden Strategien nicht zum Unternehmenserfolg; dieser werde vielmehr durch die Fähigkeit bestimmt, beide Grundstrategien unter gegebenen Marktbedingungen sinnvoll zu kombinieren. Ziel dabei ist es natürlich, Wettbewerber zu überholen. Erreichbar werde das, so die Autoren, eben nur durch die sequentielle Kombination des Strebens nach Differenzierung und des Strebens nach Kostenführerschaft.[155]

Hierzu ein Beispiel, das den in der Kaffeebranche seit geraumer Zeit tobenden Preiskampf zur Grundlage hat.[156]

Ende 1996 sackten erstmals in der Bundesrepublik die Preise eines Markenanbieters unter die von Aldi: In vielen Supermärkten war die „Auslese" des Kaffeerösters Melitta um bis zu 30 Pfennig günstiger als der Albrecht-Kaffee. Doch der Discountprimus, der sein Image als billigster Anbieter im deutschen Lebensmittelhandel zu verteidigen hatte, eroberte die Preisführerschaft zurück. Seit Mitte des Jahres verkaufte Aldi seine Eigenmarke „Albrecht Silber" für 5,49 Mark je 500 Gramm. Das Pfund Hochlandkaffee „Der Feine" kostete knapp sieben Mark, Preise, an denen sich auch Markenanbieter wie Jacobs und Eduscho orientieren mußten. Einhellig war man in dieser Branche nun soweit, daß die Gewinnmargen zusammensackten und der Preiskampf dazu führte, daß einige Unternehmen statt wie gewohnt schwarze erstmalig rote Zahlen schrieben. Der Markt brauchte eine Preiserhöhung von zumindest einer Mark. Was tun, wenn der Markt dies zur Zeit nicht hergibt? Größröster Tchibo reagierte prompt. Inzwischen wird fast jede zweite Mark mit dem Verkauf von Küchenuhren, Büchern und Textilien umgesetzt. Der Kaffeeröster nutzte seinen Vertriebsweg (eigene Fillialen) hierzu effizient. 1995 machte man im Kaffeegeschäft und in der Sparte Lebensmittel Verluste in Millionenhöhe, die nur durch den Verkauf von Drittprodukten deutlich gesenkt werden konnten. Heute geht man noch weiter. Tchibo-Vorstand *Hasso Kaempfe* ist überzeugt, daß es „einen festen Sockel von Verbrauchern gibt, die bereit sind, für Premiumartikel mehr Geld auszugeben". Hier wird somit auf die Differenzierungsfähigkeit zur Verkaufsförderung gesetzt. Kaempfe behielt mit seiner Annahme recht. Jacobs, Nestlé und Eduscho erzielen für ihre 125-Gramm-Packungen Irish Coffee, Espresso und Cafe au lait bis zu fünf Mark. Dies ist sicherlich ein sehr reizvoller Markt, da dort bei einem Kaffeeanteil von nur 30 Prozent hohe Erträge winken. In der Kaffeebranche weiß man: „Uns helfen nur solche Innovationen weiter."

Preisspielraum und **Differenzierungsfähigkeit** bedingen und beeinflussen den **Wettbewerbsvorteil** gegenseitig.

In anderen Bereichen als der Kaffeebranche ist z. B. folgendes Phänomen zu beobachten: Je mehr sich die Leistungsfähigkeit der Produkte gleicht, um so stärker wurde das Design zum Unterscheidungskriterium. Es gilt dort, mit Design Wettbewerbsvorteile zu erlangen. Design ist in heutiger Zeit – z. B. bei Maschinen – mehr als nur eine nette Zugabe. Wer am Design spart, spart am falschen Ast, da für die Formgebung in der Regel nicht mehr als zwei Prozent der gesamten Entwicklungskosten auszugeben sind. Kundenbefragungen zufolge rangiert Design als kaufentscheidender Faktor weit vor Preis, technischer Ausstattung und dem Gütesiegel „Made in Germany". Der Konflikt zwischen Design und Preis ist dennoch allgegenwärtig. Er ist hochaktuell, wenn das Ziel, die Erreichung der Kostenführerschaft im Unternehmen postuliert wird.

Daß beides miteinander zu vereinbaren ist, geringer Preis plus ansprechendes Design, machte uns High-tech-Konsumenten in der Computerbranche der im Niedrigpreissegment opperierende Anbieter *Vobis* deutlich durch seine *Colani*-gestylten PC's. Der Zusatznutzen des Käufers war gering, der Verkaufserfolg jedoch beachtlich.

Ein Paradebeispiel für den Erfolg von ansprechendem Produktdesign sind die nordhessischen *Viessmann* Werke GmbH & Co. in Allendorf. Deren Heizkessel wurden mit einer markanten Form- und Farbgebung binnen weniger Jahre zu einem weltweit bekannten Markenzeichen aufgebaut. Der Erfolg: Heute verkauft *Viessmann* in Deutschland und Europa mehr Kessel als zum Beispiel die wesentlich größere *Buderus AG* in Wetzlar.

Das Suchen nach ständig neuen Wettbewerbsvorteilen führt in einzelnen Branchen zu einem brutalen Wettbewerbsdruck, der in den von der Stagnation betroffenen Branchen sogar zu öffentlichen Auseinandersetzungen zwischen sonst friedlich miteinander umgehenden Wettbewerbern endet. Auch hierzu ein Beispiel: Die Nervosität zweier Automobilhersteller, die sich selbst als „Global Player" sehen, beherrschte vor einigen Jahren über Wochen die Medien zu beiderseitigem Nachteil. *General Motors* (*Opel*) und *VW* fochten einen Kampf um *Lopez de Arriortua* aus, der zwar primär auf die Person fokussiert war, in dem es aber wohl eher um die Sicherung von Methoden-Know-how und damit Wettbewerbsfähigkeit ging.[157] Nun aber zurück zur reinen Lehre bzw. Theorie der Kostenführerschaft.

Die Kostenführerschaft zu erlangen, erfordert in den Unternehmen sicherlich den Einsatz einiger der bis dato diskutierten Methoden. Ein Kostenvorsprung ergibt sich in aller Regel nur dann, wenn die Unternehmung bei der Durchführung ihrer Wertschöpfungsaktivitäten niedrigere Gesamtkosten erreicht als ihre Mitbewerber. Im Zuge solcher Bestrebungen gilt es über Kanban, Jit- Ansätze, Kaizen oder deren Alternativen nachzudenken. Aus Sicht vieler deutscher Unternehmen ist es sicherlich schwieriger, die Position eines Kostenführers aufgrund der Rahmenbedingungen am Standort Deutschland einzunehmen. Es stellt sich somit die Frage: Sind Wettbewerbsvorteile durch Differenzierung zu erlangen? Sicherlich ist das in diversen Sparten, aber nicht mehr überall möglich. Man denke an den in einigen Branchen vorherrschenden technologischen Vorsprung der Japaner oder anderer ostasiatischer Länder, zu denen insbesondere die fünf kleinen Tiger zählen. Sie vereinigen heute bereits vielfach technologischen Vorsprung mit niedrigen Einstiegspreisen, eine gefährliche Kombination, die zunehmend europäische Anbieter und

Hersteller auf ihren Heimatmärkten bedrohen. Was tun, wenn Preise unterboten werden und die Einmaligkeitsposition nicht zu erlangen ist? Eine Frage, deren Beantwortung heute in vielen Vorstandsetagen diskutiert wird. Meine Antwort hierauf ist, innovativ zu sein und stets auch innovativ zu bleiben. Der Kunde muß den Mehrwert Ihres Produktes/Ihrer Dienstleistung erkennen. Dann ist er auch bereit, einen höheren Preis hierfür zu zahlen. Stellen Sie die Leistungsmerkmale Ihrer Produkte heraus, die bei Preisgleichheit oder geringem Preisnachteil Ihr Erzeugnis von dem der Wettbewerber abheben. Gehen Sie auf Kunden zu, beraten Sie individuell und nehmen Sie sich Zeit für Ihre Kunden. Stellen Sie Unterschiede, Vorteile und Nachteile von Artikeln umfassend dar. Nur so können Sie nachhaltig Wettbewerbsvorteile erlangen und am Marktvolumen partizipieren.

Angesichts technischer und monetärer Pattsituationen läßt sich ein Wettbewerbsvorteil nur durch das Erhalten und Ausweiten bestehender Kundenbeziehungen erzielen: Kundenbindung durch höhere Kundenzufriedenheit. Wie profitabel treue Kunden sind und welche Wettbewerbsvorteile über sie zu erlangen sind, ist vielerorts nicht ausreichend bekannt:

- Die Wiederverkaufsrate steigt und damit auch der Umsatz.
- Die Marketing- und Vertriebskosten sinken.
- Stammkunden sind weniger preissensitiv.
- Durch Weiterempfehlung erhält man quasi kostenlos Werbung.

Kundenzufriedenheit gewährt somit einen immensen wirtschaftlichen Bonus: Weiterempfehlung, gute Erfahrungen, Zweit- und Drittkäufe.[158] Wie teuer der Verlust von Kunden ist, merken viele Unternehmen oft erst zu spät. Aufwendig wird es vor allem dann, wenn ein Kunde dem Unternehmen frustriert den Rücken kehrt. Nach Schätzungen von Experten ist es fünfmal teurer, einen neuen Kunden zu gewinnen als einen alten zu behalten.

Um die Bedeutung eines einzelnen Kunden zu verdeutlichen, sollten wir uns kurz den Schlüsselkunden oder Key Accounts zuwenden. Für viele Unternehmen gilt dabei nach wie vor die 20/80-Regel, nach der mit 20 Prozent der Kunden rund 80 Prozent des Umsatzes realisiert werden, d. h. Stamm- und Schlüsselkunden sind das wesentliche Erfolgspotential. Die großen Anstrengungen, die beispielsweise Banken und Versicherungen derzeit bei ihren strategisch wichtigsten Kunden machen, zeigen die Bedeutung dieser Kundenschicht. Dennoch ist eine zu einseitige Ausrichtung auf sie gefährlich, da eine zu starke Konzentration sie in eine mißliche Abhängigkeit bringen kann. Beispielhaft ist da der Fall des schweizerischen Telekommunikationsanbieters *ASCOM*, der sich jahrelang auf Großaufträge von Bahn, Post und Armee verließ. Stattliche staatliche Ausgabenkürzungen, einhergehend mit der zunehmenden Deregulierung im Telekom-Bereich führten dazu, daß der Großteil der für gesichert gehaltenen Marktanteile praktisch über Nacht wegbrach und das Unternehmen in eine Krise geriet. **Kundenzufriedenheit ja, Abhängigkeit nein!**

Um die Kundenzufriedenheit (insb. der Stamm- und Schlüsselkunden) im Unternehmen zu steigern, sollte man eine variable Gehaltskomponente einführen, die an eine über einen Zeitraum ermittelte Kundenzufriedenheit gekoppelt ist, denn – wie gesagt – nur durch das Einhalten und Ausbauen bestehender Kundenbeziehungen läßt sich ein nachhaltiger, dauerhafter Wettbewerbsvorteil erzielen, den ein Unternehmen heute am Markt benötigt, um zu überleben.

Die oft einzige Möglichkeit, bei gleichen Produktspezifika Wettbewerbsvorteile zu erlangen, ist somit die intensive Kundenbetreuung und Kundenbindung durch Steigerung der Kundenzufriedenheit.

Machen Sie Kundenzufriedenheit zur permanenten Managementaufgabe und denken Sie immer daran, daß der Weg zur allgemeinen Kundenzufriedenheit über die Mitarbeiterzufriedenheit führt.

Aus dem Gesagten läßt sich an dieser Stelle eine vage Vorgehensweise zur Planung von Wettbewerbsvorteilen formulieren. Sie besteht aus den folgenden vier Stufen:[159]

(1) Erfassung der Ausprägungen von Wettbewerbsvorteilen des Unternehmens und der Konkurrenz.

(2) Bestimmung der Ursachen (Quellen) der erkannten Wettbewerbsvorteile.

(3) Vergleich der eigenen Wettbewerbsvorteile mit den Konkurrenzvorteilen und Prognose der zukünftigen Entwicklung.

(4) Erarbeitung von Plänen zur Stärkung bzw. Bildung eigener Wettbewerbsvorteile.

Ein solches „Modell" ist nicht ohne Probleme behaftet. Es gibt z. B. keine allgemeingültigen Kriterien, anhand derer „Newcomer" vor ihrem Markteintritt erkannt werden können.

Es gibt zudem nur eine Situation, in der auf Produktalternativen oder mögliche Neueinsteiger in den Markt kein Augenmerk gelegt werden muß. Nur im Fall eines echten Monopols haben Käufer keine Alternative zum Monopolgut. Doch dieser Fall ist eher theoretischer Natur.

Wachstumspotentiale

> „Reden Taten folgen lassen."

Wachstumspotentiale gibt es grundsätzlich in jedem Markt. Man muß sie nur sehen. *Mercer Management Consulting*, München, nennt z. B. die folgenden vier Regeln für erfolgreiches Wachstum:[160]

(1) **Optimieren Sie das Kundenportfolio:** Nicht alle Kunden sind gleich. Sie erwarten Produkte und Leistungen, die exakt auf ihre Bedürfnisse zugeschnitten sind. Ermitteln Sie das Kaufverhalten der einzelnen Kundensegmente und den wirtschaftlichen Wert jedes Kunden. Konzentrieren Sie sich auf die besten. In vielen Branchen bringen 20 Prozent der Kundschaft 60 bis 80 Prozent des Gewinns. Schaffen Sie eine ausgewogene Balance zwischen Kundengewinnung und -entwicklung sowie deren inidivueller Betreuung.

(2) **Entwickeln Sie kontinuierlich innovative Produkte und Dienstleistungen:** Wachstumsstars erwirtschaften 50 Prozent und mehr ihres Umsatzes mit Produkten, die jünger als fünf Jahre sind (z. B. *Siemens*, *SAP*, *Motorola*, ..), Durschnittsunternehmen liegen bei 20 bis 30 Prozent. Setzen Sie Innovationsmanagement ganz oben auf die Tagesordnung. Entwicklen Sie Produkte und Dienstleistungen kostengünstiger und schneller als die Konkurrenz. Bieten Sie beste Qualität, orientieren Sie Produktpreise nicht am Gewinnmaximum. Bei *Gilette* müssen 40 Prozent der Umsätze im Fünfjahresvergleich durch neue Produkte kommen. Das setzt jedes Jahr 20 neue Produkte voraus.

(3) **Nutzen Sie alle Vertriebskanäle:** Früher konnten Sie viele Kunden mit einem einzigen Vertriebskanal bedienen. Das ist vorbei, prüfen Sie alle Optionen – regional und weltweit. Die Informationstechnologie erweitert die Möglichkeiten – etwa durch Multimedia, Internet oder Teleshopping. Einige der am schnellsten wachsenden Unternehmen sind selbst innovative Vertriebskanäle: *Toys'R'Us, Vobis, Computer 2000.*

(4) **Schaffen Sie eine Wachstumskultur:** In vielen Unternehmen verhindern kulturelle Barrieren – das Selbstverständnis, die ungeschriebenen Gesetze – ein Ausnutzen vorhandener Wachstumspotenitale. Eine Revolution von oben muß die Barrieren einreißen. Nötig ist ein ausgeklügeltes System von Werten, Symbolen und Incentives. Lohn und Gehalt müssen an das Erreichen ehrgeiziger Wachstumsziele gekoppelt sein. Ausgefeilte Controlling-, Management- und Informationssysteme sind selbstverständlich, um Zielkunden optimal zu bedienen.

Diese hier aus der eingangs zitierten Quelle wortwörtlich übernommenen vier Regeln für erfolgreiches Wachstum unterstreichen noch einmal das vorher bereits mehrfach Gesagte. Wachstum ist ohne die kundenorientierte Neuentwicklung von wirklich innovativen Produkten und Dienstleistungen nicht möglich. Ebenso ist es in heutiger Zeit unabdingbare Voraussetzung für kontinuierliches Wachstum, jegliche sich offenbarenden Vertriebskanäle zu nutzen.

Stellen Sie sich hier einmal die Frage, welche Wettbewerbsvorteile Ihr Unternehmen besitzt und welche Wachstumspotentiale hieraus resultieren.

Weitere Methoden/Werkzeuge – Reverse Engineering, Cost Tables...

▶ **Reverse Engineering**

Der konstruktive Vergleich mit Konkurrenzprodukten durch Reverse Engineering wird in der Bundesrepublik bis dato nur von wenigen Unternehmen angewandt. Als Gründe für die geringe Verbreitung werden u. a. die Strategie der Technologieführerschaft, fehlende Vergleichbarkeit, Quasi-Monopolstellung und die Unternehmensphilosophie einzigartiger und daher nicht die Konkurrenz imitierender Produkte genannt.[161]

▶ **Cost Tables**

Cost Tables sind Informationsquellen über das Kostenverhalten im Rahmen der Konstruktion bei Veränderung (Variation) technischer Parameter. Sie werden – vornehmlich in japanischen Unternehmen – als Instrument zur Entscheidungsunterstützung und Zielkostenerreichung (beim Target Costing) angewendet. In japanischen Unternehmen haben sie einen Verbreitungsgrad von ca. 90 Prozent, wohingegen sie in Europa kaum Beachtung finden. Als Grund für ihre Ablehnung nennen *Tani/Horváth/von Wangenheim* den Aufwand zur Erstellung und Aktualisierung.

▶ **Continuous Improvement**

„Continuous Improvement ist die institutionalisisierte Miteinbeziehung und Bevollmächtigung aller Mitarbeiterebenen mit dem Ziel, kontinuierliche Optimierungsaktivitäten und Reorganisationsvorhaben zu entwickeln, zu unterstützen und umzusetzen."[162] Nach *Al-Ani* ist Continuous Improvement ein Ansatz, der die Lernfähigkeit des Unternehmens stimulieren soll.

▶ **Workflow-Management and Groupware[163]**

Workflow-Management kann für die Steuerung und Überwachung von zwischenbetrieblichen Geschäftsprozessen verwendet werden. Die Entwicklung adaptiver Workflow-Systeme erleichtert die Anpassung an immer neue Geschäftsprozesse. Die Unterstützung von zeitlich und örtlich getrennten Gruppenprozessen wird durch eMail, Desktop-Videokonferenzen usw. geleistet. Negative Effekte von traditionellen Gruppensitzungen werden durch die Verwendung von Groupware bzw. Computerkonferenzen vermieden.

Anmerkungen

49 Vgl. K. Nagel, Praktische Unternehmensführung, Verlag Moderne Industrie, Landsberg/Lech, 1995.

50 Vgl. C. K. Prahalad/G. Hamel, Nur Kernkompetenzen sichern das Überleben, Harvard Business manager, Nr. 2, 1991, S. 66–78.

51 Vgl. A. Stanke, Marktphantasie, gepaart mit Kundennähe, führt aus dem Dilemma der Innovationskrise, Office Management, Nr. 11, 1994, S. 30–34.

52 Vgl. H. H. Hinterhuber, Strategien für das kommende Jahrtausend, io Management Zeitschrift, Nr. 12, 1994, S. 34–38.

53 Vgl. H. H. Hinterhuber/S. A. Friedrich, Gewinnen im Wettbewerb der Zukunft, Gablers Magazin, Nr. 3, 1995, S. 37–41.

54 Vgl. F. Boos/H. Jarmai, Kernkompetenzen – gesucht und gefunden. Harvard Business manager, Nr. 4, 1994, S. 19–26.

55 Vgl. O. Sager, Profitcenter und Lean Management – Ergänzung oder Widerspruch? io Management Zeitschrift, Nr. 12, 1995, S. 77 –82.

56 Vgl. DIE ZEIT, Nr. 3 v. 12. 1. 1996.

57 Die Kräfte der Selbstorganisation wirken nach Hermann Hakens Überzeugung, dem Stuttgarter Begründer der Synergetik, sogar in der Kultur: Der Beifall in einem Konzertsaal, zunächst ein tosendes Chaos, verwandelt sich ohne Absprache der begeisterten Menschen in ein rhythmisches Klatschen, also einen Ordnungszustand. Diesen Ordungszustand – das an einem Strick ziehen – gilt es in Unternehmen zu erreichen. Wie es in der Natur beobachtbare Naturgesetze gibt, gibt es in Unternehmen faktisch vorhandene Unternehmensgesetze, die vom Chaos zur Ordnung – durch Selbstorganisation bedingt, so die Verfächter der Synergetik –führen. Es gilt, jeden bzw. jede Abteilung im Rahmen einer „angestoßenen Selbstorganisation zur Verbesserung des Ganzen" anzusprechen. Es gilt hierbei der Grundsatz: „Nicht Außenstehende, sondern die Mitarbeiter entwickeln das Konzept."

58 Vgl. H. Wielens, Lean-Management greift häufig zu kurz – auf die Geisteshaltung kommt es an, Die Bank, Nr. 3, 1995, S. 132.

59 Vgl. C. K. Prahalad, Manager Magazin, Nr. 2, 1995, S. 84.

60 Vgl. Wirtschaftswoche, Nr. 28 v. 4. 7. 1996, S. 77.

61 Vgl. M. Stadelmann/W. Lux, Hot Topics oder kalter Kaffee? Aktuelle Management-Philosophien kritisch betrachtet, io Management Zeitschrift, Nr. 3, 1995, S. 32–35.

62 Versuch, den grundsätzlich sequentiell angelegten komplexen Produktionsent-
wicklungsprozeß von der ersten innovativen Idee bis zur Auslieferung des
Produkts durch organisatorische und technische Maßnahmen zu parallelisieren.

63 Vgl. J. P. Womack/D. T. Jones, Das schlanke Unternehmen: Ein Kosmos leistungsstarker Firmen, Harvard Business manager, Nr. 3, 1994, S. 84.

64 Vgl. TopBusiness, Nr. 1, 1994, S. 16–26.

65 Vgl. J. Maaß, Vom Lean Management zur Vertrauensorganisation – Eine personalpolitische Herausforderung, Office Management, Nr. 4, 1995, S. 55–61.

66 Vgl. J. P. Womack/D. T. Jones, Das schlanke Unternehmen: Ein Kosmos leistungsstarker Firmen, Harvard Business manager, Nr. 3, 1994, S. 85.

67 Vgl. L. Fopp/J. Eichkorn/J. Krotzinger, Unternehmerischer Take-off durch
Power-Management, io Management Zeitschrift, Nr. 12, 1994, S. 41.

68 Vgl. H. Wielens, Lean-Management greift häufig zu kurz – auf die Geisteshaltung kommt es an, Die Bank, Nr. 3, 1995, S. 134.

69 Vgl. A. Sagurna – Tips zur Unternehmensführung im Handwerk.

70 Vgl. W. Burgheim, Acht Lernpfade für das lernende Unternehmen, Harvard
Business manager, Nr. 3, 1996, S. 59.

71 A. Hoffjan, Cost Bechmarking als Instrument des strategischen Kostenmanagement, Zeitschrift für Planung, Nr. 6, 1995, S. 155–166.

72 Vgl. B. Binder, Benchmarking. Werkzeug für spektakuläre Leistungs-Verbesserungen? Index, Nr. 3, 1994, S. 18–22.

73 Vgl. C. Tödtmann, Benchmarking, WirtschaftsWoche, Nr. 35 v. 27. 8. 1993,
S. 42–45.

74 Vgl. H. Langner, Benchmarking ist mehr als der bekannte Vergleich mit der
Konkurrenz, Marketing Journal, Nr. 1, 1994, S. 36–40.

75 Nur wer sich im eigenen Haus genau auskennt, kann sich erfolgreich mit
anderen vergleichen. Manager, die in der Vorbereitungsphase eine präzise Ist-
Analyse durchführen, erzielen nach der Erfahrung von Sam Malone, Direktor
Qualitäts-Services von *Xerox* bereits einen riesigen Erkenntnisgewinn. Nur etwa
10 Prozent des Erfolgs eines Benchmarking rühren aus dem eigentlichen Ver-
gleichsprozeß her, 90 Prozent hingegen aus dem Ertrag der vorangegangenen
Prozeßanalyse, die die Mängel offenbart und zur Installierung von Mechanismen
führt, die das Auftreten dieser Mängel künftig vermeiden helfen. Vgl. B. Stauss/
C. Friege, Zehn Lektionen zum TQM, Harvard Business manager, Nr. 2, 1996,
S. 26.

76 Vgl. U. Sander/K.-H. Brockmann, Kontinuierliche Verbesserung – Benchmarking mit „Virtuellen Unternehmen", LOGISTIK HEUTE, Nr. 1/2, 1995, S. 68.

77 Vgl. A. Mehdorn/ H. Töpfer, Weltweit von den Besten Lernen, Personalwirtschaft, Nr. 2, 1995, S. 24–27.

78 Vgl. S. Niemand/K. Scholl, Benchmarking und Target Costing, FB/IE, Nr. 3,
1995.

79 Vgl. A: Hoffjan, Cost Benchmarking als Instrument des strategischen Kosten-management, Zeitschrift für Planung, Nr. 6, 1995, S. 155–166.

80 Vgl. B. Binder, Benchmarking. Werkzeug für spektakuläre Leistungs-Verbesserungen? Index, Nr. 3, 1994, S. 18–22.

81 Vgl. P. Horváth/R. N. Herter, Benchmarking – Vergleich mit den Besten der Besten, Controlling, Nr. 1, 1992, S. 4–11.

82 Vgl. C. Tödtmann, Benchmarking, WirtschaftsWoche, Nr. 35 v. 27.8.93, S. 42–45.

83 Vgl. A. Kollmar/D. Niemeier, Der Weg zum richtigen Benchmarking-Partner: Unter den Besten wählen, Gablers Magazin, Nr. 5, 1994, S. 31–35.

84 Vgl. A. Meckel, KAIZEN – Vorschlagswesen in Japan, Betriebliches Vorschlagswesen, Nr. 4, 1992, S. 177–181.

85 Vgl. B. Stauss/C. Friege, Zehn Lektionen in TQM, Harvard Business manager, Nr. 2, 1996, S. 31.

86 Achtung: Empirische Untersuchungen haben einen positiven Zusammenhang zwischen der Länge der Betriebszugehörigkeit und der Produktivität des einzelnen nachgewiesen. So tragen Mitarbeiter, die dem Unternehmen zehn Jahre angehören, ungefähr dreimal mehr zur Wertsteigerung im Unternehmen bei als neueingestellte Mitarbeiter. Vgl. R. Bühner, Mitarbeiter mit Kennzahlen führen, Harvard Business manager, Nr. 3, 1995, S. 59.

87 Vgl. T. Fischer, Kosten frühzeitig erkennen, io Management Zeitschrift, Nr. 9, 1993, S. 67–71.

88 Vgl. M. Hessenberger/J. Kuhn, KVP: Mit guter Logistik fängt alles an, Harvard Business manager, Nr. 3, 1996, S. 17.

89 Vgl. H.-J. Bullinger/A. Roos/G. Wiedmann, Amerikanisches Reengineering oder japanisches Lean Management, Office Management, Nr. 7–8, 1994, S. 11–20.

90 Vgl. P. Horváth/W. Seidenschwarz/H. Sommerfeldt, Von Genka Kikaku bis Kaizen, Controlling, Nr. 1, Januar/Februar 1993, S. 16.

91 Vgl. M. Stadelmann/W. Lux, Hot Topics oder kalter Kaffee? Aktuelle Management-Philosophien kritisch betrachtet, io Management Zeitschrift, Nr. 3, 1995, S. 32–35.

92 Vgl. B. Strauss/C. Friege, Zehn Lektionen zum TQM, Harvard Business manager, Nr. 2, 1996, S. 20.

93 Vgl. B. Stauss/C. Friege, Zehn Lektionen in TQM, Harvard Business manager, Nr. 2, 1996, S. 27.

94 Vgl. D. N. Burt, Hersteller helfen ihren Lieferanten auf die Sprünge, Harvard Business manager, Nr. 1, 1990, S. 72–79.

95 Vgl. B. Strauss/C. Friege, Zehn Lektionen zum TQM, Harvard Business manager, Nr. 2, 1996, S. 20.

96 Vgl. R. Scholz/J. Müffelmann, Reengineering als strategische Aufgabe, technologie & management, Nr. 2, 1995, S. 77–84.

97 Vgl. M. Gaitanides, Je mehr desto besser? Zu Umfang und Intensität des Wandels bei Vorhaben des Business Reengineering, technologie & management, Nr. 2, 1995, S. 69–76.

98 Vgl. R. Cooper/M. L. Markus, Den Menschen reengnineeren –geht das denn? Harvard Business manager, Nr. 1, 1996, S. 77–89.

99 Vgl. M. Osterloh/J. Frost, Business Reengineering: neuer Wein in alten Schläuchen, io Management Zeitschrift, Nr. 9, 1994, S. 27–28.

100 Vgl. K. W. Otten, Workflow, Imaging, Dokumenten-Management und Business Reengineering, Office Management, Nr. 10, 1994, S. 62–67.

101 Vgl. H.-J. Bullinger/A. Roos/G. Wiedmann, Amerikanisches Business Reengineering oder japanisches Lean Management, Office Management, Nr. 7–8, 1994, S. 11–20.

102 Vgl. R. Scholz/J. Müffelmann, Reengineering als strategische Aufgabe, technologie und management, Nr. 2, 1995, S. 77–84.

103 Vgl. S. L. Schmidt/C. Traichler, So klappt Business Reengineering, Harvard Business manager, Nr. 3, 1996, S. 119.

104 Vgl. G. Hall/J. Rosenthal/J. Wade, Reengineering: Es braucht kein Flop zu werden, Harvard Business manager, Nr. 4, 1994, S. 91.

105 Vgl. R. Allwermann, Outsourcing, Diebold Management Report, Nr. 5, 1994, S. 15–18.

106 Vgl. H. Schneider, Outsourcing als neue Zauberformel, Beschaffung aktuell, Nr. 3, 1994, S. 28–31.

107 Vgl. W. Heim, Outsourcing – wettbewerbsfähiger durch optimale Nutzung der Potentiale von Zulieferern, io Management Zeitschrift, Nr. 7/8, 1994, S. 28–33.

108 Vgl. M. v. Bechtolsheim, Strategien und Gestaltungsmöglichkeiten des Outsourcing: Effizienz und Flexibilität umsetzen, Gablers Magazin, Nr. 8, 1994, S. 14–19.

109 Vgl. WirtschaftsWoche, Nr. 51 v. 14. 12. 1995.

110 Vgl. J. B. Quinn, Intelligente Unternehmen, gdi-Impuls, Nr. 4, 1994, S. 48– 54.

111 Vgl. W. Zahn, Target Costing bei einem Automobilzulieferer, Controlling, Nr. 3, Mai/Juni 1995, S. 148 –153.

112 Vgl. S. Niemand/K. Scholl, Benchmarking und Target Costing, FB/IE, Nr. 3, 1995, S. 100–105.

113 Vgl. H.-P.Heßen/S. Wesseler, Marktorientierte Zielkostensteuerung bei der Audi AG, Controlling, Nr. 3, 1994, S. 148–154.

114 Vgl. T. Tani/P. Horváth/S. v. Wangenheim, Genka Kikaku und marktorientiertes Zielkostenmanagement, Controlling, Heft 2, März/April 1996, S. 81.

115 Vgl. P. Horváth/W. Seidenschwarz/H. Sommerfeldt, Von Genka Kikaku bis Kaizen, Controlling, Nr. 1, Januar/Februar 1993, S. 10 –18.

116 Vgl. P. Horváth/W. Seidenschwarz/H. Sommerfeldt, Von Genka Kikaku bis Kaizen, Controlling, Nr. 1, Januar/Februar 1993, S. 12.

117 Vgl. M. Hammer, Der Sprung in eine andere Dimension, Harvard Business manager, Nr. 2, 1995, S. 95–103.

118 Vgl. W. Seidenschwarz, Target Costing–Verbindliche Umsetzung marktorientierter Strategien, Controlling, Nr. 1, 1994, S. 74–83.

119 Vg. K.-P. Franz, Target Costing, Controlling, Nr. 3, 1993, S. 124–130.

120 Vgl. H.-W. Stahl, Target Costing, controller magazin, Nr. 2, 1995, S. 113–115.

121 Vgl. T. Tani/P. Horváth/S. von Wangenheim, Genka Kikaku und marktorientiertes Zielkostenmanagement, Controlling, Heft 2, März/April 1996, S. 81.

122 Vgl. M. Stadelmann/W. Lux, Hot Topics oder kalter Kaffee? Aktuelle Management-Philosophien kritisch betrachtet, io Management Zeitschrift, Nr. 3, 1995, S. 32–35.

123 Vgl. R. Lackes, Das KANBAN-System zur Materialflußsteuerung, WISU, Nr. 1, 1990, S. 23–26.

124 Kurz eine Erklärung des wesentlichen Unterschiedes zwischen Pull- und Push-Systemen: Ein Pull-System beginnt mit der Produktion als Reaktion auf eine Bestellung, ein Push-System dagegen nimmt die Produktion für die erwartete Nachfrage vorweg. Just-in-Time und Kanban sind typische Pull-, Materialbedarfsplanung (MRP) und Materials Resource Planing (MRP II) gelten als Push-Systeme. Zwischen den Fronten der Pull- und Push-Systeme stehen die Praktiker. Überraschend ist, daß Firmen wie *Toyota* oder *Hewlett-Packard*, die lange Zeit als Speerspitzen des Fortschritts à la Computerautomatisierung galten, plötzlich in ihren eigenen Fabriken wieder uralte Materialflußtechniken wie Kanban einsetzen. Vgl. U. Karmarkar, Just-in-Time, Kanban oder was?, Harvard Business manager, Nr. 3, 1990, S. 84–91.

125 Vgl. U. Karmarkar, Just-in-Time, Kanban oder was?, Harvard Business manager, Nr. 3, 1990, S. 84–91.

126 Vgl. E. Soom, Die neue Produktionsphilosophie: Just-in-time-Production, io Management Zeitschrift, Nr. 9, 1986, S. 362 –365. Die Ausführungen im fortlaufenden Text entstammen weitgehend dieser Quelle.

127 W. Heim, Outsourcing–wettbewerbsfähiger durch optimale Nutzung von Zulieferern, io Management Zeitschrift, Nr. 7/8, 1994, S. 28–33.

128 Vgl. D. N. Burt, Hersteller helfen ihren Lieferanten auf die Sprünge, Harvard Business manager, Nr. 1, 1990, S. 72–79.

129 Vgl. H.-W. Stahl, Target Costing, controller magagzin, Nr. 2, 1995, S. 113–115.

130 Vgl. M. Gaitanides, Je mehr desto besser? Zu Umfang und Intensität des Wandels bei Vorhaben des Business Reengineering, technologie & management, Nr. 2, 1995, S. 69–76.

131 Vgl. M Hessenberger/J. Kuhn, KVP: Mit guter Logistik fängt alles an, Harvard Business manager, Nr. 3, 1996, S. 19.

132 Vgl. R. B. Chase/D. M. Stewart, So gestalten Sie Ihren Service pannensicher, Harvard Business manager, Nr. 2, 1995, S. 81–92. Dieser Quelle entstammen im wesenlichen die im fließenden Text dargestellten Sachverhalte.

133 Vgl. K. Scholl/S. Niemand/P. Bätz, Die fraktale Fabrik in der Praxis, io Management Zeitschrift, Nr. 6, 1994, S. 42–45.

134 Vgl. F. Miller, Fraktale Fabrik: Neue Vitalität im Unternehmen – mehr Spielraum im Team, Der Frauenhofer, Nr. 2, 1995, S. 19.

135 Vgl. G. G. Vogt, Das virtuelle Unternehmen, Der Organisator, Heft 1–2, 1994, S. 6–8.

136 Vgl. P. Mertens/W. Faisst, Virtuelle Unternehmen – Eine Organisationsstruktur für die Zukunft? WiSt, Heft 6, Juni 1996, S. 280.

137 Vgl. H. W. Chesbrough, D. J. Teece, Innovation richtig organisieren – aber ist virtuell auch virtuos?, Harvard Business manager, Nr. 3, 1996, S. 63.

138 Vgl. zu den nachfolgenden Ausführungen H. W. Chesbrough, D. J. Teece, Innovation richtig organisieren – aber ist virtuell auch virtuos?, Harvard Business manager, Nr. 3, 1996, S. 63.

139 Vgl. J. B. Quinn, Intelligente Unternehmen, gdi-Impuls, Nr. 4, 1994, S. 48–54.

140 Vgl. WirtschaftsWoche, Nr. 47 v. 16. 11. 1995, S. 55.

141 Vgl. WirtschaftsWoche, Nr. 47 v. 16. 11. 1995, S. 56.

142 Vgl. WirtschaftsWoche, Nr. 6 v. 1. 2. 1996, S. 40.

143 Vgl. Handelsblatt v. 8./9.3. 1996, S. K1.

144 Vgl. G. G. Vogt, Das virtuelle Unternehmen, Der Organisator, Nr. 1–2, 1994, S. 6–8.

145 Vgl. Handelsblatt v. 8./9. 3. 1996, S. K1.

146 Vgl. M. Stadelmann/W. Lux, Hot Topics oder kalter Kaffee? Aktuelle Management-Philosophien kritisch betrachtet, io Management Zeitschrift, Nr. 3, 1995, S. 32–35. Die Ausführungen zum Thema „Lernende Organisation" wurden nahezu vollständig wörtlich der zitierten Quelle entnommen.

147 Vgl. J. Hormann, Nach Lean kommt Mean, Gablers Magazin, Nr. 6–7, 1995, S. 6–8.

148 Vgl. W. Burgheim, Acht Lernpfade für das lernende Unternehmen, Harvard Business manager, Nr. 3, 1996, S. 54.

149 Vgl. W. Burgheim, Acht Lernpfade für das lernende Unternehmen, Harvard Business manager, Nr. 3, 1996, S. 61.

150 Vgl. Handelsblatt v. 23./24. 2. 1996, Nr. 8, S. K1.

151 Vgl. R. Schätzle, Shareholder-Value-Konzept: Alle Macht den Aktionären?, Gablers Magazin, Nr. 8, 1996, S. 44–45.

152 Vgl. R. Schätzle, Shareholder-Value-Konzept: Alle Macht den Aktionären?, Gablers Magazin, Nr. 8, 1996, S. 44–45.

153 Vgl. G. M. Becker, Shareholder Value Analysis gewinnt an Bedeutung, Bank Magazin, Nr. 2, 1996, S. 22–27.

154 Vgl. A. Faix/W. Görgen, Das „Konstrukt" Wettbewerbsvorteil, Marketing, Nr. 3, 1994, S. 160–166.

155 Vgl. W. Eversheim/U. H. Böhlke/C. J. Martini/W. J. Schmitz, Innovativer mit dem Technologiekalender, Harvard Business manager, Nr. 1, 1996, S. 105–112.

156 Vgl. WirtschaftsWoche, Nr. 46 v. 9. 11. 1995.

157 Vgl. O. Fröhling, Strategische Produktkostenermittlung am Beispiel der Automobilindustrien, Kostenmanagement, Nr. 2, 1994, S. 127–134.

158 Vgl. C. Homburg/B. Rudolph, Qualität bedeutet Kundentreue, Gablers Magazin, Nr. 4, 1995, S. 11.

159 Vgl. A. Faix/W. Görgen, Das „Konstrukt" Wettbewerbsvorteil, Marketing, Nr. 3, 1994, S. 160–166.

160 Vgl. Capital, Erste Liga – Strategien der Champions, Nr. 2, 1996; S. 40.

161 Vgl. T. Tani/P. Horváth/S. von Wangenheim, Genka Kikaku und marktorientiertes Zielkostenmanagement, Controlling, Heft 2, März/April, 1996, S. 86.

162 A. Al-Ani, Continuous Improvement als Ergänzung des Business Reengineering, zfo, Nr. 3, 1996, S. 142–148.

163 Vgl. P. Mertens/W. Faisst, Virtuelle Unternehmen – Eine Organisationsstruktur für die Zukunft?, Heft 6, Juni 1996, S. 284.

5. Ausblick und Visionen

> „If you will always do, what you've always done,
> you will always get, what you've always got."

Eine ausgeprägte Vision der strategischen Unternehmensführung hat – ganz im Sinne des Verfassers – *H. H. Hinterhuber*. Er entwarf folgendes Modell der strategischen Unternehmensführung:[164]

Gemäß *H. H. Hinterhuber* lassen sich die Strategien für das Jahr 2000 und darüber hinaus unternehmensbezogen in sechs Stufen gliedern:

(1) Kostensenkung
(2) Konzentration auf Kernkompetenzen
(3) Zufriedenstellung aller am Unternehmensprozeß Beteiligten

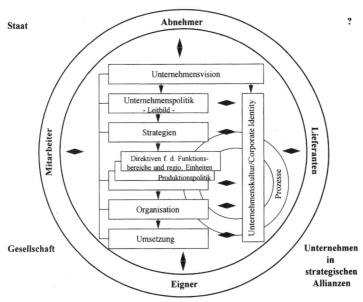

Abb. 34 Modell der strategischen Unternehmensführung

(4) Innovation

(5) Internationalisierung

(6) Steigerung des Unternehmenswertes.

Anhand dieser Richtschnur können Sie heute Ihr Unternehmen einordnen und seine Überlebensfähigkeit beurteilen. Nach *H. H. Hinterhuber* sind die Konzentration auf die Kernkompetenzen, die Zufriedenstellung aller am Unternehmensprozeß Beteiligten (durch Prozeßmanagement), die Innovation und die Internationalisierung Meilensteine auf einem Weg, auf dem die Unternehmung ihren Wert steigern und damit zum Allgemeinwohl ihr Bestehen sichern kann.

Zu hoffen ist für Sie bzw. für Ihr Unternehmen, daß die ersten Phasen dieser sechsstufigen Unternehmens(fort)entwicklung bereits angegangen bzw. abgeschlossen sind. Je weiter vorn Sie hier Ihr Unternehmen einordnen können, um so zuversichtlicher kann der Zukunft Ihres Hauses entgegengesehen werden.

Folgendes soll noch einmal betont werden: Selbstverständlich lassen sich nicht alle der hier diskutierten Managementmethoden als heilbringende Erfolgsrezepte eins zu eins auf die europäischen Verhältnisse oder die Gegebenheiten Ihres Unternehmens übertragen. Doch anregen lassen kann man sich allemal! Sicherlich kann die eine oder andere neu gewonnene Erkenntnis in den eigenen Betrieb einfließen. Machen Sie den ersten Schritt. Initiieren Sie Veränderungen zum Wohle Ihres Unternehmens. Seien Sie visionär, beteiligen Sie z. B. Mitarbeiter an unternehmerischen Entscheidungen. Mitarbeiter wollen heute mehr denn je Unternehmer im Unternehmen sein. Initiierte Veränderungen sind erst dann in der Organisation richtig verwurzelt, wenn sie zu etwas ganz Selbstverständlichem geworden sind, dem Unternehmensorganismus sozusagen ins Blut gegangen sind.

Es stellt sich nun die entscheidende Frage: Sind die in diesem Rahmen diskutierten Managementmethoden schon überholt? Ich denke nein. Tatsächlich weisen einige von ihnen Altersspuren auf, die Erfolge in ihrer Glanzzeit sind aber nicht von der Hand zu weisen, deren Abgrenzung untereinander ist zudem nicht immer offensichtlich. Fließend sind die Übergänge zwischen ihnen, fließend ist auch ihre Weiterentwicklung. Ihre Grundzüge werden auch in der Zukunft erneut aufgegriffen und stellen die Basis für neue Methoden dar. Man denke an die Entwicklung der Rocklängen. Mal sind sie kurz, mal lang. Eines ist jedoch sicher, nach kurz kommt lang, nach lang kommt kurz und vice versa. Geändert werden Farben, oft nur Nuancen, geändert werden Stoffe, oft nur Muster. Was bleibt, ist der Rock. Ähnlich verhält es sich mit den Managementmethoden. Sie kommen wieder, zwar stets in veränderter, dem Wandel der Zeit angepaßter Form, aber sie kommen wieder. Deshalb ist es unabdingbar, sie zu kennen, sie an neue Gegebenheiten anzupassen und sie sich stets in Erinnerung zu halten. Oder haben Sie die Zeit der ersten Miniröcke etwa vergessen?

Sicheren Erfolg haben die Unternehmen in der Zukunft, denen es gelingt, in einem ausgewählten Bereich mehr und bessere Leistungen als sonst jemand zu erbringen.

Nachdem Sie nun mit Managementmethoden vertraut gemacht wurden – Experte wird man nicht durch das Lesen eines Buches – gilt es nun, weiteres Wissen zu erwerben. Einen ersten Einstieg hierzu bietet das Literaturverzeichnis. Die Begriffe kennen Sie. Jetzt liegt es an Ihnen.

Ein Hinweis sei jedoch noch angebracht, der durchaus gewollt etwas von Ihrer Euphorie „nun etwas sofort anpacken zu wollen" nehmen soll. Hierzu folgendes Beispiel im Sinne von *H. Kroehl*:

Gesundheit ist dem Menschen im Regelfall von Natur aus gegeben. Er kann Sie mit natürlichen Mitteln pflegen und geistige Leistungskraft fördern. Zu sportlichen Höchstleistungen aber wird kaum jemand ohne fachmännischen Rat und einen systematischen Trainingsplan kommen. Zu groß ist die Gefahr, daß er seine Gelenke, Bänder und Psyche einer zu hohen Belastung aussetzt und dauerhafte gesundheitliche Schäden erleidet. Dem durchaus vergleichbar ist der Versuch, ein Unternehmen allein zu Höchstleistungen zu führen. Durch dilettantische Eigeninitiativen werden oftmals gruppendynamische Prozesse in Gang gesetzt, über deren Beherrschbarkeit sich Laien oft keine rechte Vorstellung machen.

Sprechen Sie mit Experten, suchen Sie Ratgeber, die zum Wohle Ihres Unternehmens denken und handeln. Suchen Sie statt Anweisungsgebern Coaches, die Sie in Ihrem Bemühen unterstützen.

Anmerkung

164 Vgl. H. H. Hinterhuber, Strategien für das kommende Jahrtausend, io Management Zeitschrift, Nr. 12, 1994, S. 38.

6. Anhang

Zitate und unternehmerische Weisheiten

Kundenorientierung:

„Alles, was der Kunde nicht honoriert, ist Verschwendung"

„Wir brauchen Business Reengineering,
weil wir den Quantensprung brauchen!"

„Die Sicherstellung der Produktqualität mindert das Risiko
einer Produkthaftung"

„Jede Mitarbeiterin und jeder Mitarbeiter ist
Kunde, Produzent und Lieferant zugleich"

Es treten mit Sicherheit über kurz oder lang größere Schwierigkeiten auf,
wenn die Mitarbeiter keine Wertschätzung verspüren, Information und
Kommunikation ungenügend sind, Probleme und Konflikte nicht offen
angesprochen werden oder das gegenseitige Vertrauen fehlt.

„Lean Management and Clean Production!"

„Verkaufen ist eine Aktivität, die moralisch auf einer höheren Stufe stehen
muß als bisher - und die heute jeder einzelne Mitarbeiter im Unternehmen
beherrschen muß."

„Fazit: Der Verkauf sollte nicht nur verkaufen,
die Produktion nicht nur produzieren
und so weiter."

„Kommunikation ist zweiseitig!"

„Ohne Einsatz kein Gewinn."

„Ein Mensch, der sich in die Lage der anderen versetzen kann
und Verständnis aufbringt,
braucht um seine Zukunft nicht zu bangen."

„Lächeln Sie. Menschen, die lächeln, haben mehr Erfolg."

„Die einzige Möglichkeit einen Streit zu gewinnen, ist ihn zu vermeiden."

„Sorge dich nicht, lebe!"

„Stand der Forschung:

Zuerst schufen wir unsere Computerhirne,
dann vernetzten wir diese künstliche Intelligenz,
und nun geben wir ihr Augen und Ohren,
um die Welt rundherum wahrzunehmen."

„Planen ist besser als Ahnen!"

„Tue Gutes – und rede darüber."

„Generell gilt: Angebot und Nachfrage bestimmen den Preis."

„Nur unter Ausnützung der kombinierten Denkleistung aller Mitarbeiter kann sich ein Unternehmen den Turbulenzen und Zwängen erfolgreich stellen und überleben."

„Je exakter die Planung, um so größer der Erfolg."

„Strategische Planung wird oft an der Firmenkultur vorbei konzipiert und realisiert."

„Die unternehmerische Vision ist die Quelle des Unternehmenserfolgs."

„Unternehmensstrategie und Unternehmenskultur sollten nahtlos zusammenpassen."

„Der Weg ist das Ziel."

„Egal, ob die Katze schwarz oder weiß ist, Hauptsache, sie fängt Mäuse."

„Marketing ist nicht alles – aber ohne Marketing ist alles nichts!"

„Das Wesen eines Unternehmens sind Menschen, nicht Maschinen."

„Buy low, sell high!"

„Nicht derjenige, der viel einnimmt, wird reich, sondern der, der wenig ausgibt."

„Selbstvertrauen ist die stärkste Form von Energie."

„Gut geplant ist halb gewonnen."

„Als wir das Ziel aus den Augen verloren hatten, verdoppelten wir unsere Anstrengungen."

„Planen bedeutet, den Zufall durch den Irrtum ersetzen."

„Hier wird zwar viel gemacht, aber was gemacht wird, ist nicht zu gebrauchen."

„Jeder macht, was er will; keiner macht was er soll, aber alle machen mit."

„TEAM: Toll, ein anderer machts."

„Chef = Master of Desaster."

„Gestern standen wir noch am Abgrund;
aber heute sind wir einen bedeutenden Schritt weiter."

„Value for Money."

„Nichts tun ist besser als mit viel Mühe nichts schaffen."

Lösen können wir die Probleme nicht, aber wir werden sie auflockern:
„Was heute nicht richtig ist, kann morgen schon falsch sein."

„Der Markt treibt die Technologie."

„Computer sind wichtig – nicht um gegebene Geschäftsprozesse zu automatisieren, sondern um sie neu zu gestalten."

„Müssen Techniker unserer Firma die Reparaturen ausführen?

Oder könnten Computer den Kunden helfen, das zu erledigen?"

„Organisationen müssen ihren Kurs nach dem Licht der Sterne bestimmen und nicht nach den Lichtern jedes vorbeifahrenden Schiffes."

„Wer das Unmögliche nicht bemüht,
wird auch im Möglichen durchschnittlich bleiben."

„The Brand's the Thing" – die Marke ist alles.

„Eine Reise von tausend Meilen beginnt mit einem einzigen Schritt."

Trend: „more for less."

„Die Wertschöpfung steckt in den Köpfen unserer Mitarbeiter."

„Everyday low pricing."

„Leben ist Dynamik und Entwicklung ist Verwandlung."

Management ist zukunftsorientiert.

„Only what we love, we will bring to flower."

Leitbilder

Leitbild der Industrie- und Handelskammer Karlsruhe

(1) Unser Selbstverständnis:
   Von Unternehmern für Unternehmer!
(2) Unser Aufgabenverständnis:
   Anwalt von Unternehmen, Dienstleister der Wirtschaft!
(3) Unser Umfeld:
   Auf Politik und Öffentlichkeit einwirken!
(4) Unsere Produkte:
   Innovativ, bedarfsorientiert, zuverlässig!
(5) Ehrenamtliches Engagement – hauptamtliche Unterstützung:
   Gemeinsam sind wir stark!
(6) Unsere Mitarbeiter:
   Mitgliederorientiert, flexibel und qualifiziert!

Unternehmensleitsätze nach innen

(1) An Menschen glauben, den Einzelnen respektieren!
(2) Sich gegenseitig helfen, gut mit der Zeit umgehen!
(3) Ein leistungsfreundliches Klima schaffen, hohe Qualität im Dienst am Kunden bieten!
(4) Offene Kommunikationswege haben!
(5) Das Recht auf Fehler zugestehen, aber immer das Beste geben!
(6) An Selbstachtung wachsen, Solidarität in der Firma fördern!
(7) Arbeitsplatzsicherheit bieten!
(8) Aus- und Weiterbildung unterstützen!
(9) Unternehmensrisiken eingrenzen!
(10) Auf der Grundlage von Zielen führen!

Leitsätze eines Handwerksunternehmens

(1) **Arbeitsgrundlage**

Ausgangspunkt unserer Arbeit ist das Verstehen des Kunden mit seinen persönlichen Vorstellungen und Wünschen. Wir wollen Wege suchen und finden, die allen fachlichen Grundsätzen entsprechen. Das Ziel ist eine auf den Kunden zugeschnittene Lösung.

(2) **Produkt**

Wir stellen an unsere Arbeit (Produkte) einen sehr hohen Qualitätsanspruch in Material, Form und Verarbeitung.

(3) **Langfristigkeit/Umwelt**

Unsere Lösungen und Produkte sind langfristig konzipiert. Hierdurch tritt auch die Bedeutung umweltfreundlicher Produkte immer stärker in den Vordergrund.

(4) **Preis**

Der Preis unserer Arbeit muß der Leistung entsprechen. Die solide finanzielle Basis des Betriebes muß hiermit gesichert werden.

(5) **Mitarbeiter**

Unsere Mitarbeiter sind wichtige Stützen des Betriebes. Ihre Motivation und Freude bei der Arbeit sind entscheidend für die handwerkliche Verwirklichung aller Ideen.

(6) **Ergebnis**

Persönliches Engagement im Umgang mit unseren Kunden und Produkten soll eine fruchtbare Zusammenarbeit zum Ergebnis haben.

Die zehn Gebote der Steinbeis-Stiftung

- **Erstens** muß jeder bedarfsorientiert sein, der bei der Steinbeis-Stiftung aktiv mitwirken will. Das ist das erste Gebot. Nicht was ein Gelehrter alles weiß und kann steht im Vordergrund, sondern was die Unternehmen brauchen.
- **Zweitens** müssen die Ressourcen flexibel anpaßbar sein, d. h. es gibt keinen festen Stellenplan. STZ's kommen und gehen, ganz so wie es der Markt eben wünscht.
- Deshalb müssen **drittens** ständige Kontrollen von technischem Erfolg und Wirtschaftlichkeit gewährleistet sein.
- Dennoch hat die Administration, so das **vierte** Steinbeis-Gebot, nur dienende Funktion. Der Problemlöser hat bei Steinbeis immer Vorrang.
- In Anlehnung an einen wohlbekannten Satz kann man das **fünfte** Steinbeis-Gebot wie folgt zusammenfassen: „Kleine Zentrale mit großer Wirkung". Die Projektkompetenz bleibt immer vor Ort.
- Das **sechste** Gebot zielt auf die Transferfähigkeit der Transfer-Idee.
- Und das **siebte** Gebot fordert „Ganzheitlichkeit der Problemlösung", und zwar unter Einbeziehung technischer, betriebswirtschaftlicher, organisatorischer, finanzieller und ökologischer Gesichtspunkte.
- **Achtens** sieht die Steinbeis-Stiftung einen beständigen, erfolgversprechenden Technologietransfer nur dann gewährleistet, wenn er „grenzenlos" funktioniert, d. h. den internationalen Markt anvisiert und konsequent einbezieht.
- **Neuntens**, ein optimaler Technologietransfer funktioniert nur nach den Regeln der Wirtschaft.
- **Zehntens**, die dezentrale Organisation wird durch ein flächendeckendes Transfernetz gewährleistet.

Grundsätze einer deutschen Firma

- **Der Humangrundsatz.** Nur wer den Menschen achtet, ist wirklich erfolgreich.
- **Der Strategiegrundsatz.** Nur durch realistische Planung kann Optimales erreicht werden.
- **Unternehmensphilosophischer Grundsatz.** Nur wer Reserven hat, kann Durststrecken überwinden!
- **Gemeinschafts-Grundsatz.** Nur wer Verantwortung kennt, kann Verantwortung übernehmen.
- **Der Marketinggrundsatz.** Nur wer Ziele hat, kann Ziele erreichen.
- **Der Führungsgrundsatz.** Nur wer Potentiale nutzt, erreicht optimale Ergebnisse.
- **Der Orientierungsgrundsatz.** Nur wer Maßstäbe hat, kann Erfolg messen!
- **Der Verfahrensgrundsatz.** Nur gemeinsam kann man Berge versetzen!
- **Der Kommunikationsgrundsatz.** Nur wer die Aufgabe kennt, kann sie erfüllen.
- **Der Innovationsgrundsatz.** Nur wer heute an morgen denkt, wird übermorgen noch existieren!
- **Der Ratiogrundsatz.** Nur wer seine Grenzen kennt, kann Grenzen sprengen!
- **Der volkswirtschaftliche Grundsatz.** Nur wer das Ganze sieht, ist dem Einzelnen dienlich.

Die 10 Mövenpick-Grundsätze

(1) In unserer Forderung nach maximaler Qualität bei den Waren, die wir einkaufen und verkaufen, machen wir keine Kompromisse.

(2) Unser breites und sorgfältig ausgewähltes Angebot vermittelt einen Ausdruck der Lebensfreude.

(3) Unser Standard in bezug auf Sauberkeit und Reinlichkeit ist extrem hoch.

(4) Die Atmosphäre in unseren Restaurants ist freundlich und entspannend.

(5) Alles, was wir in unserer Organisation verbessern können, muß unseren Kunden in der Form dienen, daß sie einen Gegenwert für ihr Geld erhalten.

(6) Wir wollen auf alles stolz sein, was wir unseren Kunden anbieten.

(7) Wir wollen unser Unternehmen so führen, daß wir als fair gelten und daß man uns weiterempfiehlt.

(8) Wir wollen unsere Kunden aufmerksam und zuvorkommend bedienen.

(9) Wir verlangen von unseren Angestellten, daß sie zueinander liebenswürdig und freundlich sind und zu jeder Zeit ein hohes Maß an Kameradschaft demonstrieren.

(10) Alles, was wir unternehmen, muß den Stempel unserer Organisation tragen: jung, frisch, gut und freundlich.

Unternehmensgrundsätze der IBM

(1) Achtung vor dem einzelnen

(2) Dienst am Kunden

(3) Spitzenleistung – unser Leitmotiv

(4) Effektive Führung

(5) Verpflichtung gegenüber Aktionären

(6) Faires Verhalten gegenüber Lieferanten

(7) Verantwortung gegenüber der Gesellschaft

Unternehmensleitbild eines Maschinenbauers

(1) Höchste Qualität unserer Erzeugnisse und richtungsweisende Innovationen sichern hervorragenden Kundennutzen.

(2) Die Entscheidung unserer Kunden für uns muß jederzeit durch perfekten Service gerechtfertigt werden.

(3) Hohe Leistungsbereitschaft, Initiative und soziale Kompetenz ermöglichen Erfolg und Arbeitszufriedenheit.

(4) Fairness und Kooperation stehen vor den Einzelinteressen.

(5) Disziplin mit dem Umgang der Ressourcen des Unternehmens ist die Voraussetzung für die Partizipierung am Unternehmenserfolg.

Die ELLER-Mitarbeiter-Philosophie

- Wir bauen auf die fachliche Kompetenz unserer Mitarbeiter. Daher nutzen und unterstützen wir jede Art der beruflichen Fortbildung und Information.

- Nur gut informierte Mitarbeiter engagieren sich für die Interessen des Unternehmens, weil sie die Unternehmensziele kennen und sich damit auch selbst Ziele für das persönliche, berufliche Weiterkommen setzen können.

- Regelmäßige Termin- und Auftragsbesprechungen der Führungskräfte und in den einzelnen Arbeitsgruppen verbessern die Zusammenarbeit und das Verständnis gerade bei kurzfristigen Dispositionen.

- Die Mitarbeiter sollen in einem transparent geführten Unternehmen arbeiten, daher werden die Meinungen, Daten und Trends in der Zeitschrift „Eller-Info's" bekannt gegeben.

- Jeder ELLER-Mitarbeiter ist an seinem Arbeitsplatz ein Spezialist. Das erfordert Leistungsbewußtsein, Verantwortungsgefühl, Zuverlässigkeit, Kommunikationsbereitschaft, aber auch die Hilfsbereitschaft seiner Arbeitskollegen.

- Neben der intensiven „Zusammenarbeit" fördern und pflegen wir bei ELLER aber auch das gesellige Beisammensein, das zu Harmonie untereinander und zur Zufriedenheit jedes einzelnen Mitarbeiters beitragen soll.

- Das Vertrauen unserer Kunden kann nicht größer sein, als das Vertrauen der Geschäftsführung in jeden einzelnen Mitarbeiter.

Literaturverzeichnis

Allwermann, R. (1994): Outsourcing, Diebold Management Report, Nr. 5, 1994, S. 15–18.

Al-Ani, A. (1996): Continuous Improvement als Ergänzung des Business Reengineering, zfo, Nr. 3, 1996, S. 142–148.

Bauer, P. (1994): Benchmarking in der Logistik – Welcher Service sich rechnet, absatzwirtschaft, Nr. 1, 1994 ,'S. 56–57.

Becker, G. M. (1996): Shareholder Value Analysis gewinnt an Bedeutung, Bank Magazin, Nr. 2, 1996, S. 22–27.

Bechtolsheim, M. (1994): Strategien und Gestaltungsmöglichkeiten des Outsourcing, Effizienz und Flexibilität umsetzen, Gablers Magazin, Nr. 8, 1994, S. 14–19.

Belz, C./Senn, C. (1995): Richtig umgehen mit den Schlüsselkunden, Harvard Business manager, Nr. 2, 1995, S. 45–54.

Binder, B. (1994): Benchmarking. Werkzeug für spektakuläre Leistungs-Verbesserungen? Index, Nr. 3, 1994, S. 18–22.

Bleicher, K. (1996): Der Weg zum virtuellen Unternehmen, Office Management, Nr. 1–2, 1996, S. 10–15.

Boos, F./Jarmai, H. (1994): Kernkompetenzen – gesucht und gefunden, Harvard Business manager, Nr. 4, 1994, S. 19–26.

Bühner, R. (1995): Mitarbeiter mit Kennzahlen führen, Harvard Business manager, Nr. 3, 1995, S. 55–63.

Bullinger, H.-J./Roos, A./Wiedmann, G. (1994): Amerikanisches Business Reengineering oder japanisches Lean Management?, Office Management, Nr. 7–8, 1994, S. 11–20.

Burgheim, W. (1996): Acht Lernpfade für das lernende Unternehmen, Harvard Business manager, Nr. 3, 1996, S. 53–62.

Burt, D. N. (1990): Hersteller helfen ihren Lieferanten auf die Sprünge, Harvard Business manager, Nr. 1, 1990, S. 72–79.

Chase, R. B./Stewart D. M. (1995): So gestalten Sie Ihren Service pannensicherer, Harvard Business manager, Nr. 2, 1995, S. 81–92.

Cooper, R./Markus, M. L. (1996): Den Menschen reengineeren – geht das denn?, Harvard Business manager, Nr. 1, 1996, S. 77–89.

Eggimann, F. (1994): Japanische Unternehmen auf dem Weg in die Zukunft, io Management Zeitschrift, Nr. 10, 1994, S. 47–48.

Emrich, Ch. (1996): Business Process Reengineering: forcierter Unternehmenswandel durch „Revolution" statt „Evolution", io Management Zeitschrift, Nr. 6, 1996, S. 53–56.

Eversheim, W./Böhlke, U. H./Martini, C. J./Schmitz, W. J. (1996): Innovativer mit dem Technologiekalender, Harvard Business manager, Nr. 1, 1996, S. 105–112.

Faix, A. (1994): Das „Konstrukt" Wettbewerbsvorteil – Grundlagen, Kennzeichnung und Planung, Marketing, Nr. 3, 1994, S. 160–166.

Faix, W. G./Laier, A. (1991): Soziale Kompetenz, Gabler Verlag, Wiesbaden, 1991.

Faix, W.G./Rasner, C./Schuch, M. (1996): Das Darwin-Prinzip, Verlag moderne industrie, Landsberg/Lech, 1996.

Fischer, T. M. (1993): Kosten frühzeitig erkennen und beeinflussen, io Management Zeitschrift, Nr. 9, 1993, S. 67 -71.

Fopp, L./Eichkorn, J./Krotzinger, J. (1994): Unternehmerischer Take-off durch Power-Management, io Management Zeitschrift, Nr. 12, 1994, S. 39–42.

Franz, K.P. (1993): Target Costing, Controlling, Nr. 3, 1993, S. 124–130.

Fröhling, O. (1994): Strategische Produktkostenermittlung am Beispiel der Automobilindustrie, Kostenmanagement, Nr. 2, 1994, S. 127–134.

Füser, K. (1995): Neuronale Netze in der Finanzwirtschaft, Gabler Verlag, Wiesbaden, 1995.

Gaitanides, M. (1995): Je mehr desto bessser? Zu Umfang und Intensität des Wandels bei Vorhaben des Business Reengineering, technologie & management, Nr. 2, 1994, S. 69–76.

Gaukel, F./Bardelli, G. (1994): Einführung der Prozeßorientierung in einem mittelständischen Unternehmen, io Management Zeitschrift, Nr. 5, 1994, S. 34–36.

Gausemeier, J./Fink, A./Schlake, O. (1995): Szenario-Management, Carl Hanser Verlag, München.

Gerstmann, M. (1994): Corporate Mind Management: gemeinsame Sinnfindung, io Management Zeitschrift, Nr. 11, 1994, S. 68–69.

Graff, J. (1996): Management des Wandels, Reengineering: Von lean zu lahm?!, Gablers Magazin, Nr. 3, 1996, S. 6–8.

Hall, G./Rosenthal, J./Wade, J. (1994): Reengineering: Es braucht kein Flop zu werden, Harvard Business manager, Nr. 4, 1994, S. 82–93.

Hamel, G./Prahalad, C. K. (1992): So spüren Unternehmen neue Märkte auf, Harvard Business manager, Nr. 2, 1992, S. 44–55.

Hammer, H. (1995): Der Sprung in eine andere Dimension, Harvard Business manager, Nr. 2, 1995, S. 95–103.

Heim, W. (1994): Outsourcing – wettbewerbsfähiger durch optimale Nutzung der Potentiale von Zulieferern, io Management Zeitschrift, Nr. 7/8, 1994, S. 28–33.

Herter, R. N. (1994): Benchmarking: Nur die Besten als Maßstab, DSWR, Nr. 1–2, 1994, S. 10–13.

Hessenberger, M./Kuhn, J. (1996), KVP: Mit guter Logistik fängt alles an, Harvard Business manager, Nr. 3, 1996, S. 17–25.

Heßen, H.-P./Wesseler, S. (1994): Marktorientierte Zielkostensteuerung bei der Audi AG, Controlling, Nr. 3, 1994, S. 148–154.

Hinterhuber, H. H. (1994): Strategien für das kommende Jahrtausend, io Management Zeitschrift, Nr. 12, 1994, S. 34–38.

Hinterhuber, H. H./Friedrich, S. A. (1995): Gewinnen im Wettbewerb der Zukunft, Gablers Magazin, Nr. 3, 1995, S. 37–41.

Hirzel, M. (1993): Lean Management muß in den Köpfen der Manager beginnen, io Management Zeitschrift, Nr. 2, 1993, S. 73–77.

Holst, J. (1992): Der Wandel im Dienstleistungsbereich, Controlling, Nr. 5, 1992, S. 260–267.

Holzheu, H. (1993): Verkaufen im Umbruch: soziale Kompentenz entwicklen, io Management Zeitschrift, Nr. 9, 1993, S. 90–92.

Homburg, C./Rudolph, B. (1995): Qualität bedeutet Kundentreue, Gablers Magazin, Nr. 4, 1995, S. 11.

Hoffjan, A. (1995): Cost Benchmarking als Instrument des strategischen Kostenmanagements, Zeitschrift für Planung, Nr. 6, 1995, S. 155–166.

Hormann, J. (1995): Nach Lean kommt Mean, Gablers Magazin, Nr. 6–7, 1995, S. 6–8.

Horváth, P./Herter, R. N. (1992): Benchmarking – Vergleich mit den Besten der Besten, Controlling, Nr. 1, 1992, S. 4–11.

Horváth, P./Seidenschwarz, W./Sommerfeld, H. (1993): Von Genka Kikaku bis Kaizen, Controlling, Nr 1., Januar/Februar 1993, S. 10–18.

Jung, W./Schreiber, J. (1996): Aus Visionen Erfolge machen, Gablers Magazin, Nr. 8, 1996, S. 34–37.

Karmarkar, U. (1990): Just-in-Time, Kanban oder was?, Harvard Business manager, Nr. 3, 1990, S. 84–91.

Kemmner, A. (1996): Visionen in Workshops erarbeiten! io Management Zeitschrift, Nr. 4, 1996, S. 38–42.

Klingler, B. F. (1993): Target Cost Management, Controlling, Nr. 4, 1993, S. 200–207.

Kollmar, A./Niemeier, D. (1994): Der Weg zum richtigen Benchmarking-Partner: Unter den Besten wählen, Gablers Magazin, Nr. 5, 1994, S. 31–35.

Kreidel, U./Winkelmann, J. (1995): Standort Deutschland, cogito, Nr. 5, 1994, S. 28–32.

Kroehl, H. (1994): Corporate Identity: Dynamik im Marketing, Harvard Business manager, Nr. 2, 1994, S. 25–31.

Lackes, R. (1990): Das KANBAN-System zur Materialflußsteuerung, WISU, Nr. 1, 1990, S. 23–26.

Langner,H. (1994): Benchmarking ist mehr als der bekannte Vergleich mit der Konkurrenz, Marketing Journal, Nr. 1, 1994, S. 36–40.

Maaß, J. (1995): Vom Lean Management zur Vertrauensorganisation – Eine personalpolitische Herausforderung, Office Management, Nr. 4, 1995, S. 55–61.

Mehdorn, H./Töpfer, A. (1995): Weltweit von den Besten lernen, Personalwirtschaft, Nr. 2, 1995, S. 24–27.

Meier, B. (1992): Kaizen, IHK-Rhein-Neckar, Nr. 10, 1992, S. 670–671.

Mertens, P./Faisst, W. (1996) Virtuelle Unternehmen – Eine Organisationsstruktur für die Zukunft, WiSt, Nr. 6, 1996, S. 280–285

Meyer, B. E./Schneider, R./Stübel, G. (1988): Just-In-Time für Automobilzulieferer, CIM, Nr. 5, 1988, S. 40–43.

Müller-Stewens, G. (1994): Wie bringt man die Veränderungsbotschaft zum Mitarbeiter?, io Management Zeitschrift, Nr. 10, 1994, S. 24–29.

Nagel, K. (1995): Praktische Unternehmensführung, Verlag moderne industrie, Landsberg/Lech, 1995.

Niemand, S./Scholl, K. (1995): Benchmarking und Target Costing, FB/IE, Nr. 3, 1995, S. 100–105.

Merkel, A. (1992) KAIZEN – Vorschlagswesen in Japan, Nr. 4, 1992, S. 177–181.

Osterloh, M. (1994): Neue Ansätze im Technologiemanagement: vom Technologieportfolio zum Portfolio der Kernkompetenzen, io Management Zeitschrift, Nr. 5, 1994, S. 47–50.

Osterloh, M./Frost, J. (1994): Business Reengineering: neuer Wein in alten Schläuchen?, io Management Zeitschrift, Nr. 9, 1994, S. 27–28.

Ott, M. C. (1996): Virtuelle Unternehmen, Gablers Magazin, 1996, S. 18.

Otten, K. W. (1994): Workflow, Imaging, Dokumenten-Management und Business-Reengineering, Office Management, Nr. 10, 1994, S. 62–67.

Pieske, R. (1994): Benchmarking: das Lernen von anderen und seine Begrenzungen, io Management Zeitschrift, Nr. 6, 1994, S. 19–23.

Pieske, R. (1995): Benchmarking – ausgewählte Projekterfahrungen: Den besten Wettbewerber finden, Gablers Magazin, Nr. 2, 1995, S. 24–28.

Prahalad, C. K./Hamel, G. (1991): Nur Kernkompetenzen sichern das Überleben, Harvard Business manager, Nr. 2, 1991, S. 66–78.

Quinn, J. B. (1994): Intelligente Unternehmen, gdi-Impuls, Nr. 4, 1994, S. 48–54.

Rasner, C./Füser, K./Faix, W. (1996): Das Existenzgründer-Buch, Verlag moderne industrie, Landsberg/Lech, 1996.

Reiter, G. (1996): Business Reengineering, WiSt 6, Juni 1996, S. 320–321.

Rust, U. (1994): Strategische Fitneß sichern, Bank Magazin, Nr. 5, 1994, S. 28–30.

Sager, O. (1995): Profitcenter und Lean Management – Ergänzung oder Widerspruch? io Managment Zeitschrift, Nr. 12, 1993, S. 77–82.

Sander, U./Brockmann, K.-H. (1995): Kontinuierliche Verbesserung – Benchmarking mit „Virtuellen Unternehmen", LOGISTIK HEUTE, Nr. 1/2, 1995, S. 68ff.

Schätzle, R./Gundlach, W. (1994): Führen mit Zielen in komplexen Systemen: Von der Absicht zum Erfolg, Gablers Magazin, Nr. 10, 1994, S. 47–50.

Schätzle, R. (1996): Shareholder-Value-Konzept: Alle Macht den Aktionären?, Gablers Magazin, Nr. 8, 1996, S. 44–45.

Scherm, E. (1993): Lean Planning & Lean Controlling, Zeitschrift für Planung, Nr. 3, 1993, S. 249–260.

Schloßbauer, J./Kernstock, J. (1993): Kaizen für Brauereien, Brauwelt, Nr. 39, S. 1970–1984.

Schmidt, G. (1995): Qualitäts-Leistungsziele, Benchmarking und Kaizen, Brauwelt, Nr. 8, 1995, S. 356–363.

Schneider, H. (1994): Outsourcing als neue Zauberformel, Beschaffung aktuell, Nr. 3, 1994, S. 28–31.

Scholl, K./Niemand, S./Bätz, P. (1994): Die fraktale Fabrik in der Praxis, io Management Zeitschrift, Nr. 6, 1994, S. 42–45.

Scholz, R./Müffelmann, J. (1995): Reengineering als strategische Aufgabe, technologie & management, Nr. 2, 1995, S. 77–84.

Schust, G. H. (1995): Total Performance Management, io Management Zeitschrift, Nr. 6, 1995, S. 30–35.

Seeli, P. (1994): KaiZen: Das schrittweise Verändern. Vervollkommnen. Wo der Weg zum Ziel wird, Index, Nr. 4, 1994, S. 44–45.

Seidenschwarz, W. (1994): Target Costing – Verbindliche Umsetzung marktorientierter Strategien, Controlling, Nr. 1, 1994, S. 74–83.

Seipel, R. (1995): Die Konkurrenz als Erfolgstreppe, Der Organisator, Nr. 6, 1995, S. 36–38.

Soom, E. (1986): Die neue Produktionsphilosophie: Just-in-time-Production, io Management Zeitschrift, Nr. 9, 1986, S. 362–365.

Soom, E. (1986): Die neue Produktionsphilosophie: Just-in-time-Production, io Management-Zeitschrift, Nr. 10, 1986, S. 446–449.

turverzeichnis*Stadelmann, M./Lux, W.* (1995): Hot Topics oder kalter Kaffee? Aktuelle Management-Philosophien kritisch betrachtet, io Management Zeitschrift, Nr. 3, 1995, S. 32–35

Stahl, H.-W. (1995): Target Costing, controller magazin, Nr. 2, 1995, S. 113–115.

Stanke, A. (1994): Marktphantasie, gepaart mit Kundennähe, führt aus dem Dilemma der Innovationskrise, Office Management, Nr. 11, 1994, S. 30–34.

Stauss, B. (1994): Total Quality Management und Marketing, Marketing, Nr. 3, 1994, S. 149–159.

Stauss, B./C. Friege (1996): Zehn Lektionen in TQM, Harvard Business manager, Nr. 2, 1996, S. 20–32.

Sydow, J. (1996): Erfolg als Vertrauensorganisation, Office Management, Nr. 7–8, 1996, S. 10–13.

Tani, T./Horváth, P./von Wangenheim, S. (1996): Genka Kikaku und marktorientiertes Zielkostenmanagement, Controlling, Nr. 2, März/April 1996, S. 80 -87.

Tödtmann, C. (1993): Benchmarking, WirtschaftsWoche, Nr. 35 v. 27. 8. 1993, S. 42–45.

Volk, H. (1993): Kaizen – nicht Wunder oder Geheimwaffe, nur viel Gemeinsamkeit, io Management Zeitschrift, Nr. 2, 1993, S. 78 -79.

Volz, J. (1987): Praktische Probleme des Zero-Base-Budgeting, ZfB, 57. Jg., Nr. 9, 1987, S. 870–881.

Vogt, G. G. (1994): Das virtuelle Unternehmen, Der Organisator, Nr. 1–2, 1994, S. 6–8.

Wagner, H.-P. (1989): EDV-gestützte strategische Portfolioanalyse, Informationsmanagement, Nr. 4, 1989, S. 62–67.

Wagner, H.P./Fuchs, L. (1995): Kostensenkung in den 90ern: Konzentration auf die Kernprozesse, zfo, Nr. 3, 1995, S. 149–152.

Weber, M. (1986): Subjektive Bewertung strategischer Geschäftseinheiten im Rahmen der Portfolioanalyse, DBW, Nr. 2, 1986, S. 160 -173.

Wielens, H. (1995): Lean-Management greift häufig zu kurz – auf die Geisteshaltung kommt es an, Die Bank, Nr. 3, 1995, S. 132–136.

Womack, J. P./Jones, D. T. (1994): Das schlanke Unternehmen: Ein Kosmos leistungsstarker Firmen, Harvard Business manager, Nr. 3, 1994, S. 84–93.

Zäpfer, G./Pölz, W. (1987): Zur Analyse von Wettbewerbsvorteilen einer strategischen Geschäftseinheit, Marketing, Nr. 4, 1987, S. 257–265.

Zahn, W. (1995): Target Costing bei einem Automobilzulieferer, Controlling, Nr. 3, Mai/Juni 1995, S. 148–153.

Sachverzeichnis

Beirat 182
Benchmarking 24, 91
Benchmarking-Verhaltens-
  kodex 99
Break-Even-Point 11
Business Reengineering 24, 122

Cash Cows 57
Continuous Improvement 197
Corporate Mission Statements 83
Cost Tables 197
Cost-Benchmarking 95

Differenzierungsfähigkeit 191
Dogs 57

Eigenverantwortung 119

F&E-Kosten 11
Fehlprognosen 36
Fortbildung 40
Fraktale Fabrik 168
Franchising 178

Hierarchieebenen 69

Innovationsvorsprung 188

Joint Venture 178
Just in Time 155

Kaizen 107, 119
Kanban 150
Keiretsu 178

Kernkompetenzen 19, 57, 119,
  188
Konsortium 178
Kontinuierliche Verbesserung 26
Kostenkosmetik 27
Kostenmanagement 142
Kreativitätspotentiale 108
Kundennutzen 15
Kundenorientierung 73, 119
Kundenportfolio 195
Kundenwünsche 139
Kundenzufriedenheit 194

Lean Administration 71
Lean Management 24, 71
Lean Production 71
Leitbild 81
Lernende Organisation 179

Marktattraktivität 61
Marktbedürfnisse 140
Marktwachstum 61
Mitarbeiterführung 40
Mitarbeitermotivation 45
MUDA 114
Mythen 37

Outsourcing 130

Patentrezepte 33
Poka-Yokes 164
Portfolio-Methode 55
Potential-Analyse 104
Preisspielraum 191
Proaktives Marketing 74

Product-Visioning 16
Produktivitätsmanagement 26
Produktlebenszyklus 12
Profit Center 69
Pull/Push 153

Qualität 120, 137
Qualitätsziele 41 f.
Question Marks 57

Reverse Engineering 197
Reengineering-Kilatgraph 126

Seiketsu 164
Seiri 164
Seiso 164
Seiton 164
Selbstorganisation 169
Shareholder-Value-Konzept 183
Shitsuke 164
Stars 57
Strategische Allianz 178
Szenarien 13

Target Costing 25, 135
Time-Based Management 115
Time-Based Competition 148
Top-down/Bottom-up 162
Total Quality Maintenance 163
Total Quality Management 1, 10, 24, 117

Unternehmensleitbild 81

Vertriebskanal 80, 196
Virtuelle Unternehmen 124, 172
Visionen 28

Wachstumspotentiale 195
Wertschöpfung 73
Wettbewerbschance 172
Wettbewerbsposition 61
Wettbewerbsvorteil 188, 191
Workflow-Management 197

Zero-Base-Budgeting 24, 89
Zero-Defects 119
Zielkostenspaltung 139